10
18

12, AVENUE D'ITALIE. PARIS XIIIe

Sur l'auteur

P. G. Wodehouse est né en Angleterre en 1881. Il produit très jeune des romans légers et des contes pour enfants qu'il publie en feuilleton et, grâce au succès naissant, décide de se rendre aux États-Unis. Séduit par l'Amérique, il ne cessera plus, sa vie durant, d'aller et venir entre l'Ancien et le Nouveau Monde. Il vend plusieurs nouvelles au prestigieux *Saturday Evening Post* et rencontre le grand Ziegfeld pour lequel il compose plusieurs chansons qui deviennent rapidement des succès à Broadway. Il travaille successivement avec Ivring Berlin, Cole Porter, George Gershwin et Jerome Kern, et écrit les chansons de trente-trois comédies musicales. En 1909, il publie la première aventure du fameux Bertram Wooster et de son fidèle valet Jeeves, une série au succès formidable qu'il adapte pour la télévision en 1965. Écrivain prolixe, Wodehouse a publié près de cent romans et vingt pièces de théâtre, a écrit des centaines de nouvelles et articles pour de grands magazines tels que *Vanity Fair*, *Harper's Bazaar* ou *Cosmopolitan*. Reconnu comme l'un des plus brillants humouristes britanniques, Wodehouse est anobli par la reine d'Angleterre un an avant sa mort en 1974.

P.G. WODEHOUSE

BIENVENUE À BLANDINGS

Traduit de l'anglais
par Anne-Marie Bouloch

INÉDIT

10/18

« Domaine étranger »

créé par Jean-Claude Zylberstein

Du même auteur
aux Éditions 10/18

Titre original :
Something Fresh

ISBN 978-2-264-03956-9

PRÉFACE

Quand ce livre fut publié pour la première fois — il y a cinquante-trois ans[1] — les écrivains en Amérique, où je vivais depuis 1909, étaient divisés en deux classes bien distinctes : les Nantis, qui contribuaient régulièrement au *Saturday Evening Post,* et les Rebuts, qui trouvaient qu'ils avaient de la chance quand ils vendaient occasionnellement une histoire au *Munsey,* au *Popular* ou à un autre magazine bon marché. J'étais membre de ce deuxième groupe depuis cinq ans quand j'écrivis les premiers mots de *Bienvenue à Blandings.*

À mi-chemin de ce roman, j'ai épousé un ange à forme humaine (à qui je suis toujours marié) qui possédait soixante-quinze dollars. Et, comme j'avais, pour ma part, réussi à en économiser cinquante, nous étions bien pourvus financièrement, mais nous pensions que nous pouvions faire mieux et, ce qui à mon avis tient du miracle, nous y sommes parvenus. Mon agent, qui devait être un optimiste inébranlable, envoya l'histoire au *Saturday Evening Post,* et George Horace Lorimer, le rédacteur mondialement connu, l'acheta pour le publier en feuilleton et m'en donna la somme fabuleuse de 3 500 dollars, l'équiva-

1. La préface de ce roman, publié en 1915, a été écrite pour l'édition de 1968.

lent, à l'époque, de sept cents merveilleuses livres or. J'étais sidéré. Je savais, d'une façon vague, que des pactoles de 3 500 dollars existaient dans le monde, mais je ne m'attendais pas à en voir la couleur. Quand j'avais cent dollars devant moi, je me trouvais en fonds.

J'ai toujours pensé que Lorimer avait dû être impressionné par la page de titre. Mes histoires pour les magazines à deux sous étaient signées « P.G. Wodehouse », mais *Bienvenue à Blandings* était l'œuvre de : PELHAM GRENVILLE WODEHOUSE, et je suis convaincu que cela fit toute la différence.

En Amérique, à l'époque, un écrivain qui ne se présentait pas avec trois noms avait l'impression de s'exhiber tout nu. C'était le temps de Richard Harding Davis, James Warner Bellah, Margaret Culkin Banning, Earl Derr Biggers, Charles Francis Coe, Norman Reilly Raine, Mary Roberts Rinehart, Clarence Budington Kelland et Orison Swett — je vous jure que je ne plaisante pas — Marden. Naturellement, un rédacteur aussi sagace que Lorimer n'allait pas laisser un Pelham Grenville Wodehouse lui échapper.

Si vous voulez que je vous dise franchement si j'aime les prénoms Pelham Grenville, je dois confesser que non. Il y a même des moments où ils me paraissent les pires que l'on puisse porter. Sur les fonts baptismaux, je me rappelle avoir protesté énergiquement quand le clergyman les prononça, mais il s'entêta. « Que cela soit, dit-il fermement après avoir attendu une accalmie, je te baptise Pelham Grenville. »

Apparemment, je fus nommé ainsi d'après un parrain dont je n'ai conservé aucun souvenir, si ce n'est une petite timbale d'argent que j'ai d'ailleurs perdue en 1897. J'ignorais que cette horrible étiquette allait finir par payer trente-quatre ans plus tard. (On pourrait certainement en tirer une morale, mais ce n'est pas le moment. Une autre fois, peut-être.)

Bienvenue à Blandings était le premier de ce que je pourrais appeler — que j'appelle, en fait — la saga de Blandings. Depuis, j'ai écrit neuf romans et un certain nombre de nouvelles ayant pour cadre cette grande demeure d'Angleterre. Et j'aimerais donner un conseil à tout jeune littérateur désireux de se lancer dans le racket des sagas : soyez très circonspect, dans les premiers stades, en ce qui concerne les dates et les lieux. Quand j'ai écrit *Bienvenue à Blandings,* j'ai imprudemment placé le domaine dans le Shropshire parce que j'avais passé les meilleurs moments de mon enfance à Bridgnorth, oubliant qu'il faut quatre heures de train pour se rendre dans le cœur du Shropshire (du moins à mon époque. Les British Railways ont certainement amélioré les choses maintenant). Cela empêchait mes personnages de faire l'aller-retour jusqu'à Londres dans l'après-midi, ce qui est essentiel pour le genre d'histoires que j'écris. Le Kent ou le Sussex auraient bien mieux fait l'affaire.

Et les dates. J'ai écrit *Bienvenue à Blandings* en 1914 et, ne sachant pas que ce n'était pas une fin mais un commencement, en voulant que Lord Emsworth soit plutôt vieux, j'ai décidé qu'il avait fréquenté Eton dans les années 1860. Ce qui devient gênant maintenant car, même si le neuvième comte n'est pas supposé être de la première jeunesse, je n'ai certainement pas l'intention de le dépeindre centenaire.

Les gens me demandent toujours... enfin, quelqu'un m'a demandé l'autre jour... si je tirais mes personnages de modèles vivants. Pas du tout. Je ne l'ai jamais fait, sauf dans le cas de Psmith. Il était inspiré, plus ou moins fidèlement, par Rupert D'Oyly Carte, le fils de l'homme du théâtre Savoy. Il était en classe avec un de mes cousins, et mon cousin m'avait parlé de son monocle, de ses vêtements irréprochables et de son habitude, quand un professeur lui demandait comment il allait, de répondre : « Monsieur, je grandis petit à petit. » J'ai aussitôt compris que j'avais trouvé une mine d'or et je l'ai jeté sur le papier (vers 1908). Mais aucun des commensaux de Blandings ne doit son existence à quelqu'un d'autre que moi. Je les ai tous créés à partir de rien.

J'ai souvent pensé que la vie à Blandings devait être bien agréable, sinon pour Lord Emsworth et son cochon, du moins pour les visiteurs du château. L'équitation, la chasse, la pêche pour les sportifs, et des paysages et des pièces d'eau au-dessus de toute critique. Je me suis toujours interdit de décrire les repas qui y sont servis, ne voulant pas faire saliver excessivement mes lecteurs, mais je peux divulguer ici qu'ils étaient parfaits et rendus plus délicieux encore par la présidence du majordome Beach, qui ne manquait jamais d'apporter le plateau des boissons à neuf heures trente.

La seule chose qui pourrait être considérée comme contraire à la paix de la vie à Blandings est la constante incursion d'imposteurs. Blandings a des imposteurs comme d'autres maisons ont des souris. J'ai raconté, jusqu'à maintenant, les activités de six d'entre eux, et il y en a sûrement d'autres à venir.

Je ne sais pas qui sera le gardien de l'Impératrice, maintenant que La Simmons a quitté les lieux. Je peux me tromper, mais j'ai dans l'idée que ce pourrait être le dernier en date de cette longue lignée d'imposteurs. Il serait temps qu'un autre nous arrive. Sans au moins un imposteur, le château de Blandings n'est pas lui-même.

P.G. Wodehouse

CHAPITRE PREMIER

1

Le soleil d'un joli matin de printemps baignait généreusement la ville de Londres. Sur Piccadilly, sa chaleur bienfaisante semblait donner aux piétons et à la circulation une énergie neuve, de sorte que les conducteurs de bus faisaient des calembours, et que même les lèvres des chauffeurs de taxi se desserraient dans d'amènes sourires. Les policemen, sifflet au bec, les employés en route pour le bureau, les mendiants, qui tâchaient de persuader de parfaits étrangers d'endosser le fardeau de leur subsistance, tous montraient cet entrain optimiste qui fait toute la différence. C'était un matin heureux.

À neuf heures précisément, la porte du numéro 7a dans Arundell Street, Leicester Square, s'ouvrit et un jeune homme sortit. De tous les endroits de Londres qui méritent le titre de trou perdu, aucun ne correspond aussi justement à cette définition qu'Arundell Street, Leicester Square. Si vous longez le trottoir au nord du square, là où il rejoint Piccadilly, vous remarquerez à peine l'ouverture en goulot de bouteille de ce petit cul-de-sac. Jour et nuit le flot rugissant de la foule passe et l'ignore. Arundell Street mesure moins de quarante mètres de long et, si elle contient deux hôtels, ce ne sont pas des établissements chic. C'est vraiment un trou perdu.

La forme d'Arundell Street est exactement celle d'une de ces jarres de pierre plates dans lesquelles on conserve les vins italiens bon marché. Le goulot étroit qui la relie à Leicester Square s'ouvre directement sur une petite cour. Deux de ses côtés sont occupés par les hôtels ; le troisième comporte des logements meublés destinés aux impécunieux. Il est constamment question de les démolir pour construire un troisième hôtel, mais ils n'ont pas encore connu ce destin fatal donc ils sont toujours là, et y resteront, selon toute probabilité, pour les siècles des siècles.

Ils offrent des chambres de taille modérée, avec un lit pudiquement caché durant la journée derrière un paravent. Elles contiennent une table, un fauteuil, une chaise, un bureau et une bassine d'étain qui, comme le lit, reste dans l'obscurité quand elle a rempli son office. Et vous pouvez louer l'une de ces chambres, breakfast compris, pour cinq dollars la semaine. C'est ce qu'avait fait Ashe Marson. Il avait loué celle du deuxième étage sur rue numéro 7a.

Vingt-six ans avant le début de cette histoire, un fils était né au révérend Joseph Marson, ministre du culte, et à Sarah, son épouse, à Much Middleford, Shropshire. Ce fils, baptisé Ashe d'après un oncle riche qui les avait d'ailleurs roulés en laissant toute sa fortune à des œuvres de charité, fut envoyé à Oxford pour étudier la théologie. Pour autant qu'on puisse en croire son dossier, il n'étudia pas tellement la théologie, mais il réussit à courir le mile en quatre minutes et demie et le demi-mile à une vitesse aussi rapide, et ses recherches dans l'art du saut en longueur lui valurent le respect de tous. Il obtint son diplôme en athlétisme, et ravit ses camarades en gagnant le mile et le demi-mile deux années consécutives contre Cambridge au Queen's

Club. Mais, sous la pression de ces responsabilités, il omit tout à fait de travailler et, quand vint l'heure du départ, il se trouva donc absolument inapte à toute profession intellectuelle. S'étant cependant arrangé pour décrocher une sorte de peau d'âne suffisante pour lui permettre de s'intituler licencié ès lettres, et réalisant que l'on pouvait tromper quelquefois quelques individus, il obtint de donner des cours particuliers. Ayant économisé un peu d'argent par ce commerce peu avouable, Ashe vint à Londres et s'essaya au journalisme. Après deux années d'un succès modéré, il prit contact avec la Maison d'Édition Mammouth.

La Maison d'Édition Mammouth, qui contrôle plusieurs journaux importants, quelques hebdomadaires et beaucoup d'autres choses, ne dédaigne pas les sous des garçons de course et des employés de bureau. L'une de ses entreprises les plus profitables est une série d'aventures policières. C'est là qu'Ashe fit son trou. Ces « Aventures de Gridley Quayle », qui sont si populaires auprès d'une certaine catégorie de lecteurs, étaient son œuvre. Avant l'avènement d'Ashe et de Mr. Quayle, la « Bibliothèque Britannique du Courage » était passée en de nombreuses mains et avait conté les aventures de nombreux héros ; mais avec Gridley Quayle, les propriétaires avaient compris qu'ils avaient trouvé leur idéal, et Ashe reçut mission de diriger seul la « Bibliothèque Britannique du Courage » (mensuel). Depuis, il vivait du maigre salaire qu'on lui allouait pour son labeur.

C'est pourquoi nous trouvons Ashe à Arundell Street, Leicester Square, en ce matin de mai. C'était un grand jeune homme, bien bâti, en pleine forme, avec l'œil clair et le menton fort ; et il était vêtu, lorsqu'il ferma la porte derrière lui, d'un sweater, d'un pantalon de flanelle et de chaussures de gymnastique à semelles caoutchoutées. Dans une main, il tenait des haltères, dans l'autre, une corde à sauter.

Ayant inspiré et expiré l'air matinal de la façon mesurée et solennelle connue comme la « profonde respiration scientifique » qui est si populaire de nos jours, il posa ses haltères, prit sa corde et se mit à sauter.

Quand on sait avec quelle réprobation Londres, comme toutes les grandes villes, considère l'exercice physique quand il ne répond pas à un but précis, on s'étonne du calme avec lequel ce jeune homme s'adonnait à cet entraînement bizarre. Les règles qui gouvernent le sport à Londres sont clairement définies. Vous pouvez courir, après un chapeau ou un omnibus ; vous pouvez sauter, si vous désirez éviter de vous faire renverser par un taxi, ou parce que vous avez glissé sur une peau de banane ; mais si vous courez pour développer vos poumons ou si vous sautez parce que c'est bon pour le foie, Londres vous punit par ses railleries. Il s'attroupe et vous montre du doigt avec mépris.

Cependant, ce matin-là, Arundell Street semblait indifférente au spectacle. À l'ouest, le propriétaire de l'hôtel *Previtali* s'appuyait contre son mur, l'esprit manifestement vide de toute pensée ; au nord, le propriétaire de l'hôtel *Mathis* ouvrait son caravansérail sans cogiter le moins du monde. Aux diverses fenêtres des deux hôtels apparaissait la partie supérieure des employés, et pas un seul d'entre eux n'interrompit un instant sa tâche pour ricaner. Même les petits enfants qui infestaient la cour ne s'y intéressaient pas, et le chat familier qui se frottait contre les grilles continua sans daigner lui adresser un regard.

Tout cela démontre ce qu'un jeune homme peut réussir avec de la patience et de la persévérance. Quand il avait emménagé au deuxième étage sur rue du numéro 7a, trois mois auparavant, Ashe Marson avait compris qu'il devait soit abandonner ces exercices matinaux qui étaient pour lui une seconde nature, soit défier les lois non écrites de Londres et braver les moqueries londoniennes. Il n'avait pas hésité longtemps. La forme physique était son credo. L'exercice physique était sa profession de foi. Il décida de défier Londres.

La première fois qu'il était apparu dans Arundell Street en sweater et pantalon de flanelle, il avait à peine brandi ses haltères au-dessus de sa tête que déjà il attirait le public suivant :

a) deux cochers (dont un ivrogne) ;
b) quatre serveurs de l'hôtel *Mathis* ;
c) six serveurs de l'hôtel *Previtali* ;
d) six femmes de chambre de l'hôtel *Mathis* ;
e) cinq femmes de chambre de l'hôtel *Previtali* ;
f) le propriétaire de l'hôtel *Mathis* ;
g) le propriétaire de l'hôtel *Previtali* ;
h) un balayeur de rue ;
i) onze badauds indéterminés ;
j) vingt-sept enfants ;
k) un chat.

Ils riaient tous, même le chat, et continuèrent à rire. Le cocher ivrogne appela Ashe « Bill Bailey ! » mais Ashe continua à brandir ses haltères.

Un mois plus tard, telle est la magie de la persévérance, son public s'était réduit aux vingt-sept enfants. Ils riaient encore, mais sans la conviction que leur donnait le support de leurs aînés. Et maintenant, après trois mois, le voisinage, qui avait accepté Ashe et ses exercices matinaux comme un phénomène naturel, n'y faisait plus attention.

En ce matin particulier, Ashe Marson sautait avec plus de vigueur encore qu'à l'habitude. C'était parce qu'il voulait, par l'exercice physique, se débarrasser d'un mécontentement diffus qu'il avait ressenti en sortant du lit. C'est au printemps que nous vient le besoin d'une vie meilleure, et c'était un matin de printemps particulièrement velouté. C'était un de ces matins où l'air vous donne un sentiment d'impatience, le sentiment que, par un jour comme celui-ci, les choses ne peuvent pas continuer leur vieux chemin ennuyeux, la prémonition que quelque chose de romantique et d'excitant va sûrement arriver. En de tels matins, on voit de vieux gentlemen sérieux se mettre à jongler avec leur parapluie ; et une note optimiste fuse dans le coup de sifflet du garçon de courses, comme s'il voyait la vie s'ouvrir devant lui, immense et splendide.

Mais le vent de sud-ouest du printemps apporte aussi le remords. On sent, dans l'air, un vague sentiment de malaise, et on regrette sa jeunesse dissipée. Ashe en était là. Tout en sautant, il pensait qu'il aurait dû travailler plus dur à Oxford, ce qui lui aurait évité de se retrouver écrivaillon dans une maison d'édition sans âme. Jamais encore il ne s'était senti aussi dégoûté de l'ornière dans laquelle il était tombé. La pensée qu'après le petit déjeuner il allait devoir s'asseoir pour forger une nouvelle aventure de Gridley Quayle le frappa comme ce que les journaux appellent toujours « un instrument contondant ». La seule pensée de Gridley Quayle était abominable par un matin pareil, quand toute la création lui criait que l'été arrivait et que la vie l'attendait juste au coin de la rue.

Sauter ne le soulageait pas. Il jeta sa corde et ramassa ses haltères. Mais les haltères le laissèrent également insatisfait. La pensée lui vint qu'il y avait longtemps qu'il n'avait pas fait ses Exercices de Larsen. Peut-être l'aideraient-ils. Un gentleman nommé lieutenant Larsen, de l'armée danoise, après avoir beaucoup étudié l'anatomie humaine, a inventé il y a quelque temps une série d'exercices. Dans le monde entier, au moment où nous écrivons, ses apôtres se tortillent en nœuds pour ressembler aux illustrations de son admirable livre. De Peebles à la mer de Baffin, des bras et des jambes sont quotidiennement tordus par milliers et des muscles flasques gagnent la consistance du caoutchouc. Les Exercices de Larsen sont le fin du fin en matière d'exercices. Ils mettent en œuvre chaque tendon du corps. Ils activent la circulation. Ils vous rendent capable, si vous persévérez, d'abattre un bœuf, si nécessaire, d'un seul coup. Mais ils manquent de dignité. En fait, quand on les voit pour la première fois, sans avertissement, ils semblent extrêmement humoristiques. La raison pour laquelle le roi Henry, dont le fils fit naufrage avec la *Nef Blanche*, ne retrouva jamais le sourire, est simplement que le lieutenant Larsen n'avait pas encore inventé ses exercices.

Ashe, au cours des trois derniers mois, était devenu si insolemment inconscient du regard de la populace qui le considérait d'un œil habitué, qu'il ne lui vint pas à l'esprit, tandis qu'il tordait son corps en vrille, selon les indications du livre du lieutenant pour l'exécution de l'Exercice Un, qu'il faisait quelque chose de drôle. Et la conduite de l'assistance semblait justifier sa confiance. Le propriétaire de l'hôtel *Mathis* le considéra sans un sourire. Le propriétaire de l'hôtel *Previtali* aurait aussi bien pu être en transe, pour l'intérêt qu'il lui portait. Les employés des hôtels poursuivirent leur tâche, impassibles. Les enfants étaient aveugles et muets. Le chat continua à frotter son épine dorsale sur la grille sans se troubler.

Mais, au moment où il se dénouait pour reprendre une posture normale, retentit derrière lui, dans l'air calme du matin, un rire clair et musical. Il flotta sur la brise et le frappa comme une balle. Trois mois auparavant, Ashe eût accepté le rire comme inévitable et eût refusé de s'en inquiéter. Mais sa longue immunité au ridicule avait sapé sa résolution. Il se retourna dans un sursaut, rougissant et embarrassé.

À la fenêtre du premier étage du numéros 7a, une jeune fille était penchée. Le soleil du printemps jouait dans ses cheveux d'or et allumait ses yeux, d'un bleu étincelant, fixés sur cet individu en sweater et flanelle avec un amusement fasciné. Quand il se retourna, le rire reprit. Pendant peut-être deux secondes, ils se regardèrent, puis elle disparut dans la chambre.

Ashe était battu. Trois mois auparavant, un million de filles eussent pu se moquer de ses exercices matinaux sans le détourner de son but. Aujourd'hui, cet unique rire, seul et sans écho, suffit à l'arrêter. La dépression que l'exercice avait commencé à dissiper l'envahit à nouveau. Il n'avait plus le cœur de continuer. Ramassant tristement son attirail, il retourna vers sa chambre et prit, sans plaisir, son bain froid.

Le breakfast (inclus dans le loyer) fourni par Mrs. Bell, la logeuse du numéro 7a, n'avait rien d'un festin. Quand Ashe eut avalé son œuf mal frit, sa chicorée, baptisée blasphématoirement « café », et son bacon carbonisé, la Misère l'avait définitivement pris sous sa coupe. Et quand il se força à s'asseoir à sa table pour concocter la dernière histoire de Gridley Quayle, Détective, son cerveau refusa ses services. Le rire musical lui résonnait aux oreilles. Il eût voulu n'avoir jamais inventé Gridley Quayle, que les basses classes des lecteurs anglais ne l'eussent pas pris pour héros, et que lui, personnellement, fût mort. Leur alliance non consacrée durait maintenant depuis plus de deux ans, et il semblait à Ashe que Gridley devenait de moins en moins humain chaque mois. Il était si content de lui, si follement aveugle au fait que seule la chance la plus extraordinaire lui permettait de détecter quoi que ce soit. Dépendre de Gridley Quayle pour manger, c'était comme être enchaîné à quelque monstre horrible.

Ce matin, assis et mâchonnant son stylo, il sentait que sa haine pour Gridley avait atteint son point culminant. Il avait l'habitude, en écrivant ces histoires, de penser d'abord à un bon titre, puis de trouver l'aventure qui y collait. Et, la veille au soir, dans un moment d'inspiration, il avait griffonné sur une enveloppe les mots : « L'AVENTURE DE LA BAGUETTE DE MORT ». Il les considérait maintenant avec la répulsion d'un végétarien qui trouve une chenille dans sa salade.

La veille, le titre lui avait semblé si prometteur, si plein de possibilités passionnantes. Il était encore intéressant mais, maintenant que le moment d'écrire l'histoire était venu, son défaut était évident. Que pouvait bien être une baguette de mort ? Les mots sonnaient bien, mais en fait, qu'est-ce que c'était ? On ne peut pas écrire une histoire sur une baguette de mort sans savoir ce qu'est une baguette de mort et, même si vous avez inventé un titre aussi splendide, vous ne lui trouvez pas forcément un sens immédiat. Ashe s'ébouriffa les cheveux et mordit son stylo.

On frappa à sa porte. Ashe sauta sur sa chaise. C'était le bouquet ! Il avait dit à Mrs. Bell qu'il ne voulait être dérangé sous aucun prétexte le matin, il le lui avait répété mille fois ! C'était simplement infernal de voir son travail ainsi interrompu ! Il rumina quelques remarques peu amènes.

— Entrez ! cria-t-il en se préparant au combat.

Une fille entra. La fille du premier étage, la fille aux yeux bleus qui s'était moquée de ses Exercices de Larsen.

2

Diverses raisons contribuèrent à la pâle figure que fit Ashe au début de l'entretien. D'abord, il s'attendait à voir sa logeuse, qui mesurait environ un mètre cinquante, et l'apparition soudaine d'une personne d'un mètre soixante-dix l'empêcha de focaliser correctement. Ensuite, se préparant à l'entrée de Mrs. Bell, il avait imprimé sur son visage une grimace de réprobation qu'il n'était pas facile de changer d'un seul coup en un sourire accueillant. Enfin, un homme assis depuis une demi-heure devant une feuille de papier portant les mots : « L'AVENTURE DE LA BAGUETTE DE MORT » et qui tente de comprendre ce qu'est une baguette de mort n'a pas vraiment le contrôle de son esprit.

En conséquence, pendant peut-être une demi-minute, Ashe se conduisit bizarrement. Il roula les yeux en geignant. Un directeur d'asile de fous, en le voyant, l'eût admis sans autre forme de procès. Il lui fallut un temps appréciable pour penser à se lever de sa chaise. Quand il le fit, il exécuta simultanément un saut et une vrille que l'on pouvait assimiler à un Exercice de Larsen.

La jeune fille n'était pas moins embarrassée. Si Ashe avait été plus calme, il aurait remarqué sur ses joues une rougeur révélant que, pour elle aussi, la situation était difficile. Mais, les femmes ayant plus d'aplomb que les hommes, ce fut elle qui parla la première :

— Je crains de vous déranger.

— Non, non, dit Ashe. Oh non, pas du tout, non, oh non, pas du tout, non.

Et il aurait continué indéfiniment à broder sur ce thème si la fille n'avait repris la parole.

— Je voulais m'excuser, dit-elle, pour mon abominable incorrection. Me moquer de vous comme ça, tout à l'heure, c'était idiot de ma part. Je ne sais pas ce qui m'a pris. Je suis désolée.

La science, malgré des milliers de succès à son actif, n'a pas encore réussi à découvrir ce que doit répondre un jeune homme placé dans la position désagréable de recevoir les excuses d'une jolie fille. S'il ne dit rien, il a l'air rancunier et cruel. S'il dit quelque chose, il se rend ridicule. Ashe, hésitant entre ces deux options, posa soudain les yeux sur la feuille de papier devant laquelle il séchait depuis si longtemps.

— Qu'est-ce qu'une baguette de mort ? questionna-t-il.

— Je vous demande pardon ?

— Une baguette de mort.

— Je ne comprends pas.

L'aspect délirant de cette conversation frappa soudain Ashe. Il éclata de rire. Un moment plus tard, la fille l'imita. Et, simultanément, leur embarras cessa.

— Vous devez penser que je suis fou, dit Ashe.

— Certainement, dit la fille.

— En fait, je le serais devenu si vous n'étiez pas arrivée.

— Pourquoi cela ?

— J'essayais d'écrire une histoire policière.

— Je me demandais justement si vous étiez écrivain.

— Vous écrivez aussi ?

— Oui. Lisez-vous parfois *Les Potins* ?

— Jamais.

— Je vous en félicite. C'est une abominable feuille de chou, triste et languissante. J'y écris une histoire par semaine, sous divers pseudonymes. Il y a toujours un duc ou un comte. Je déteste ça.

— Je compatis, dit fermement Ashe. Mais nous nous éloignons du sujet. Qu'est-ce qu'une baguette de mort ?

— Une baguette de mort ?

— Une baguette de mort.

La fille réfléchit, les sourcils froncés.

— C'est évident. C'est un bâton d'ébène sacré, volé dans un temple hindou, qui est censé apporter le malheur et la mort à celui qui le possède. Le héros s'en empare et les prêtres le poursuivent et lui envoient des lettres de menace. Qu'est-ce que ça pourrait être d'autre ?

Ashe ne put cacher son admiration.

— C'est génial !

— Oh non.

— Absolument génial. Je vois ça d'ici. Le héros s'appelle Gridley Quayle, et ce crétin pompeux, grâce à une série de coïncidences improbables, résout le mystère. Et voilà un autre mois de travail achevé.

Elle le regarda avec intérêt.

— Êtes-vous l'auteur de « Gridley Quayle » ?

— Ne me dites pas que vous lisez ça !

— Je ne le lis pas. Mais c'est publié par la même maison que *Les Potins* et je ne peux pas m'empêcher de voir la couverture de temps en temps, quand je suis dans la salle d'attente de la rédactrice en chef.

Ashe eut la même impression qu'un naufragé sur une île déserte qui y rencontre un ami d'enfance. Il y avait vraiment un lien entre eux.

— C'est le Mammouth qui vous publie aussi ? Alors, nous sommes camarades d'infortune. Frères dans l'esclavage. Nous devrions être amis. Pouvons-nous être amis ?

— J'en serais ravie.

— Serrons-nous la main, asseyez-vous, et parlons un peu de nous.

— Mais je vous empêche de travailler.

— Un acte charitable.

Elle s'assit. C'est un geste simple, s'asseoir, mais comme tout autre geste, il peut être un indice de caractère. Et cette fille l'accomplit d'une façon pleinement satisfaisante aux yeux d'Ashe. Elle ne se posa pas sur l'extrême bord de son siège, comme quelqu'un s'apprêtant à repartir illico ; mais elle ne se laissa pas non plus tomber dans le fauteuil comme quelqu'un qui s'installe pour le week-end. Elle se conduisit, dans cette situation délicate, avec une confiance qu'il ne put qu'admirer. L'étiquette n'était pas rigide, à Arundell Street, néanmoins, une fille du premier étage eût été excusable de montrer quelque surprise et quelque hésitation en étant invitée à une conversation privée par un jeune homme du second qu'elle ne connaissait que depuis cinq minutes. Mais il existe une sorte de franc-maçonnerie entre ceux qui vivent de petits salaires dans de grandes villes.

— Nous devrions d'abord nous présenter ? proposa Ashe. À moins que Mrs. Bell ne vous ait dit mon nom. Au fait, vous n'êtes pas ici depuis longtemps, n'est-ce pas ?

— J'ai pris cette chambre avant-hier. Mais, si vous êtes l'auteur de Gridley Quayle, votre nom est Felix Clovelly, c'est ça ?

— Grand Dieu, non ! Vous ne croyez pas qu'on puisse s'appeler Felix Clovelly ? Ce n'est que le voile sous lequel je cache ma honte. Mon vrai nom est Marson. Ashe Marson. Et le vôtre ?

— Valentine. Joan Valentine.

— Voulez-vous me raconter l'histoire de votre vie, ou préférez-vous que je commence ?

— Je ne sais pas si j'ai une histoire intéressante.

— Allons, allons.

— Non, vraiment pas.

— Réfléchissez. Il faut tirer les choses au clair. Vous êtes née ?

— Oui.

— Où ?

— À Londres.

— Bon, c'est un commencement. Moi, je suis né à Much Middleford.

— Jamais entendu parler.

— Bizarre ! Je connais très bien votre ville natale, mais je n'ai pas encore rendu Much Middleford célèbre. En fait, je crains de ne jamais y arriver. Je commence à croire que je suis un raté.

— Quel âge avez-vous ?

— Vingt-six ans.

— Vous avez vingt-six ans, et vous vous traitez de raté ? Vous devriez avoir honte.

— Comment appelleriez-vous un homme de vingt-six ans qui fait carrière en écrivant les histoires de Gridley Quayle ? Un bâtisseur d'empires ?

— Comment savez-vous si vous n'avez pas d'autres talents ? Pourquoi ne pas essayer autre chose ?

— Comme... ?

— Comment le saurais-je ? Ce qui se présentera. Bonté divine, Mr. Marson, vous êtes dans la plus grande ville du monde et les aventures vous appellent de tous les côtés.

— Je dois être sourd. La seule chose qui m'appelle, c'est Mrs. Bell... pour réclamer son loyer.

— Lisez les journaux. Lisez les petites annonces. Je suis sûre que vous trouverez quelque chose tôt ou tard. Ne restez pas dans l'ornière. Soyez aventureux, sautez sur la prochaine chance, quelle qu'elle soit.

Ashe hocha la tête.

— Continuez, dit-il. Poursuivez. Vous me stimulez.

— Mais pourquoi voulez-vous qu'une fille comme moi vous stimule ? Londres peut sûrement le faire sans moi. Vous pouvez certainement trouver quelque chose de nouveau. Écoutez, Mr. Marson, je me suis retrouvée livrée à moi-même il y a cinq ans. Depuis, j'ai travaillé dans une boutique, j'ai tapé à la machine, je suis montée sur scène, j'ai été gouvernante, femme de chambre...

— Quoi ? Femme de chambre ?

— Pourquoi pas ? C'était une expérience, et je vous assure qu'il vaut bien mieux être la femme de chambre d'une lady que la gouvernante de sales gosses.

— Je vois ce que vous voulez dire. J'ai été précepteur, une fois. Je suppose que la gouvernante est l'équivalent féminin. Je me suis souvent demandé ce que le général Sherman aurait dit en tant que précepteur, lui qui s'est exprimé si durement à propos d'une simple guerre. Est-ce amusant d'être femme de chambre ?

— Très amusant, et ça m'a donné l'opportunité d'étudier l'aristocratie sur son propre territoire, ce qui me permet d'être une autorité sur les ducs et comtes dans *Les Potins*.

Ashe respira un grand coup, pas une respiration profonde scientifique, mais admirative.

— Vous êtes tout à fait splendide.

— Splendide ?

— Je veux dire que vous avez un tel cran…

— J'essaie, en tout cas. J'ai vingt-trois ans, et je n'ai encore rien accompli, mais je ne vais pas rester assise à me traiter de ratée.

Ashe fit la grimace.

— D'accord, dit-il. J'ai compris.

— C'est ce que je souhaitais, dit Joan, placide. J'espère ne pas vous avoir ennuyé avec mon autobiographie, Mr. Marson. Je ne voulais pas me poser en exemple, mais j'aime l'action et je hais la stagnation.

— Vous êtes absolument magnifique, reprit Ashe. Vous êtes à vous seule un cours par correspondance sur l'Efficacité. Comme ceux que l'on voit dans les dernières pages des magazines et qui demandent : « Jeune homme, êtes-vous suffisamment payé ? » avec une photo montrant le garçon de bureau lorgnant la chaise de son patron. Vous galvaniseriez une méduse.

— Si je vous ai réellement stimulé...

— Je crois, dit Ashe, pensif, que c'est une nouvelle insulte. Bon, je l'ai méritée. Bien sûr que vous m'avez stimulé. Je suis un homme nouveau. C'est bizarre, que vous soyez venue après tout le reste. Je ne me souviens pas de m'être senti aussi agité et mécontent que ce matin.

— C'est le printemps.

— Je suppose que c'est ça. J'ai envie de me lancer dans une grande aventure.

— Alors, faites-le. Il y a le *Morning Post* sur votre table. L'avez-vous déjà lu ?

— J'y ai jeté un coup d'œil.

— Mais vous n'avez pas lu les petites annonces ? Lisez-les. Elles peuvent contenir ce que vous cherchez.

— D'accord. Mais mon expérience des petites annonces me dit qu'elles sont monopolisées par des philanthropes qui veulent vous prêter cent mille livres sur votre seule signature. Cependant, je vais les éplucher.

Joan se leva et tendit la main.

— Au revoir, Mr. Marson. Vous avez votre histoire policière à écrire et je dois trouver avant ce soir une anecdote impliquant un duc, alors il faut que j'y aille.

Elle sourit.

— Nous avons pas mal progressé depuis notre point de départ, mais nous devons y revenir avant que je ne vous quitte. Je regrette de m'être moquée de vous ce matin.

Ashe saisit sa main avec ferveur.

— Pas moi. Venez vous moquer de moi chaque fois que vous en aurez envie. J'aime qu'on se moque de moi. Vous voyez, quand j'ai commencé mes exercices matinaux, la moitié de Londres venait se rouler par terre. Je n'attire plus le public, et je me sens seul. Il y a vingt-neuf Exercices de Larsen, et vous n'avez vu que le début du premier. Vous avez tellement fait pour moi que si je peux vous aider à débuter la journée par un sourire, j'en serai fier. L'Exercice Six est amusant, sans être vulgaire. Je commencerai par lui demain matin. Je vous recommande aussi l'Exercice Onze. Ne le manquez pas.

— Très bien, alors. Au revoir, pour le moment.

— Au revoir.

Elle partit. Et Ashe, tremblant d'émotions nouvelles, regarda la porte se fermer derrière elle. Il avait l'impression d'avoir été éveillé d'un long sommeil par un choc électrique. Une fille merveilleuse... Une fille étonnante... Une fille formidable.

À côté du papier sur lequel il avait écrit le titre maintenant si clair de la prochaine aventure de Gridley

Quayle, il vit le *Morning Post* dont il avait promis d'étudier les petites annonces. Le moins qu'il pût faire était de commencer immédiatement. À cette lecture, son courage vacilla. C'était toujours la même chose. Un certain Brian MacNeill, bien que ne faisant pas d'affaires avec les mineurs, était désireux, impatient même, de partager son immense fortune avec tout individu de plus de vingt et un ans qui en ferait la demande. Ce brave homme ne demandait même pas de garantie. Pas plus que ses rivaux en générosité, MM. Angus Bruce, Duncan Macfarlane, Wallace Mackintosh et Donald MacNab. Eux aussi montraient un curieux dégoût à traiter avec des mineurs, mais tout homme fait n'avait qu'à se précipiter à leur bureau pour se servir. Il y avait aussi le cri du cœur d'un Jeune Homme (chrétien) qui voulait un millier de livres pour lui permettre de compléter son éducation en faisant le tour du monde.

Ashe, dégoûté, rejeta le journal. Il savait depuis le début qu'il ne trouverait rien. Le Roman était mort et l'Inattendu n'arrivait plus. Il reprit son stylo et commença à écrire l'Aventure de la Baguette de Mort.

CHAPITRE II

1

Dans une chambre au quatrième étage de l'hôtel *Guelph*, à Piccadilly, l'Honorable Frederick Threepwood était assis dans son lit, les genoux relevés jusqu'au menton, et regardait le soleil d'un air angoissé. Il avait très peu de cerveau, mais ce qu'il en avait souffrait. Il venait de se souvenir. C'est comme ça, dans la vie. Vous vous réveillez, frais comme un gardon, vous regardez par la fenêtre, vous voyez le soleil et vous remerciez le ciel pour cette belle journée ; vous vous mettez à prévoir un lunch avec des amis que vous avez rencontrés la veille au National Sporting Club et, alors, vous vous souvenez.

— Oh, zut ! dit l'Honorable Freddie.

Puis, après une pause :

— Je me sentais si sacrément bien.

Pendant quelques instants il resta plongé dans une triste méditation. Puis, décrochant le téléphone sur sa table de nuit, il demanda un numéro.

— Allô !

— Allô ! répondit une voix bien timbrée à l'autre bout du fil.

— Oh, ma parole, c'est vous, Dickie ?

— Qui est-ce ?

— C'est Freddie Threepwood. Ma parole, Dickie, mon vieux, il faut que je vous voie pour quelque chose de fichtrement important. Serez-vous chez vous à midi ?

— Certainement. Qu'est-ce qui ne va pas ?

— Je ne peux pas l'expliquer au téléphone, mais c'est sacrément sérieux.

— Très bien. Au fait, Freddie, félicitations pour vos fiançailles.

— Merci, mon vieux. Merci beaucoup, et tout ça, mais n'oubliez pas d'être là à midi, d'accord ? Au revoir.

Il raccrocha rapidement et sauta du lit, car il avait entendu tourner la poignée de la porte. Quand la porte s'ouvrit, il présentait l'image convenable d'un jeune homme ne perdant pas de temps à faire sa toilette matinale. Un homme âgé, au visage mince, rasé de près, à l'air distrait, entra. Il regarda l'Honorable Freddie avec une certaine hostilité.

— Tu te lèves seulement, Frederick ?

— Hello, gouverneur. Bonjour. J'en ai pour une seconde.

— Tu devrais être prêt depuis au moins deux heures. La journée est superbe.

— Juste une minute, gouverneur. Je prends un bain et je m'habille.

Il disparut dans la salle de bains. Son père, prenant un siège, rapprocha les bouts de ses doigts et resta immobile dans cette position, vivante image de la désapprobation et du suprême ennui. Comme beaucoup de pères de son rang, le comte d'Emsworth souffrait énormément du problème qui, à l'exception de Mr. Lloyd George, est pratiquement la seule paille dans le diamant de l'aristocratie britannique, le problème de Que Faire du Fils Cadet ? Inutile d'essayer d'en discuter. Le Fils Cadet ne sert à rien. Vous pouvez raisonner des heures avec un pair anglais, vous pouvez lui faire remarquer qu'il est bien moins à plaindre que la morue mâle qui peut à tout instant se trouver en position d'avoir à nourrir une famille d'un million de bouches ; et ajouter que chacun de ses nouveaux rejetons lui vaut l'estime de l'ex-président Roosevelt ; cela ne le consolera pas le moins du monde. Il ne veut pas de Fils Cadet.

En plus du fait qu'il était un fils cadet, et donc une nuisance par définition, l'Honorable Freddie avait toujours trouvé des moyens variés d'ennuyer son père. Le comte d'Emsworth était ainsi fait qu'aucun homme ni aucune chose ne pouvait le troubler longtemps, mais Freddie en était plus capable que quiconque au monde. Il y avait une constance, une persévérance dans les embêtements qu'il causait, qui agissaient sur ce comte placide comme l'eau qui goutte sur la pierre. Des avatars isolés eussent été incapables de troubler son humeur sereine, mais Freddie faisait exploser des bombes sous son nez depuis son entrée à Eton. Il avait été renvoyé d'Eton pour avoir fait le mur et s'être promené dans les rues de Windsor affublé d'une fausse moustache. Il avait été exclu d'Oxford pour avoir versé de l'encre par une fenêtre du second étage sur le doyen de son collège. Il avait passé deux ans dans une coûteuse boîte à bachot de Londres et n'avait pas réussi à entrer à l'École militaire. Il avait aussi accumulé une dette record aux courses, et collectionné plus d'amis douteux, tous plus ou moins liés au sport hippique, qu'aucun jeune homme de son âge.

Des choses de ce genre énervent le parent le plus placide et, finalement, Lord Emsworth y avait mis le holà. Ce fut la seule occasion de sa vie où il agit avec décision, et il le fit avec une énergie accumulée au cours des années. Il coupa les vivres à son fils, le ramena au château de Blandings et l'y garda si bien que, jusqu'à la veille, où ils avaient pris ensemble un train de l'après-midi, Freddie n'avait pas vu Londres depuis près d'un an. C'est peut-être l'idée que, quels que soient ses ennuis secrets, il était revenu dans sa métropole bien-aimée qui fit émettre à Freddie un chant discordant. Il éclaboussait et gazouillait simultanément.

Le froncement des sourcils de Lord Emsworth s'accentua et il commença à tapoter ses doigts avec irritation. Puis son front s'éclaircit et un sourire heureux flotta sur ses lèvres. Lui aussi se souvenait. Il se souvenait que, à la fin de l'automne précédent, le domaine voisin de Blandings avait été loué par un Américain, Mr. Peters, un homme pourvu de nombreux millions, d'une dyspepsie chronique et d'une jolie fille, Aline. Les deux familles s'étaient rencontrées, Freddie et Aline s'étaient jetés dans les bras l'un de l'autre. Quelques jours auparavant, leurs fiançailles avaient été annoncées et, pour Lord Emsworth, la seule paille dans le meilleur des mondes possibles avait disparu. Le chant, dans la salle de bains, augmentait de volume, mais Lord Emsworth pouvait maintenant l'entendre sans frémir. Étonnante, la différence que fait pour le confort d'un homme l'idée d'être bientôt débarrassé de son fils cadet. Pendant près d'un an, prisonnier à Blandings, Freddie avait continuellement fait souffrir les nerfs de son père. Blandings était une grande maison, mais pas assez grande pour qu'un père et son fils ne s'y rencontrent pas occasionnellement et, à chacune de ces rencontres, l'air de martyr du jeune homme rendait Lord Emsworth fou. Pour lui, le parc et les jardins de Blandings étaient ce qui s'approchait le plus du Paradis, mais Freddie, furieux de sa captivité, s'y promenait avec un air lamentable qui eût fait jaser même en Sibérie.

Oui, il était heureux de savoir Freddie fiancé à Aline Peters. Il aimait beaucoup Aline. Il aimait bien Mr. Peters. Son soulagement était tel qu'il éprouvait presque de l'affection envers Freddie, qui émergea à ce moment de la salle de bains dans un peignoir rose pour trouver la fureur paternelle évaporée et un monde pour ainsi dire parfait. Néanmoins, il ne perdit pas de temps pour s'habiller. Il était toujours mal à l'aise en présence de son père, et il souhaitait être ailleurs le plus vite possible. Il sauta dans son pantalon avec une telle énergie qu'il trébucha presque. Quand il eut repris son équilibre, il se souvint d'une chose qui lui était sortie de l'esprit.

— Au fait, gouverneur, j'ai rencontré un vieux copain hier soir et je l'ai invité à Blandings pour la semaine. Pas de problème, hein ?

En un instant la bienveillance de Lord Emsworth s'évanouit. Il connaissait les vieux copains de Freddie.

— Qui est-ce ? Je te rappelle que Mr. Peters, Aline et presque toute notre famille seront à Blandings, cette semaine. Si c'est un de...

— Oh non, tout va bien. Honorable et tout. Il n'est pas de la vieille bande. Il s'appelle Emerson. Des plus respectables. Policeman, ou quelque chose comme ça, à Hong Kong. Il a dit qu'il connaissait bien Aline. Il l'a rencontrée sur le bateau.

— Je ne me souviens d'aucun de tes amis du nom d'Emerson.

— En fait, je l'ai rencontré hier soir. Mais il est très bien. C'est un brave type, tu vois, et tout ça.

Lord Emsworth se sentait trop bienveillant pour élever les objections qu'il eût certainement élevées si son humeur avait été moins joyeuse.

— Bon, qu'il vienne, s'il veut.

— Merci, gouverneur.

Freddie termina sa toilette.

— Tu fais quelque chose de spécial ce matin, gouverneur ? Je pensais prendre mon petit déjeuner et aller faire un tour. As-tu pris ton petit déjeuner ?

— Il y a deux heures. J'espère que, pendant ta promenade, tu trouveras le temps d'aller voir Mr. Peters et Aline. J'y serai juste après le lunch. Mr. Peters veut me montrer sa collection de... je crois qu'il a utilisé le mot « scarabées ».

— Oui, j'irai, ne t'inquiète pas. Ou, si je n'y vais pas, j'appellerai le vieux au téléphone. Bon, je file prendre mon breakfast, hein ?

Plusieurs commentaires vinrent à l'esprit de Lord Emsworth. D'abord, il n'approuvait pas que Freddie fît allusion à l'un des rois du commerce américain en disant « le vieux ». Ensuite, l'attitude de son fils ne lui semblait pas être celle qu'on attend d'un jeune homme envers sa bien-aimée. Elle lui paraissait manquer de chaleur. Mais il se dit que c'était peut-être une autre manifestation de l'esprit moderne, et qu'il ne valait pas la peine de s'en inquiéter. Alors, il ne dit rien et Freddie, après avoir essuyé ses chaussures avec son mouchoir de soie qu'il remit ensuite dans sa manche, l'accompagna jusqu'au hall de l'hôtel où ils se séparèrent, Freddie pour se restaurer, son père pour tuer le temps jusqu'au lunch en vagabondant dans les rues. Londres était toujours une épreuve pour Lord Emsworth. Son cœur appartenait à la campagne et la ville ne l'attirait nullement.

2

À l'un des étages d'un des bâtiments d'une des rues qui dégringolent du Strand vers la Tamise, une porte à la peinture toute croquelée arbore ce qui est peut-être le plus modeste et le moins ostentatoire écriteau de son genre à Londres. Sur la vitre sale, on lit : « R. JONES ». Simplement ça, et rien d'autre. Située entre une porte abondamment illustrée par la légende : « Compagnie d'exploitation des caoutchoucs de Sarawak et Nouvelle-Guinée. Directeur général, Jno. Bradbury-Eggleston », et une porte appartenant aux Mines de Rubis de Bhangaloo, elle avait l'air de la violette des bois blottie parmi les orchidées.

R. JONES

Quelle simplicité bourrue ! On se demande, en voyant cette inscription, à condition d'avoir le temps de s'arrêter pour y réfléchir, qui peut bien être ce Jones, de quelles affaires il s'occupe avec une aussi timide réticence.

D'ailleurs, de telles questions sont venues à l'esprit de Scotland Yard qui s'est intéressé un moment à R. Jones. Mais, à part le fait qu'il achetait et vendait des curiosités, faisait un peu le bookmaker pendant la saison de plat, et était connu pour prêter de l'argent, Scotland Yard ne trouva rien sur Mr. Jones et le chassa de ses pensées. Non que Scotland Yard fût satisfait. « Perplexe » serait un mot plus juste. Le soupçon que R. Jones pouvait, parmi d'autres occupations, être receleur d'objets volés s'attardait encore, mais nulle preuve ne vint l'étayer. R. Jones y veillait. Il faisait beaucoup de choses, car c'était l'un des hommes les plus occupés de Londres, mais il ne laissait jamais traîner de preuves.

Si l'on devait croire mon collègue William Shakespeare, pour qui les hommes dangereux sont maigres et ont l'air mal nourris, alors que les gros hommes joufflus sont inoffensifs, R. Jones serait au-dessus de tout soupçon. Il était l'homme le plus gras de tout le West End. Il était rond comme une balle, s'essoufflait quand il montait un escalier, ce qui était rare, et tremblait comme de la gelée quand un ami manquant de tact lui tapait sur l'épaule pour attirer son attention. Mais cela lui arrivait encore moins souvent que de monter un escalier, car dans l'entourage de R. Jones on savait que rien n'était pire, comme manquement à l'étiquette, que de taper sur l'épaule des gens qui ne s'y attendaient pas. Il fallait laisser cet acte à ceux que le gouvernement payait pour cela.

R. Jones était un quinquagénaire aux cheveux gris, au teint mauve, jovial parmi ses amis et peut-être encore plus jovial avec les connaissances de hasard. On estimait, parmi les envieux, que cette jovialité envers les connaissances de hasard, particulièrement envers les jeunes gens de la haute société aux grandes espérances et aux petits cerveaux, lui rapportait plusieurs centaines de livres par an. Il y avait quelque chose dans son aspect bonhomme et dans ses belles manières qui attirait irrésistiblement un certain type de jeunes gens. Il avait la chance que ce type de jeunes gens fût celui qui, financièrement, était le plus intéressant.

Freddie Threepwood était tombé sous son charme durant sa vie londonienne courte mais bien remplie. Ils s'étaient connus au Derby, et depuis R. Jones avait occupé, auprès de Freddie, la position de guide, ami et philosophe, qu'il occupait auprès de tant de jeunes gens du genre de Freddie. C'est pourquoi, ponctuellement à midi, par ce jour de printemps, il frappa de sa canne la porte vitrée de R. Jones et montra une telle satisfaction et un tel soulagement quand la porte s'ouvrit.

— Eh bien, eh bien ! dit R. Jones avec bonne humeur. Qui voilà ? Le sacré futur marié en personne !

R. Jones, comme Lord Emsworth, était ravi que Freddie fût sur le point d'épouser une jolie fille cousue d'or. Quand la rente de Freddie s'était soudainement tarie, il avait beaucoup souffert. Il avait, bien entendu, d'autres ressources, mais peu étaient aussi faciles et sûres que Freddie dans sa période de prospérité.

— Le fils prodigue, par Jupiter ! Qui revient, tout honteux, après tout ce temps ! Il y a des années que je ne vous ai pas vu, Freddie. Le vieux gouverneur vous a coupé les vivres, hein ? Quelle honte ! Mais je suppose que les choses se sont arrangées depuis l'annonce des fiançailles ?

Freddie s'assit et mordit, embarrassé, le pommeau de sa canne.

— Eh bien, en fait, mon vieux Dickie, dit-il, pas tellement, vous voyez. C'est à peu près pareil. J'ai réussi à quitter Blandings pour une nuit parce que le gouverneur devait venir à Londres, mais je dois rentrer avec lui par le train de trois heures. Et, pour l'argent, je n'arrive pas à lui tirer une livre. En fait, je suis dans une sacrée panade, et c'est pour ça que je suis venu vous voir.

Même les gros hommes joviaux ont leurs moments de dépression. Le visage de R. Jones s'assombrit, et il commença à émettre des remarques sur la dureté des temps et la baisse de la Bourse. Comme l'avait découvert Scotland Yard, il prêtait de l'argent, mais pas aux jeunes gens dans la position de l'infortuné Freddie.

— Je ne veux pas vous taper, vous savez, se hâta d'expliquer Freddie. Ce n'est pas ça. En fait, j'ai réussi à trouver cinq cents livres ce matin. J'espère que ça sera assez.

— Tout dépend de ce que vous voulez, dit R. Jones, redevenu aimable comme par magie.

La pensée lui vint, comme souvent, que le monde était plein de poires. Il aurait voulu connaître le type assez idiot pour avancer cinq cents livres à l'Honorable Freddie. De tels philanthropes se font rares, de nos jours.

Freddie fouilla sa poche, en sortit un étui à cigarettes d'où il tira une coupure de journal.

— Avez-vous vu ce qui est arrivé à ce pauvre Percy ? L'affaire, vous savez.

— Percy ?

— Lord Stockheath, vous savez.

— Oh, l'affaire de la rupture de promesse de mariage de Lord Stockheath ? Je suis au courant. J'ai passé trois jours au tribunal.

R. Jones émit un ricanement discret.

— C'est un ami à vous ? Un cousin, hein ? Vous auriez dû le voir à la barre des témoins, quand Jellicoe-Smith l'a contre-interrogé ! La chose la plus drôle que j'aie jamais entendue. Et ses lettres à la fille ! Ils les ont lues à la cour, et tous les...

— Arrêtez, mon vieux ! Dickie, s'il vous plaît ! Je sais tout cela. J'ai lu les journaux. Avec tout ça, ce pauvre Percy a eu l'air complètement idiot.

— Oh, la nature s'en était déjà chargée, mais je dirais que ça a amplifié le travail de la nature. Votre cousin s'est fait plumer comme un poulet.

Un spasme de douleur passa sur les traits ahuris de l'Honorable Freddie. Il se tortilla sur son siège.

— Dickie, mon vieux, ne parlez pas comme ça, ça me rend malade.

— Pourquoi ? Vous êtes tellement proches ?

— Ce n'est pas ça. C'est... Le fait est, mon cher Dickie, que je suis moi-même exactement dans la même panade que ce pauvre vieux Percy.

— Quoi ? Vous êtes poursuivi pour rupture de promesse de mariage ?

— Pas vraiment, pas encore. Je vais tout vous raconter. Vous vous rappelez un spectacle, au *Piccadilly*, il y a un an, qui s'appelait *La Fille de Dublin* ? Il y avait une fille, dans le chœur...

— Plusieurs, je me rappelle l'avoir remarqué.

— Non. Je veux dire une fille en particulier. Une fille qui s'appelait Joan Valentine. Le plus bête, c'est que je ne l'ai jamais rencontrée.

— Remettez-vous, Freddie. Quel est le problème, exactement ?

— Eh bien, vous voyez, j'étais au spectacle tous les soirs, et je suis tombé terriblement amoureux de cette fille...

— Sans l'avoir rencontrée ?

— Oui. Vous voyez, j'étais idiot, en ce temps-là.

— Non, non, dit aimablement R. Jones.

— Je dois l'avoir été, sinon je n'aurais pas fait l'imbécile comme ça. Bon, je lui ai écrit des lettres, pour lui dire combien je l'aimais, et... et...

— Vous lui avez spécifiquement proposé le mariage ?

— Hein ?

— Je dis : spécifiquement proposé le mariage ?

— Je ne sais plus. Je le suppose. J'étais horriblement amoureux.

— Comment se fait-il que vous ne l'ayez jamais rencontrée ?

— Elle n'a pas voulu me voir. Elle n'a jamais accepté mes invitations. Elle n'a pas répondu à mes lettres... Juste envoyé un mot par le gus à l'entrée des artistes. Et alors...

La voix de Freddie se brisa. Il mordit le pommeau de sa canne avec une sorte de frénésie.

— Alors, quoi ? demanda R. Jones.

Le jeune visage de Freddie s'empourpra. Son regard se perdit. Après une longue pause, un seul mot lui échappa, presque inaudible :

— Poèmes.

R. Jones trembla comme si un courant électrique avait traversé sa carcasse dodue. Ses petits yeux étincelèrent de ravissement.

— Vous lui avez écrit des poèmes !

— Des tas, mon vieux. Des tas, grommela Freddie.

La panique le rendit loquace.

— Vous voyez dans quelle terrible panade je suis. La fille doit avoir gardé mes lettres. Je ne sais plus si je lui ai vraiment proposé le mariage ou pas, mais elle en a sûrement assez pour m'assigner en justice, spécialement après l'histoire de ce pauvre Percy qui vient de lui coûter une fortune, et qui a mis les histoires de rupture de promesse à la mode, pour ainsi dire. Et maintenant qu'on a annoncé mes fiançailles, elle va sûrement s'en occuper. Elle attendait ça, probablement. Elle a tous les atouts en main, vous voyez. Il ne faut pas que l'affaire aille au tribunal. Ces poèmes vont ficher mon mariage en l'air, c'est certain. Je devrai émigrer, au moins. Dieu sait ce qui arrivera à la maison. Le gouverneur me tuera. Alors, vous voyez dans quelle panade je suis, Dickie, mon vieux ?

— Et qu'est-ce que vous voulez que je fasse ?

— Eh bien, que vous alliez trouver cette fille pour reprendre mes lettres, vous voyez. Je ne peux pas le faire moi-même, je suis coincé au fond de la campagne. Et d'ailleurs, je ne saurais pas comment me débrouiller. J'ai besoin d'un ami plein de bon sens et de persuasion.

— Merci pour le compliment, Freddie, mais il faudra quelque chose de plus palpable que de la persuasion, dans cette histoire. Vous avez parlé de cinq cents livres ?

— Les voilà, mon vieux. En billets. Je les ai apportées. Vous voulez bien vous en occuper ? Pensez-vous qu'on peut s'en tirer avec cinq cents livres ?

— On peut toujours essayer.

Freddie se leva avec, sur le visage, quelque chose comme du bonheur. Certains hommes ont le pouvoir d'inspirer confiance à certains de leurs semblables tout en emplissant les autres de méfiance. Scotland Yard pouvait douter de R. Jones, mais Freddie le trouvait fiable et secourable. Il serra plusieurs fois la main de R. Jones avec émotion.

— C'est terriblement gentil à vous, mon vieux, dit-il. Alors, je laisse l'affaire entre vos mains. Écrivez-moi quand vous aurez réussi, n'est-ce pas ? Au revoir, mon vieux. Et merci infiniment.

La porte se referma. R. Jones resta assis, immobile, les doigts amoureusement perdus dans le papier craquant. Un sentiment de bonheur profond réchauffait sa poitrine. Il ne savait pas si sa mission serait ou non couronnée de succès et, pour être juste, il ne s'en souciait pas tellement. Ce qu'il savait, c'est que le ciel venait de s'ouvrir à l'improviste pour lui faire cadeau de cinq cents livres.

CHAPITRE III

1

Le comte d'Emsworth, immobile dans l'embrasure de la porte de la vaste salle à manger du Club des Conservateurs, contemplait avec un vague sourire béat les quelque deux cents conservateurs qui, à grand bruit de couteaux et fourchettes, s'occupaient à engloutir le lunch maison. On eût dit une statue de l'Amabilité. Ses yeux bleu pâle brillaient d'une lumière amicale derrière leurs verres protecteurs ; le sourire d'un homme en paix avec l'humanité incurvait ses lèvres molles ; son crâne chauve, qui reflétait le soleil, semblait presque paré d'une auréole.

Nul ne semblait le remarquer. Il venait si rarement à Londres qu'il était pratiquement inconnu dans son club et, de toute façon, les conservateurs, quand ils se restauraient, ne voyaient que ce qui était sur leur table. Pour attirer l'attention, dans le Club des Conservateurs, entre une heure et deux heures et demie, il fallait être une côtelette d'agneau, pas un comte.

On peut penser que, manquant de l'initiative nécessaire pour s'avancer dans l'allée et chercher une table, il serait resté là indéfiniment, mais ce serait oublier l'infatigable activité d'Adams, le chef de rang. C'était la mission d'Adams, dans la vie, de courir de-ci, de-là, pour amener à destination les aspirants dîneurs, comme un saint-bernard extirpe les voyageurs des avalanches des Alpes. Il aperçut Lord Emsworth et se précipita vers lui.

— Une table, Votre Seigneurie ? Par ici, Votre Seigneurie.

Adams se souvenait de lui, bien sûr. Adams se souvenait de tout le monde.

Lord Emsworth le suivit en souriant et jeta l'ancre à une table tout au fond de la salle. Adams lui présenta le menu et resta à le couver des yeux, vivante image de la Providence.

— On ne voit pas souvent Votre Seigneurie au Club, hasarda-t-il aimablement.

C'était son travail de connaître les goûts des quelque cinq mille membres du Club des Conservateurs et d'y calquer ses manières. À certains, il tendait simplement le menu rapidement, silencieusement, presque brusquement, comme quelqu'un qui sait qu'il y a, dans la vie, des moments trop importants pour les perdre en bavardages. D'autres, il le savait, aimaient la conversation et, pour eux, il prenait des détours avant d'en arriver au sujet de la nourriture.

Lord Emsworth, ayant examiné le menu avec une certaine curiosité, le reposa et engagea la conversation.

— Non, Adams, je viens rarement à Londres. Londres ne m'attire pas. La campagne... les champs... les bois... les oiseaux...

Quelque chose, à l'autre bout de la salle, parut attirer son attention et sa voix se perdit. Il l'observa un certain temps avec intérêt, puis se retourna vers Adams :

— Que disais-je donc, Adams ?

— Les oiseaux, Votre Seigneurie.

— Oiseaux ? Quels oiseaux ? Quoi, les oiseaux ?

— Vous parliez de l'attrait de la vie campagnarde, Votre Seigneurie. Vous avez inclus les oiseaux dans vos remarques.

— Oh, oui, oui. Oh, oui, oui, oui. Oh oui, bien sûr. Allez-vous quelquefois à la campagne, Adams ?

— Généralement au bord de la mer, Votre Seigneurie, quand je prends mes vacances annuelles.

Ce qui avait, au bout de la salle, attiré l'attention de Lord Emsworth, se rappela à son souvenir. Sa Seigneurie se concentra dessus en oubliant le reste du monde. Puis il finit par sortir de sa transe.

— Vous disiez, Adams ?

— Je disais que je vais généralement à la mer, Votre Seigneurie.

— Hein ? Quand ?

— Pendant mes congés annuels, Votre Seigneurie.

— Vos quoi ?

— Mes congés annuels, Votre Seigneurie.

— Et alors ?

Adams ne souriait jamais pendant ses heures de travail, sauf par devoir quand, par exemple, un membre faisait une plaisanterie, mais il garda dans les profondeurs de sa vaste carcasse un rire silencieux qu'il partagerait avec sa femme quand il rentrerait, ce soir-là. Mrs. Adams ne se lassait jamais d'entendre le récit des excentricités des membres du club. Adams avait de la chance, aujourd'hui. Il attendait quelques amis pour le souper, ce soir, et c'était un homme qui aimait avoir un public. Vous ne l'auriez jamais cru, en le voyant dans l'exercice de ses fonctions, mais Adams s'était construit une solide réputation d'humoriste parmi ses intimes grâce à ses imitations de certains membres du club, et il regrettait d'avoir si peu l'occasion d'étudier les distractions de Lord Emsworth. C'était un bonheur rare, Sa Seigneurie était manifestement, aujourd'hui, au sommet de sa forme.

— Adams, qui est ce gentleman, près de la fenêtre ? Le gentleman en complet brun ?

— C'est un Mr. Simmonds, Votre Seigneurie. Il est membre du club depuis l'année dernière.

— Je n'ai jamais vu un homme avaler d'aussi grosses bouchées. Avez-vous jamais vu un homme avaler d'aussi grosses bouchées, Adams ?

Adams se retint d'exprimer son avis mais, intérieurement, il frémissait de ferveur artistique. Mr. Simmonds à table était l'une de ses meilleures imitations, bien que Mrs. Adams fût encline à objecter que c'était un mauvais exemple pour les enfants. Avoir le privilège d'étudier Lord Emsworth contemplant et critiquant Mr. Simmonds, c'était amasser les éléments d'une double étude de caractères qui assurerait le succès de la soirée.

— Cet homme, poursuivit Lord Emsworth, creuse sa tombe avec ses dents. Creuse sa tombe avec ses dents, Adams. Avalez-vous de grosses bouchées, Adams ?

— Jamais, Votre Seigneurie.

— Très bien. C'est très sensé de votre part, Adams. Très sensé. Très sen... Qu'est-ce que je disais, Adams ?

— Vous me félicitiez de ne pas avaler de grosses bouchées, Votre Seigneurie.

— Très bien, très bien. Ne prenez jamais de grosses bouchées, Adams. Ne soyez pas glouton, Adams. Avez-vous des enfants, Adams ?

— Deux, Votre Seigneurie.

— J'espère que vous leur apprenez à éviter la gloutonnerie. Ils le paieraient tôt ou tard. Les Américains engloutissent, quand ils sont jeunes, et ça ruine leur digestion. Mon ami américain, Mr. Peters, souffre terriblement de sa digestion.

Adams baissa la voix jusqu'à un murmure confidentiel.

— Si vous voulez bien pardonner ma liberté, Votre Seigneurie, j'ai vu dans le journal...

— À propos de la digestion de Mr. Peters ?

— À propos de Miss Peters, Votre Seigneurie, et de l'Honorable Frederick. Puis-je me permettre de vous présenter mes félicitations ?

— Hein ? Oh oui, les fiançailles. Oui, oui, oui. Oui, c'est sûr. Oui, très satisfaisant à tout point de vue. Temps qu'il s'établisse et se mette un peu de plomb dans la tête. J'ai été ferme. Lui ai coupé les vivres et l'ai gardé à la maison. Ça l'a refroidi, ce jeune diable. Je...

Lord Emsworth avait des moments de lucidité et, à cet instant, il s'aperçut qu'il ne parlait pas tout seul, comme il se l'imaginait, mais qu'il confiait d'intimes secrets de famille au chef de rang du restaurant de son club. Il se reprit brusquement et, avec une légère baisse d'amabilité, fixa son regard sur le menu et commanda un potage. D'abord, il en voulut à Adams de l'avoir épié pendant son soliloque, mais aussitôt après il fut repris par le spectacle fascinant de Mr. Simmonds engloutissant une tranche de fromage de Stilton, et Adams fut oublié.

Le potage eut l'effet de rendre à Sa Seigneurie toute sa sérénité et, quand Adams, au cours de ses promenades, passa près de sa table, il était à nouveau disposé à la conversation.

— Alors, vous avez vu la nouvelle des fiançailles dans le journal, Adams ?

— Oui, Votre Seigneurie. Dans le *Mail.* Il y avait un long article. Et la photo de l'Honorable Frederick et de la jeune dame était dans le *Mirror.* Mrs. Adams les a découpés et les a collés dans son album, sachant que Votre Seigneurie est l'un de nos membres. Si je peux me permettre, Votre Seigneurie, une bien jolie jeune dame.

— Diablement attirante, Adams, et diablement riche. Mr. Peters est millionnaire, Adams.

— C'est ce qu'on disait dans le journal, Votre Seigneurie.

— Vous voyez, ils sont tous millionnaires, en Amérique. Je voudrais bien savoir comment ils s'arrangent. Honnêtement, j'espère. Mr. Peters est un honnête homme, mais sa digestion est bien mauvaise. Il engloutissait la nourriture. Vous n'engloutissez pas votre nourriture, j'espère, Adams ?

— Non, Votre Seigneurie. Je suis plus prudent.

— Feu Mr. Gladstone mâchait chaque bouchée trente-trois fois. Sacrément bonne idée quand on n'est pas pressé. Quel fromage me recommandez-vous, Adams ?

— Ces messieurs disent du bien du gorgonzola.

— Très bien, apportez-m'en un morceau. Voyez-vous, Adams, ce que j'admire, chez les Américains, c'est qu'ils ont de la ressource. Mr. Peters m'a raconté que, quand il avait onze ans, il a gagné vingt dollars en une semaine en vendant de la menthe aux tenanciers de saloons, comme ils appellent les bars là-bas. Pourquoi ils avaient besoin de menthe, je ne m'en souviens plus. Mr. Peters me l'a expliqué et, à l'époque, ça m'a semblé hautement plausible, mais je l'ai oublié. Peut-être pour faire de la sauce à la menthe. C'est impressionnant, Adams. Vingt dollars, ça fait quatre livres. Je n'ai jamais gagné quatre livres en une semaine quand j'avais onze ans. En fait, je ne crois pas avoir jamais gagné quatre livres en une semaine. Cette histoire m'a impressionné, Adams. Tout homme devrait avoir la capacité de gagner... Dites-moi, Adams, ai-je mangé mon fromage ?

— Pas encore, Votre Seigneurie. J'allais envoyer le serveur le chercher.

— Peu importe. Dites-lui d'apporter la note à la place. Je viens de me rappeler que j'ai un rendez-vous. Je ne dois pas être en retard.

— Puis-je avoir la fourchette, Votre Seigneurie ?

— La fourchette ?

— Votre Seigneurie a, par inadvertance, mis la fourchette dans la poche de sa veste.

Lord Emsworth fouilla la poche indiquée et, de l'air d'un prestidigitateur débutant qui a raté son tour, en sortit une fourchette d'argent. Il considéra l'objet avec surprise puis regarda Adams d'un air interrogateur.

— Adams, je suis distrait. Avez-vous jamais remarqué des traces de distraction chez moi avant ?

— Oh non, Votre Seigneurie.

— Eh bien, c'est fichtrement bizarre. Je n'ai aucun souvenir d'avoir mis cette fourchette dans ma poche... Adams, je veux un taxi.

Il scruta la salle, comme s'il s'attendait à en trouver un près de la cheminée.

— Le portier va vous en appeler un, Votre Seigneurie.

— Qu'il le fasse, par Jupiter, qu'il le fasse ! Bonne journée, Adams.

— Bonne journée, Votre Seigneurie.

Le comte d'Emsworth se dirigea, affable, vers la porte, laissant Adams avec le sentiment qu'il n'avait pas perdu sa journée. Il regarda, presque avec respect, la silhouette sortir lentement.

— Quelle andouille ! confia Adams à son âme immortelle.

Véhiculé par son taxi à travers les rues ensoleillées, Lord Emsworth sourit avec bienveillance à la foule grouillante de Londres. Il était aussi complètement heureux que peut l'être un homme âgé, à la tête vide mais à la santé excellente et aux revenus confortables. Les autres s'inquiètent pour toutes sortes de choses : les grèves, les guerres, les suffragettes, la baisse de la natalité, le matérialisme croissant de notre époque et des tas de sujets similaires. L'inquiétude semble être la spécialité du XXe siècle. Lord Emsworth ne s'inquiétait jamais. La nature l'avait équipé d'un cerveau si admirablement construit pour éviter les désagréments de la vie que, si une pensée désagréable y entrait, elle en sortait un instant plus tard. À part quelques faits fondamentaux de la Vie, comme de savoir que son chéquier était dans le tiroir de gauche de son bureau, que l'Honorable Freddie Threepwood était un jeune idiot qu'il fallait toujours avoir à l'œil et que, quand il avait un doute à propos de quelque chose, il n'avait qu'à s'en remettre à son secrétaire, Rupert Baxter, à part ces bases fondamentales, il ne se souvenait jamais de rien pendant plus de quelques minutes.

À Eton, dans les années 1860, on l'appelait « Tête de lard ». Sa vie manquait peut-être des sublimes émotions qui élèvent l'homme au niveau des dieux, mais c'était indéniablement une vie extrêmement heureuse. Il n'avait jamais expérimenté le frisson de l'ambition satisfaite, mais il n'avait jamais connu la douleur de l'ambition frustrée. Son nom, quand il mourrait, ne lui survivrait pas dans les annales de l'Angleterre, mais il n'avait aucun désir de vivre éternellement dans les annales de l'Angleterre. Il était probablement aussi heureux qu'un être humain peut l'être en ce siècle d'alarmes et de mouvement. En fait, tout en roulant dans son taxi, il se disait qu'une fille charmante, qui ne faisait partie d'aucune troupe théâtrale, une fille d'excellente éducation, cousue d'or, avait, sans aucun doute dans un moment d'aberration, accepté de se fiancer à l'Honorable Freddie, et que sa vie était dorénavant une rose sans épines.

Le taxi s'arrêta devant une jolie maison aux fenêtres fleuries. Lord Emsworth paya le chauffeur et resta sur le trottoir devant cette aimable demeure, à essayer de se rappeler pourquoi diable il avait demandé au chauffeur de le conduire ici. Après quelque temps de cogitation profonde, il trouva la réponse. C'était la maison de Mr. Peters et il était venu ici, sur invitation, pour admirer la collection de scarabées de ce dernier. Bien sûr. Il se souvenait, maintenant. Sa collection de scarabées. À moins que ce ne fût d'abbés ? Il sourit. Scarabées, bien entendu. Personne ne collectionne les abbés. Il se demanda, en sonnant à la porte, ce que pouvait bien être une collection de scarabées. Mais, en fait, il s'intéressait à toute forme de collection et était heureux d'avoir l'occasion d'examiner ces objets, quels qu'ils fussent.

2

Il y a, dans ce monde, des hommes qui ne peuvent pas se reposer, pour qui les loisirs consistent à changer de travail. Mr. J. Preston Peters, le père d'Aline, appartenait à cette classe. Et c'était à cette qualité (ou à ce défaut) qu'il devait la dévotion presque maniaque qu'il professait envers cette espèce plutôt peu attirante de curiosités que sont les scarabées égyptiens.

Cinq ans auparavant, une dépression nerveuse avait amené Mr. Peters à consulter un spécialiste de New York. Ce spécialiste s'était enrichi grâce à des cas semblables, et son avis était toujours le même. Il insista pour que Mr. Peters se choisît un hobby.

— Quel genre de hobby ? avait demandé Mr. Peters avec impatience.

Sa digestion avait commencé à l'ennuyer, à cette époque, et son humeur n'était pas des meilleures. Le seul mot de « hobby » lui semblait futile et ridicule. Son hobby était d'éviter les hobbies et de gérer ses affaires. Ce qui, fit remarquer le spécialiste, était précisément la raison qui lui avait fait signer un chèque de cent dollars pour une consultation. Cela impressionna Mr. Peters. Il détestait signer des chèques inutiles et, si le seul moyen de s'en passer était d'avoir un hobby, il en aurait un.

— N'importe quel genre de hobby, avait dit le spécialiste. Il doit bien y avoir quelque chose qui vous intéresse, en dehors de vos affaires ?

Mr. Peters n'avait rien trouvé. Même les repas commençaient à moins l'intéresser.

— Moi, mon hobby, avait dit le spécialiste, c'est de collectionner les scarabées. Pourquoi ne collectionneriez-vous pas les scarabées ?

— Parce que, avait répondu Mr. Peters, je n'en reconnaîtrais pas un si on me l'apportait sur un plateau. Quels scarabées ?

— Les scarabées, avait expliqué le spécialiste, sont des symboles égyptiens.

— Et, s'était enquis Mr. Peters, qu'appelez-vous symboles égyptiens ?

Le spécialiste avait commencé à se demander s'il n'aurait pas dû lui conseiller une collection de timbres.

— Le mot « scarabée », avait-il dit, vient du latin *scarabeus*. Il s'agit d'un insecte...

— Je ne vais certainement pas collectionner des insectes ! avait déclaré Mr. Peters avec force. J'ai horreur des insectes. Les insectes me rendent malade.

— Les scarabées sont des symboles égyptiens en forme d'insectes, avait précisé le spécialiste. La forme la plus commune de scarabée est une bague. On utilisait les scarabées comme sceaux. Ils étaient aussi employés comme broches ou ornements. Certains scarabées portent des références à des endroits, par exemple « Memphis est puissant à jamais ».

Le dédain de Mr. Peters s'était soudain changé en intérêt.

— Vous en avez un comme ça ?

— Comme quoi ?

— Un scarabée à la gloire de Memphis. C'est ma ville natale.

— Je pense qu'il est possible qu'il soit fait allusion à un autre Memphis.

— Il n'y en a qu'un, et il est dans le Tennessee ! avait affirmé Mr. Peters avec patriotisme.

Le spécialiste, étant donné qu'il était psychanalyste et non psychopathe, avait pour habitude de ne jamais discuter avec ses visiteurs.

— Peut-être, avait-il dit, aimeriez-vous jeter un coup d'œil à ma collection ? Elle est dans la pièce à côté.

Ce fut le début de l'amour de Mr. Peters pour les scarabées. Il commença sa collection sans passion, en partie parce qu'il devait collectionner quelque chose ou souffrir, mais surtout à cause d'une remarque du spécialiste quand il avait quitté la pièce.

— Combien de temps me faudra-t-il pour avoir une collection comme la vôtre ? avait-il demandé après avoir contemplé le plus horrible assortiment d'objets qu'il eût jamais vu.

Le spécialiste était fier de sa collection.

— Combien de temps ? Pour une collection de la taille de la mienne ? De nombreuses années, Mr. Peters. De très nombreuses années.

— Je vous parie cent dollars que je la fais en six mois.

Et, dès ce moment, Mr. Peters avait mis, à collectionner des scarabées, la même furieuse énergie qui lui avait valu tant de dollars et une si mauvaise digestion. Il avait couru après les scarabées comme un chien court après les rats. Il avait fouillé tous les coins de la terre pour trouver des scarabées jusqu'à ce que, à la fin de l'année, il se trouvât en possession de ce qui, en quantité, était une collection record. Cela marqua la fin de ce qu'on pourrait appeler la première phase scarabée de sa vie. Collectionner lui était devenu une habitude, mais il n'était pas encore un vrai enthousiaste. Il comprit alors que le temps de l'élagage était venu. Il appela un expert, lui montra sa collection et lui demanda d'arracher ce qu'il appela les « mauvaises herbes ». L'expert se mit consciencieusement au travail. Quand il eut fini, la collection se réduisait à peine à une douzaine de spécimens.

— Les autres, expliqua-t-il, sont pratiquement sans valeur. Si vous voulez posséder une collection valable aux yeux des archéologues, vous feriez mieux de les jeter. Ces douze-là sont bons.

— Qu'est-ce que ça veut dire, « bons » ? Pourquoi une de ces choses a-t-elle de la valeur alors qu'une autre ne vaut rien ? Elles me paraissent toutes pareilles.

Alors, l'expert avait parlé à Mr. Peters pendant presque deux heures du Nouvel Empire, du Royaume du Milieu, d'Osiris, d'Amon, de Mout, de Bubastis, des dynasties, de Kheops, des rois Hyksos, de cylindres, de bezels, d'Aménophis III, de la reine Taia, de la princesse Gilukhipa du Mitanni, du lac de Zarukhe, de Naucratis et du Livre des Morts. Il parla avec enthousiasme. Il aimait manifestement ça.

Quand il eut fini, Mr. Peters le remercia et alla dans la salle de bains où il se bassina les tempes à l'eau de Cologne. Cette conversation fit du chercheur aléatoire de scarabées qu'était J. Preston Peters un vrai maniaque de scarabées. Peu importe ce que collectionne un homme, si la Nature lui a donné un esprit de collectionneur, il deviendra fanatique de n'importe quoi. Mr. Peters avait collectionné les dollars, il se mit à collectionner les scarabées avec exactement le même enthousiasme. Il aurait été aussi passionné par les papillons ou la porcelaine si ses pensées s'étaient tournées dans ces directions mais il en vint par hasard à aimer collectionner les scarabées, et il se passionna de plus en plus au cours des années. Graduellement, il aima les scarabées de cet amour qui surpasse l'amour des femmes que seuls connaissent les collectionneurs. Il devint expert dans les curieuses reliques d'une civilisation défunte. Pendant un moment, ils allèrent de pair avec ses affaires mais, quand il eut pris sa retraite, il put en faire l'unique passion de sa vie. Il chérissait chaque scarabée de sa collection comme un avare chérit son or.

La manie de la collection, au point où en était Mr. Peters, ressemble à l'alcoolisme. Elle commence comme une détente et finit comme une obsession. Il jubilait devant ses trésors quand la bonne annonça Lord Emsworth.

Une étrange espèce de tolérance mutuelle, qu'on pourrait difficilement baptiser amitié, était apparue entre ces deux hommes si différents en pratiquement tout. Chacun regardait l'autre avec ce perpétuel étonnement pour celui dont le mode de vie et de pensée nous est étranger. La force de l'Américain fascinait Lord Emsworth. D'une façon purement détachée, Lord Emsworth aimait la force et l'énergie. Elles l'intéressaient. Il était heureux de ne pas les posséder lui-même, mais il les aimait en tant que spectacle, comme un homme qui, tout en n'ayant aucune envie d'être une vache rousse, ne voit aucune objection à en contempler une. Quant à Mr. Peters, il n'avait jamais rencontré quelqu'un de semblable au comte durant sa longue vie aventureuse. Il avait vu des hommes et des villes, mais Lord Emsworth était quelque chose de nouveau. Chacun d'eux, en fait, était pour l'autre un spectacle de cirque gratuit. Et, s'il avait été besoin de quelque chose de spécial pour cimenter leur alliance, ils l'eussent trouvé dans le fait qu'ils étaient tous deux collectionneurs. Ils différaient dans leurs collections comme dans le reste. Le tempérament de collectionneur de Mr. Peters, ainsi que nous l'avons dit, était vif, furieux, exclusif ; celui de Lord Emsworth montrait le même genre de gâtisme que le reste de sa vie. Dans le musée du château de Blandings, on pouvait voir des curiosités de toutes sortes, précieuses ou sans valeur. Il n'y avait pas d'idée conductrice, l'endroit était simplement un bric-à-brac d'amateur. À côté d'une Bible de Gutenberg pour laquelle des collectionneurs rivaux eussent donné leur chemise, on tombait sur un boulet du champ de bataille de Waterloo, l'un des dix mille envoyés là pour les touristes par une firme de Birmingham. Et leur propriétaire les chérissait également.

— Mon cher Mr. Peters, dit aimablement Lord Emsworth en entrant dans la pièce, j'espère que je ne suis pas en retard. J'ai déjeuné à mon club.

— Je vous aurais bien invité à déjeuner avec moi, dit Mr. Peters, mais vous savez ce qu'il en est. J'ai promis au docteur de suivre son régime de salade et de noix, et je ne peux le faire que quand je suis seul ou avec Aline. Mais si je devais regarder quelqu'un manger de la vraie nourriture, ce serait insupportable pour moi.

Lord Emsworth murmura des mots de sympathie. Les tribulations digestives de son interlocuteur le touchaient profondément. Étant lui-même une bonne fourchette, il comprenait ce que devait souffrir Mr. Peters.

— C'est horrible, dit-il.

Mr. Peters préféra changer de sujet.

— Voici mes scarabées.

Lord Emsworth ajusta ses lunettes, et le sourire léger disparut de ses lèvres pour être remplacé par un air sérieux. Un metteur en scène de cinéma d'Hollywood aurait reconnu cet air ; Lord Emsworth « montrait » de l'intérêt, un intérêt qui, il s'en aperçut au premier abord, devrait être entièrement simulé ; car son instinct lui disait, tandis que Mr. Peters commençait à parler, qu'il allait s'ennuyer comme il s'était rarement ennuyé dans sa vie.

On peut dire ce qu'on veut contre l'aristocratie anglaise, on peut porter des cravates rouges et assister à des congrès socialistes, mais on ne peut pas nier que, dans certaines crises, bon sang ne saurait mentir. Un vrai pair d'Angleterre sait mieux supporter l'ennui à haute dose sans rien révéler que quiconque au monde. Dès sa prime jeunesse, il avait été habitué à séjourner dans des maisons de campagne anglaises où, bien que les chevaux l'ennuyassent profondément, il avait dû accompagner chaque jour son hôte aux écuries en prétendant aimer ça, et cette éducation spartiate l'avait marqué pour la vie.

On ne peut donc qu'admirer l'air résolu, bien que douloureux, avec lequel Lord Emsworth accepta le rôle ingrat de l'homme qui écoute un monomaniaque discourir sur son sujet favori. Son esprit était ailleurs, mais, dès le début, il fit usage de « Ah ! » musicaux qui, émis à intervalles réguliers, semblaient être tout ce que Mr. Peters attendait de lui. Mr. Peters, dans son personnage de showman, déploya encore plus d'énergie qu'à l'accoutumée. Il épuisa à la fois son sujet et son interlocuteur. Son flot oratoire ne tarit pas. Il parla du Nouvel Empire, du Royaume du Milieu, d'Osiris et d'Amon ; broda éloquemment sur Mout, Bubastis, Kheops, les rois Hyksos, les cylindres, les bezels et Aménophis III ; et devint lyrique en abordant la reine Taia, la princesse Gilukhipa du Mitanni, le lac de Zarukhe et le Livre des Morts. Le temps s'écoulait...

— Jetez un coup d'œil à ceci, Lord Emsworth.

Tel celui qui, rêvant d'amour ou songeant à ses affaires, tamponne en marchant un lampadaire et revient aux réalités de la vie dans un brutal ébranlement, Lord Emsworth sursauta, cligna des yeux et reprit conscience. En esprit, il avait voyagé, à des kilomètres de là, dans l'agréable serre et dans les jardins ombreux du château de Blandings. Il revint à Londres et vit son hôte qui, d'un air fier et respectueux, lui tendait un petit machin indescriptible. Il le prit et l'examina. C'était, apparemment, ce qu'on attendait de lui. Jusque-là, tout allait bien. Il dit : « Ah ! » Ce bienheureux mot avait tous les pouvoirs. Il le répéta, ravi de ses propres ressources.

— Un Kheops de la IVe dynastie, dit Mr. Peters avec ferveur.

— Je vous demande pardon ?

— Un Kheops ! De la IVe dynastie !

Lord Emsworth commença à perdre pied. Il ne pouvait pas continuer indéfiniment à proférer des « Ah ! », mais que pouvait-il dire d'autre devant cette bestiole ?

— Bonté divine ! Un Kheops !

— De la IVe dynastie !

— Dieu me bénisse ! La IVe dynastie !

— Qu'est-ce que vous pensez de ça, hein ?

À dire vrai, Lord Emsworth n'en pensait rien, et il se demandait comment voiler son opinion sous des paroles diplomatiques, quand la Providence, qui veille toujours sur les braves gens, le sauva en permettant qu'on frappe à la porte.

En réponse au cri irrité de Mr. Peters, une bonne entra.

— S'il vous plaît, Monsieur, Mr. Threepwood désire vous parler au téléphone.

Mr. Peters se tourna vers son invité.

— Excusez-moi un moment.

— Certainement, dit Lord Emsworth avec reconnaissance. Certainement, certainement, certainement. Faites donc.

La porte se ferma derrière Mr. Peters. Lord Emsworth demeura seul. Pendant un moment, il resta où il était, toujours un peu inquiet. Mais Mr. Peters ne revint pas immédiatement. Le son de sa voix arrivait faiblement d'une région lointaine. Lord Emsworth trotta jusqu'à la fenêtre et regarda dehors. Le soleil brillait toujours sur la rue tranquille. Il y avait des arbres de l'autre côté de la chaussée. Lord Emsworth aimait les arbres ; il les regarda avec approbation. Puis, tournant le coin, arriva un marchand ambulant qui tirait une charrette pleine de fleurs.

Des fleurs ! L'esprit de Lord Emsworth retourna à Blandings comme un pigeon voyageur. Des fleurs ! Avait-il ou n'avait-il pas donné à Thorne, son chef jardinier, les instructions adéquates pour les hortensias ? S'il ne l'avait pas fait, pouvait-il compter sur Thorne pour prendre les mesures nécessaires à la seule lumière de son intelligence limitée ? Lord Emsworth se mit à songer à son chef jardinier Thorne.

Il prit conscience qu'il avait un curieux objet dans la main. Il lui accorda une attention momentanée. Mais il ne lui rappelait rien. C'était sans doute quelque chose, mais il ne savait plus quoi. Il le mit dans sa poche et retourna à ses méditations.

3

À peu près à l'heure où le comte d'Emsworth s'en allait à son rendez-vous avec Mr. Peters, un couple était assis à une table du restaurant *Simpson's* dans le Strand. L'un des deux était une jolie petite jeune fille à l'air gentil, d'environ vingt ans, l'autre un vigoureux jeune homme, avec une courte moustache, une touffe de cheveux brun-roux, et un air de dévotion et de détermination mêlées. La fille était Aline Peters, le nom du jeune homme était George Emerson. Il était, comme l'avait dit Freddie, policeman ou quelque chose à Hong Kong. C'est-à-dire qu'il était commandant en second des forces de police de cette ville lointaine. En ce moment, il était en vacances dans la mère patrie. Il avait un visage fort et carré avec un menton têtu.

Il y a toutes sortes de restaurants à Londres, depuis le restaurant qui vous fait croire que vous êtes à Paris, jusqu'à celui qui vous fait souhaiter y être. Il y a des palaces à Piccadilly, des trous mortels à Soho et d'étranges usines à nourriture dans Oxford Street ou dans Tottenham Court Road. Il y a des restaurants qui se spécialisent dans la ptomaïne et des restaurants spécialisés dans de sinistres débâcles végétariennes. Mais il n'y a qu'un *Simpson's. Simpson's*, dans le Strand, est unique. Là, s'il le désire, le Britannique peut, pour la modique somme d'un demi-dollar, se remplir de nourriture. Le dieu des Obèses a placé l'endroit sous sa protection. Son mot d'ordre est « abondance ». Les clergymen de la campagne, quand ils viennent à Londres pour le congrès annuel du clergé, font ici un repas qui leur dure une année, jusqu'au prochain congrès. Les pères et les oncles accablés de fils ou de neveux rallient *Simpson's* avec une silencieuse bénédiction pour le fondateur de l'endroit car ici seulement les jeunes boas constrictors peuvent vraiment être rassasiés pour un prix modéré. Les suffragettes militantes viennent s'y refaire une santé entre deux grèves de la faim.

C'est un endroit agréable et calme. Un temple de la Nourriture reposant. Nul orchestre strident ne force le dîneur à engloutir son bœuf au rythme du ragtime. Nulle allée centrale ne le distrait avec son flot d'arrivants. Il est seul, face à son assiette, tandis que des prêtres en robe blanche, conduisant des chariots fumants, se glissent ici et là avec des provisions fraîches. Les fidèles sont assis, certains à de petites tables, d'autres à de grandes tables, avec dans les yeux l'air résolu et concentré qui est le signe distinctif du convive britannique, du poisson mangeur d'homme de l'ex-président Roosevelt et du soldat américain de deuxième classe. Les conversations sont rares, au *Simpson's*. Seuls, ce jour-là, deux commensaux montraient quelque disposition au bavardage. C'étaient Aline et son escorte.

— La fille que vous devriez épouser, disait Aline, c'est Joan Valentine.

— La fille que je vais épouser, rétorqua George Emerson, c'est Aline Peters.

Pour toute réponse, Aline ramassa un journal sur le sol, à côté d'elle et, l'ayant ouvert, le lui tendit à travers la table. George Emerson y jeta un regard dédaigneux. Il y avait deux photos sur la page. L'une d'Aline et l'autre d'un jeune homme lourd à l'air rustre, qui arborait cette expression vitreuse particulière qu'adoptent les jeunes Anglais en face de l'objectif. Sous l'une des photographies on lisait ces mots : « Miss Aline Peters, qui va épouser l'Honorable Frederick Threepwood en juin », sous l'autre : « L'Honorable Frederick Threepwood, qui va épouser Miss Aline Peters en juin. » Au-dessus des photos, la légende disait : « Bientôt un mariage international. Le fils du comte d'Emsworth épouse une héritière américaine. » Dans un coin, un Cupidon drapé dans la bannière étoilée visait de son arc le gentleman, tandis que dans l'autre un second Cupidon, vêtu de l'Union Jack, pointait sa flèche sur la dame. Le rédacteur avait bien fait son travail. Il n'y avait aucune ambiguïté. Il voulait faire entendre au lecteur que Miss Peters (d'Amérique) allait épouser l'Honorable Frederick Threepwood (fils du comte d'Emsworth), et c'était exactement l'impression qu'en retirait le lecteur moyen.

George Emerson, cependant, n'était pas un lecteur moyen. Le travail du rédacteur ne l'impressionnait pas.

— Il ne faut pas croire tout ce qu'on lit dans les journaux, dit-il. Qui ces gros bébés en maillot de bain sont-ils supposés être ?

— Ce sont des cupidons, George, qui nous visent de leurs petits arcs. Une jolie idée, et originale...

— Pourquoi des cupidons ?

— Cupidon est le dieu de l'Amour. On voit bien que vous n'êtes jamais allé au lycée.

— Qu'est-ce que le dieu de l'Amour vient faire là-dedans ?

Aline dévora calmement une pomme de terre frite.

— Vous essayez seulement de me mettre en colère, dit-elle, et ce n'est pas gentil. Vous savez très bien qu'il est mauvais de se mettre en colère pendant les repas. C'est en mangeant quand il était de mauvaise humeur que mon père a démoli sa digestion. George, ce charmant gros serveur roule son chariot par ici. Faites-lui signe pour qu'il m'apporte encore un peu de mouton.

George regarda autour de lui d'un air morose.

— Pourquoi, demanda-t-il, tous les gens, à Londres, se ressemblent-ils tant ? On me disait que j'allais trouver que tous les Chinois étaient pareils. Il n'y a pas, dans tout Hong Kong, un seul Chinois que j'aie du mal à reconnaître. Mais ces types...

Ses yeux parcoururent la salle. Ils revinrent à un jeune homme, à une table voisine, qui avait été la cause première de sa remarque, parce qu'il lui rappelait l'Honorable Freddie Threepwood. Il montra ce jeune convive inoffensif qui engloutissait consciencieusement sa tourte au poisson.

— Voyez-vous ce type en complet gris ? Regardez cette tête d'idiot. Remarquez ces yeux vitreux. Si cet homme assommait votre Freddie, le ligotait et venait à l'église à sa place, pouvez-vous me dire, honnêtement, que vous verriez la différence ? Allons, vous diriez simplement « Oh, Freddie, comme vous avez l'air naturel ! » et la cérémonie se poursuivrait sans que vous ayez le moindre soupçon.

— Il ne ressemble pas le moins du monde à Freddie. Et vous ne devriez pas l'appeler Freddie. Vous ne le connaissez même pas.

— Mais si, je le connais. De plus, il m'a expressément demandé de l'appeler Freddie. « Enfin, mon vieux, ne continuez pas à m'appeler Threepwood. Freddie, pour les copains. » Ce sont ses propres paroles.

— George, vous me racontez des histoires.

— Pas du tout. Nous nous sommes rencontrés hier soir au National Sporting Club. Porky Jones y a tenu vingt rounds contre Eddie Flynn. J'avais parié à trois contre un sur Eddie. Freddie, qui était assis à côté de moi, a relevé le pari. Et si vous voulez une autre preuve de l'idiotie de votre fiancé, en voilà une. Un enfant aurait vu qu'Eddie l'avait à sa main. Après ça, Threepwood m'a pris en amitié et m'a dit que pour moi il était Freddie. J'étais un vrai pote, d'après ce que j'ai compris, parce que je voulais bien attendre un peu pour avoir mon argent. Il m'a expliqué que son vieux gouverneur lui avait coupé les vivres.

— Vous essayez simplement de me faire penser du mal de lui, et je trouve que ce n'est pas bien de votre part, George.

— Qu'est-ce que ça veut dire, penser du mal de lui ? Je ne vous dis que la vérité. Vous savez bien que vous n'êtes pas amoureuse de lui et que vous n'allez pas l'épouser, et que c'est moi que vous épouserez.

— Comment savez-vous que je n'aime pas Freddie ?

— Si vous pouvez me regarder droit dans les yeux et me dire que vous l'aimez, je laisse tout tomber, je me paye un habit de page et je porterai votre traîne dans la grande nef. Alors ?

— Et pendant que vous parlez, vous me laissez mourir de faim, dit Aline.

George fit signe au prêtre qui poussa son chariot vers eux. Aline dirigea, de la parole et du geste, sa dissection de l'épaule de mouton.

— Bon appétit, dit froidement Emerson.

— Merci, George. Quelle viande excellente ils ont, en Angleterre !

— J'aimerais que vous soyez un peu moins matérialiste. Je ne tiens pas à discuter des produits du terroir.

— Si vous étiez à ma place, George, vous ne voudriez parler de rien d'autre. C'est bon pour lui, le pauvre, mais il y a des moments où je regrette que Père ait commencé ce régime. Vous ne savez pas ce que c'est, pour une fille en bonne santé, de ne manger que de la salade et des noix.

— Pourquoi le feriez-vous ? explosa Emerson. Je vais vous dire, Aline. Vous êtes parfaitement absurde, avec votre père. Je ne veux rien dire contre lui, bien sûr, mais...

— Allez-y, George. Pourquoi cette timidité ? Dites ce que vous avez à dire.

— Très bien. Je vais vous le dire tout net. Vous savez très bien que vous laissez votre père vous tyranniser. Je ne prétends pas que c'est votre faute, ou la sienne, ou la faute de qui que ce soit. C'est juste comme ça. Une question de tempérament, je suppose. Vous êtes soumise, il est agressif. Et il en profite. Prenez cette histoire de nourriture. La digestion de votre père va mal et le résultat, c'est qu'il ne doit manger que des noix, des bananes, et tout ça. Pourquoi vous oblige-t-il à faire la même chose ?

— Il ne m'y oblige pas. Je le fais pour l'encourager, pour lui montrer qu'on peut y arriver. Si je faiblissais, il perdrait toutes ses bonnes résolutions et ferait une débauche de foie gras et de homard. Et alors, il souffrirait horriblement. C'est terrible, vous savez, George, d'avoir à la fois un appétit d'écolier et la digestion de Rockefeller. L'un des deux, ça irait encore, mais combinés, c'est affreux.

George, déconcerté mais déterminé, repartit à l'attaque :

— D'accord. Si vous vous laissez mourir de faim de votre propre gré, je n'ai rien à ajouter.

— Mais vous allez le dire quand même, n'est-ce pas, George ?

— Venons-en à cette idiotie de mariage avec Freddie. Votre père vous y a forcée. Vous avez beau dire que vous êtes libre et que les pères n'ont plus de pouvoir coercitif de nos jours. L'ennui, c'est que votre père ne le sait pas. Vous le laissez faire ce qu'il veut de vous. Vous ne rompez pas ces fiançailles imbéciles parce que vous n'en trouvez pas le courage. Mais je vais vous y aider. Je serai au château de Blandings quand vous y arriverez vendredi.

— Vous venez à Blandings ?

— Freddie m'a invité hier soir. Je crois que c'était à cause de l'argent qu'il me devait, mais enfin, il l'a fait. Et j'ai accepté.

— Mais George, mon cher, cher ami, avez-vous jamais lu un livre de savoir-vivre, ou ces articles, dans les journaux, sur la conduite du parfait gentleman ? Ne croyez-vous pas qu'on ne doit pas, quand on est invité chez quelqu'un, en profiter pour lui voler sa fiancée ?

— Vous verrez !

Les yeux d'Aline devinrent rêveurs.

— Je me demande ce que ça fait d'être comtesse, dit-elle.

George la considéra avec pitié.

— Vous ne le saurez jamais. Ma pauvre enfant, vous aurait-on fait croire que Freddie, ce crétin attardé, sera comte un jour ? On s'est moqué de vous. Freddie n'est pas l'héritier du titre. Son frère aîné, Lord Bosham, est en excellente forme, et il a trois fils en bonne santé. Freddie a à peu près autant de chances d'être comte que moi.

— George, votre éducation a été salement négligée. Ne savez-vous pas que l'héritier du titre part toujours en croisière sur un yacht avec sa petite famille, et que tout le monde se noie, même les enfants ? C'est ce qui arrive dans les romans anglais.

— Écoutez, Aline, parlons sérieusement. Je suis amoureux de vous depuis que je vous ai rencontrée sur l'*Olympic*. Je vous ai demandée en mariage deux fois pendant le voyage et une fois dans le train qui nous amenait à Londres. C'était il y a huit mois, et je vous ai refait cette proposition régulièrement depuis. Je vais en Écosse quelques jours pour voir ma famille et, quand je reviens, qu'est-ce que je trouve ? Je vous trouve fiancée à ce déchet de Freddie.

— J'aime votre attitude chevaleresque envers Freddie. Tant d'hommes, à votre place, diraient des choses horribles sur son compte.

— Oh, je n'ai rien contre Freddie. C'est un imbécile et je n'aime pas sa tête mais, à part ça, il est très bien. Mais vous serez heureuse, plus tard, de ne pas l'avoir épousé. Vous êtes bien trop naturelle. Quelle femme vous ferez pour un homme travailleur !

— À quoi Freddie travaille-t-il ?

— Je ne fais pas allusion à Freddie, mais à moi. Je rentrerai à la maison fatigué. Les choses auront mal marché au bureau. Je serai démoralisé. Et alors, vous arriverez, avec vos fraîches mains blanches, vous les poserez doucement sur mon front...

Aline secoua la tête.

— Ce n'est pas bien, George. Vraiment, vous devriez comprendre que je vous aime beaucoup, mais que nous ne sommes pas assortis.

— Pourquoi pas ?

— Vous êtes trop énergique, vous avez l'air d'une bombe. Je trouve que vous ressemblez à Superman. Vous voulez que tout aille comme vous l'entendez et pas autrement. Je pense que c'est dû à tous ces gens que vous devez constamment bousculer à Hong Kong, et tout ça. Pour vous, il suffit de passer Freddie par profits et pertes, et nous serons le couple le plus heureux du monde. Non. Je suis bien trop calme et placide pour vous rendre heureux. Vous avez besoin de quelqu'un qui vous tienne tête. Quelqu'un comme Joan Valentine.

— C'est la deuxième fois que vous parlez de cette Joan Valentine. Qui est-ce ?

— C'est une fille qui était en classe avec moi. Je suis allée à l'école en Angleterre, vous savez. Mère voulait que j'y apprenne les bonnes manières. Nous étions grandes amies. En tout cas, moi je la vénérais et j'aurais fait n'importe quoi pour elle, et je pense qu'elle m'aimait bien. Et puis, je suis rentrée en Amérique et nous nous sommes perdues de vue. Je l'ai rencontrée hier dans la rue, et elle est toujours pareille. Elle a passé par des moments terribles. Son père était très riche, mais quand il est mort, on s'est aperçu qu'il ne laissait pas un sou. Il avait toujours vécu sur son patrimoine. Il n'était même pas assuré sur la vie. Elle est venue à Londres et, d'après ce que j'ai pu comprendre en quelques minutes d'entretien, elle a fait un peu de tout, depuis notre dernière rencontre. Elle a travaillé dans une boutique et elle est même montée sur scène, et un tas d'autres choses. N'est-ce pas affreux, George ?

— Terrible, dit Emerson.

Mais il était peu intéressé par les tribulations de Miss Valentine.

— Elle est pleine de vie et de courage ! Elle vous irait comme un gant.

— Merci bien ! Mon idée du mariage n'est pas un combat perpétuel. Pour moi, une épouse doit être douce, calme, pleine de sympathie. C'est pour ça que je vous aime. Nous serons le plus heureux...

Aline se mit à rire.

— Cher vieux George ! Maintenant, payez l'addition et trouvez-moi un taxi. J'ai plein de choses à faire à la maison. Si Freddie est en ville, je suppose qu'il va venir me voir. Vous voulez savoir qui est Freddie ? Freddie est mon fiancé, George. Mon amoureux. Le jeune homme que je vais épouser.

Emerson hocha la tête avec résignation.

— Étonnant, que vous vous accrochiez à cette idée de Freddie. Peu importe. Je serai à Blandings vendredi et nous verrons ce que nous verrons. Mettez-vous dans la tête que, vous et moi, nous allons nous marier et que rien au monde ne pourra nous en empêcher.

4

La raison pour laquelle nous autres, romanciers au front bombé et à l'éducation coûteuse, abandonnons le roman pour écrire des scénarios, est que ces derniers sont infiniment plus simples et agréables. Si ce récit, par exemple, était destiné au cinéma, l'écran, à ce moment, montrerait seulement ces mots :

MR. PETERS DÉCOUVRE LA DISPARITION DU SCARABÉE

et, pendant un bref instant, les spectateurs verraient un décor dans lequel un petit homme en colère, aux traits tirés et aux yeux étincelants, jouerait d'abord la Découverte puis le Désarroi. Le tout ne prendrait que quelques secondes.

Mais le roman demande une plus grande élaboration. C'est Aline qui dut supporter la colère de son père quand il découvrit, peu après le départ de son invité, que la perle de sa collection avait disparu avec lui. C'est toujours l'innocent qui souffre.

— Le sacré bon sang de voleur ! s'écria Mr. Peters.

— Père !

— Ne reste pas là à crier « Père ! ». À quoi ça sert de dire « Père ! » ? Penses-tu que ça m'aide, de hurler « Père ! » ? J'aimerais mieux que ce vieux pirate ait pris toute ma fortune que ce scarabée. Il savait ce qu'il faisait. Il a choisi son butin ! Je croyais que je pouvais faire confiance au père de l'homme qui va épouser ma fille et le laisser seul une seconde avec la chose. Il n'y a plus de moralité parmi les collectionneurs, de nos jours. Il vaut mieux faire confiance à une bande composée de Jesse James, du Capitaine Kidd et de Dick Turpin plutôt qu'à un collectionneur. Mon Kheops de la IVe dynastie ! Je ne l'aurais pas cédé pour cinq mille dollars.

— Mais, Père, ne pourrais-tu lui écrire pour lui demander de te le rendre ? C'est un vieil homme si gentil ; je suis sûre qu'il ne voulait pas voler le scarabée.

L'âme meurtrie de Mr. Peters lâcha un ricanement plein de passion.

— Il ne voulait pas le voler, hein ? Qu'est-ce qu'il voulait faire ? Le mettre en sûreté, au cas où je le perdrais ? Il ne voulait pas le voler ? Je parie qu'il est connu, dans la bonne société, comme kleptomane. Je te parie que, quand on prononce son nom, ses amis se dépêchent de cacher leur argenterie et d'envoyer chercher la police pour l'empêcher de voler leur porte d'entrée. Bien sûr, qu'il voulait le voler ! Il a un musée à lui, dans sa campagne. Mon Kheops va faire un malheur, là-bas. Je donnerais cinq mille dollars pour le récupérer. Si un cambrioleur dans ce pays a le courage de s'introduire par effraction au château pour me le rendre, il y a cinq mille dollars qui l'attendent ici. Et il peut cogner ce vieux brigand sur la tête par-dessus le marché.

— Mais, Père, pourquoi ne pas tout simplement aller le voir pour lui dire qu'il est à toi et que tu veux le récupérer ?

— Pour qu'il me réponde en rompant tes fiançailles ? Non. Je connais ça. On ne peut pas accuser un homme de vol et s'attendre qu'il laisse votre fille épouser son fils. À la moindre suggestion que je pense qu'il a pu voler le scarabée, il fera le Vieil Aristocrate Fier, et tout sera fini. Sa position est forte, c'est la plus forte qu'un voleur ait jamais eue. Tu peux m'en croire.

— Je ne pense pas comme toi.

— Tu ne penses pas du tout. C'est l'ennui, avec toi, conclut Mr. Peters.

Vous comprenez maintenant pourquoi nous préférons écrire pour le cinéma. Il est pénible, pour un jeune romancier sensible et raffiné, de devoir peindre une telle scène entre un père et son enfant. Mais que peut-on y faire ? Des années d'indigestion avaient rendu l'humeur de Mr. Peters, même dans son état normal, parfaitement impossible. Dans une crise de cette ampleur, elle devenait insupportable. Il s'en prenait à Aline parce que sa gentillesse et sa douceur, combinées à leur relation familiale, en faisaient la personne idéale pour recevoir sa colère. Tant que sa femme avait vécu, elle avait dû le supporter, à sa mort, Aline avait pris la place vacante.

Aline ne pleura pas, parce que ce n'était pas une adepte des larmes, mais, malgré son humeur égale, elle fut blessée. C'était une fille qui aimait que tout soit calme et facile, et ces scènes avec son père la déprimaient toujours. Elle profita de ce que Mr. Peters reprenait son souffle pour quitter la pièce. Son entrain avait reçu un choc. Il lui fallait de la sympathie, du réconfort. Pendant un moment, elle pensa à George Emerson pour le rôle de consolateur, mais elle y vit immédiatement une objection. Depuis qu'elle le connaissait, Aline avait pris l'habitude de se moquer de George mais, au fond, elle avait un peu peur de lui, et son instinct lui disait que, comme consolateur, il risquait d'être un peu trop volcanique et « Superman » pour une fille qui devait épouser un autre homme en juin. George, comme consolateur, serait trop enclin à se jeter dans l'action plutôt que de se contenter de paroles apaisantes. Elle sentait que l'idée de George, pour panser sa blessure, serait de la mettre dans un taxi et de l'emmener au plus proche bureau de mariage.

Non, elle n'irait pas voir George. Mais qui, alors ? La vision de Joan Valentine lui apparut. Joan, qu'elle avait rencontrée la veille, forte, joyeuse, sûre d'elle, vaillante en dépit de l'adversité. Oui, elle devait aller voir Joan. Elle mit son chapeau et se glissa hors de la maison.

Assez curieusement, un quart d'heure auparavant, R. Jones était sorti avec exactement la même intention.

5

Quel plaisir, après avoir assisté à une scène de violence et de récrimination, d'être transféré dans la paix et la bonne volonté ! C'est avec soulagement que je m'aperçois que cette histoire nous mène d'un coup d'aile, loin de la colère de Mr. Peters, dans le fumoir tranquille du château de Blandings. Presque exactement à l'heure où Aline Peters sortait pour rendre visite à son amie Miss Valentine, trois hommes occupaient le calme fumoir du château de Blandings. Ils étaient diversement occupés. Dans une chaise longue, près de la porte, l'Honorable Frederick Threepwood, Freddie pour les intimes, lisait. Près de lui, un jeune homme dont les yeux brillaient derrière des lunettes sans monture était concentré sur plusieurs rangées de cartes à jouer. (Rupert Baxter, l'inestimable secrétaire de Lord Emsworth, n'avait pas de vice, mais il délassait parfois son esprit en faisant des réussites.) Derrière Baxter, un cigare à la bouche et un verre d'alcool à portée de main, le comte d'Emsworth prenait ses aises. Après la scène dont nous venons d'être témoins, cela fait du bien de contempler un tel tableau.

Le livre que lisait l'Honorable Freddie était un petit opuscule broché. Sa couverture était décorée d'un dessin rouge, noir et jaune, dépeignant un moment intense dans les vies d'un homme à barbe noire, d'un homme à barbe jaune, d'un homme parfaitement imberbe et d'une jeune femme qui, à première vue, semblait n'être qu'yeux et cheveux. L'homme à la barbe noire, dans un but connu de lui seul, avait ligoté la jeune femme à une machinerie compliquée, tout en rouages et poulies. L'homme à la barbe jaune était en train de tirer ou de pousser un levier. L'homme sans barbe, surgissant d'une trappe dans le sol, pointait un énorme revolver sur les deux barbus. Sous le dessin, on pouvait lire : « Haut les mains, brigands ! » Au-dessus, un titre barrait la page : « Gridley Quayle, détective. *L'Aventure du secret des Six.* Par Felix Clovelly. »

L'Honorable Freddie dévorait plus qu'il ne lisait *L'Aventure du secret des Six.* Son visage était écarlate d'excitation, ses cheveux étaient dressés sur sa tête, ses yeux s'exorbitaient. Il était absorbé. Nous vivons une époque où chacun de nous peut, s'il cherche avec obstination, trouver la littérature convenant à ses pouvoirs mentaux. Des hommes sérieux et graves avaient, à Eton et ailleurs, enquiquiné Freddie Threepwood avec la littérature grecque, latine et même anglaise, et le calme bovin avec lequel il avait refusé de s'intéresser aux chefs-d'œuvre de ces trois langues leur avait laissé la conviction qu'il ne lirait jamais rien. Mais, des années plus tard, il s'était soudain révélé étudiant passionné. Il étudiait, c'est vrai, les Aventures de Gridley Quayle, mais enfin, il étudiait. Sa vie était terne et Gridley Quayle était la seule personne qui lui apportait un peu d'évasion. L'existence, pour l'Honorable Freddie, n'était qu'une sorte de désert ponctué mensuellement par l'oasis d'une nouvelle histoire de Gridley Quayle. Son rêve était de rencontrer l'homme qui les écrivait.

Lord Emsworth fumait, buvait une gorgée et se remettait à fumer, en paix avec le monde entier. Son cerveau était à peu près aussi vide qu'un cerveau humain peut l'être. Celle de ses mains qui n'avait pas pour tâche de tenir son cigare reposait mollement dans la poche de sa veste. Ses doigts jouaient inconsciemment avec un petit objet. Graduellement, dans l'esprit de Sa Seigneurie, filtra l'idée que cet objet ne lui était pas familier. C'était quelque chose de nouveau, quelque chose qui n'était ni ses clés, ni son crayon, ni sa petite monnaie. Il en ressentit une curiosité croissante et le sortit. Il l'examina. C'était un petit machin qui ressemblait à un insecte fossilisé. Il n'éveilla en lui aucun souvenir. Il le regarda avec un aimable dégoût.

— Comment ce truc est-il arrivé là ? dit-il.

L'Honorable Freddie ne prêta aucune attention à cette remarque. Il en était au point culminant de son histoire, quand chaque ligne intensifie le suspense. Les incidents succédaient aux incidents. Les Six étaient ici, là, partout, comme des moustiques en juin. Annabel, l'héroïne, passait un sale quart d'heure, kidnappée et emprisonnée à chaque instant. Gridley Quayle, sur la piste, menaçait presque continuellement l'un ou l'autre de son revolver. L'Honorable Freddie n'avait pas le temps de bavarder avec son père.

Mais il n'en allait pas de même pour Rupert Baxter. Bavarder avec Lord Emsworth était l'une des choses pour lesquelles il percevait son salaire. Il leva les yeux de ses cartes.

— Lord Emsworth ?

— J'ai trouvé un curieux objet dans ma poche, Baxter. Je me demandais comment il y était arrivé.

Il tendit la chose à son secrétaire.

Les yeux de Rupert Baxter s'allumèrent d'un enthousiasme soudain. Il s'étrangla.

— Magnifique ! s'écria-t-il. Superbe !

Lord Emsworth lui adressa un regard interrogateur.

— C'est un scarabée, Lord Emsworth, et, si je ne me trompe pas, mais je crois pouvoir dire que je suis un expert, c'est un Kheops de la IVe dynastie. Une merveilleuse pièce pour votre musée.

— Vous croyez vraiment, Baxter...

— Vraiment. Si ce n'est pas indiscret, combien l'avez-vous payé, Lord Emsworth ? Ce devait être la perle de la collection de quelqu'un. Y avait-il une vente chez Christie, cet après-midi ?

Lord Emsworth secoua la tête.

— Je ne l'ai pas eu chez Christie, car je me souviens que j'avais un important rendez-vous qui m'a empêché d'y aller. J'avais... Oui, bien sûr, j'avais promis à Mr. Peters d'aller voir sa collection de... Je me demande bien ce que Mr. Peters m'avait dit qu'il collectionnait.

— Mr. Peters est l'un des collectionneurs de scarabées les plus réputés.

— Scarabées ! Vous avez raison, Baxter. Et maintenant, je me souviens. C'est un scarabée. Mr. Peters me l'a donné.

— Il vous l'a donné, Lord Emsworth ?

— Oui. Toute la scène me revient, maintenant. Mr. Peters, après m'avoir dit des tas de choses passionnantes sur les scarabées, que je regrette d'avoir oubliées, m'a donné ça. Et vous dites qu'il a vraiment de la valeur, Baxter ?

— Pour un collectionneur, il a une valeur inestimable.

— Dieu me bénisse ! s'émerveilla Lord Emsworth. C'est extrêmement intéressant, Baxter. On parle tellement de l'hospitalité princière des Américains ! Comme c'est gentil à Mr. Peters ! Je vais le garder précieusement, bien que, je dois le confesser, d'un point de vue purement esthétique, il me laisse un peu froid. Mais il ne faut pas regarder dans la bouche d'un cheval donné, hein, Baxter ?

Dans le lointain, on entendit le son argentin d'un gong. Lord Emsworth se leva.

— Il est temps de s'habiller pour le dîner ? Je ne me rendais pas compte qu'il était si tard. Baxter, vous passez devant la porte du musée. Voulez-vous être assez bon pour placer ceci parmi les objets exposés ? Vous saurez mieux que moi quoi en faire. Je pense toujours à vous comme au conservateur de ma petite collection, Baxter. Ah, ah ! Attention où vous mettrez les pieds, dans le musée. J'y ai peint une chaise, hier, et je crois que j'ai laissé le pot de peinture par terre.

Il lança un regard moins aimable sur son fils studieux.

— Lève-toi, Frederick, et va t'habiller pour le dîner. Qu'est-ce que c'est que ces sottises que tu lis ?

L'Honorable Freddie sortit de son livre comme un somnambule s'éveille, avec l'impression d'avoir été violemment brutalisé. Il leva les yeux avec un étonnement peiné.

— Hein ? Quoi, gouverneur ?

— Hâte-toi. Beach a frappé le gong il y a cinq minutes. Qu'est-ce que tu lisais ?

— Oh, rien, gouverneur, juste un livre.

— Je ne comprends pas que tu perdes ton temps à de telles sottises. Dépêche-toi.

Il se dirigea vers la porte et une expression bienveillante revint habiter ses traits.

— Extrêmement gentil à Mr. Peters ! dit-il. Vraiment, il y a quelque chose de presque oriental dans la magnificence de nos cousins américains.

6

Il n'avait fallu que six heures à R. Jones pour trouver l'adresse de Joan Valentine, ce qui prouve son énergie et l'excellence de ses moyens d'information. Quand il pensait que ça en valait la peine, R. Jones pouvait être très énergique, et il était passé maître dans l'art de trouver des informations. Il dégoulina hors de son taxi et sonna au numéro 7a. Une bonne échevelée vint lui répondre.

— Miss Valentine est-elle chez elle ?

— Oui, Monsieur.

R. Jones présenta sa carte.

— Dites-lui que c'est pour une affaire importante. Une minute, je l'écris.

Il griffonna sur la carte et utilisa les quelques instants où il resta seul pour étudier soigneusement son environnement. Il scruta la cour, il scruta, aussi loin qu'il le put, l'étroit couloir, et les conclusions qu'il en tira étaient à l'honneur de Miss Valentine. « Si cette fille était du genre à faire chanter Freddie pour ces lettres, elle ne vivrait pas dans un endroit pareil, se dit-il. Si elle était dans ce business, elle aurait plus d'argent que ça. Donc, elle n'est pas sur le coup et je suis prêt à parier qu'elle a détruit ces lettres aussitôt qu'elle les a reçues. »

Voilà, en gros, quelles étaient les pensées de R. Jones, alors qu'il attendait sur le seuil du numéro 7a, et ces pensées étaient importantes en ceci qu'elles détermineraient son attitude envers Joan lors de leur prochaine entrevue. Il comprenait qu'il devrait se conduire avec délicatesse, en gentleman. Ce serait dur, mais il le fallait.

La bonne revint et lui indiqua la chambre de Joan d'un mot et d'un geste vague.

— Hein ? dit R. Jones. Premier étage ?

— Sur la rue, dit la bonne.

R. Jones escalada laborieusement la courte volée de marches. Il faisait très sombre dans l'escalier, et il trébucha. Enfin, la lumière vint à lui par une porte ouverte. En regardant à l'intérieur, il vit une jeune fille debout près d'une table. Elle avait l'air d'attendre et il en déduisit qu'il avait atteint la fin de son voyage.

— Miss Valentine ?

— Entrez.

R. Jones obéit.

— Pas beaucoup de lumière, dans vos escaliers.

— Non. Voulez-vous prendre un siège ?

— Merci.

Un regard sur la fille convainquit R. Jones qu'il avait raison. Les circonstances avaient fait de lui un juge rapide en matière de caractères car, quand on fait profession de vivre de ses talents dans une grande ville, le premier principe de l'attaque et de la défense est de comprendre les gens à première vue. Cette fille n'était pas sur le coup.

Joan Valentine était grande, avec des cheveux blonds comme les blés et des yeux bleus lumineux comme un ciel de novembre quand le soleil brille sur un monde glacé. Il y avait aussi en eux un peu de la froideur de novembre car Joan n'avait pas eu une vie facile et l'expérience, même si elle ne les rend pas insensibles, érige une barrière défensive autour de ses enfants. Son regard était droit et plein de défi. Il pouvait avoir le bleu de satin de la Méditerranée quand elle murmure autour des petits villages du sud de la France, mais ce n'était pas le cas en ce moment. Elle avait l'air de ce qu'elle était : une fille d'action, une fille à la fois téméraire et fatiguée, fatiguée des avances amicales, téméraire quand l'aventure se présentait.

Ses yeux, en rencontrant ceux de R. Jones, étaient froids et pleins de défi. Elle aussi avait appris à juger rapidement les gens et ce qu'elle avait vu de R. Jones au premier regard ne l'impressionnait pas favorablement.

— Vous vouliez me voir pour affaires ?

— Oui, dit R. Jones, oui... Miss Valentine, puis-je commencer en vous demandant de croire que je n'ai nullement l'intention de vous faire insulte ?

Les sourcils de Joan se haussèrent. Pendant un instant, elle fit à son visiteur l'injustice de penser qu'il avait trop bien dîné.

— Je ne comprends pas bien.

— Laissez-moi vous expliquer. Je me présente ici, dit R. Jones, devenant d'instant en instant plus gentleman, pour une quête des plus désagréables, uniquement pour obliger un ami. Voulez-vous garder à l'esprit que, quoi que je dise, je ne le dis qu'en son nom ?

Joan abandonna définitivement l'idée que ce gros homme pouvait être courtier en assurances et supposa qu'il venait collecter des fonds pour une œuvre de charité.

— Je suis ici à la requête de l'Honorable Frederick Threepwood.

— Je ne comprends toujours pas.

— Vous ne l'avez jamais rencontré, Miss Valentine, mais, quand vous étiez dans le chœur du *Piccadilly*, je crois qu'il vous a écrit des lettres un peu stupides. Vous les avez peut-être oubliées ?

— Certainement.

— Alors, vous les avez probablement détruites, hein ?

— Certainement. Je conserve rarement les lettres. Pourquoi me demandez-vous ça ?

— Eh bien, vous voyez, Miss Valentine, l'Honorable Frederick Threepwood est sur le point de se marier, et il a pensé qu'il vaudrait mieux que ces lettres, et poèmes, qu'il vous a écrits, n'existent plus.

Les manières de gentilhomme de R. Jones, et il en fit abondamment usage durant ce discours, ne pouvaient masquer la signification déplaisante de ces mots.

— Il a peur que je le fasse chanter ? dit Joan avec un calme formidable.

R. Jones agita sa main grasse avec réprobation.

— Ma chère Miss Valentine !

Joan se leva et R. Jones l'imita. L'entrevue était manifestement finie.

— S'il vous plaît, dites à Mr. Threepwood de se tranquilliser. Il n'est pas en danger.

— Exactement, exactement, précisément, j'avais assuré à Mr. Threepwood que ma visite ici ne serait qu'une simple formalité. J'étais tout à fait sûr que vous n'aviez pas l'intention de l'ennuyer. Je puis lui dire, donc, que vous avez détruit ces lettres ?

— Oui. Bonsoir.

— Bonsoir, Miss Valentine.

La porte, en se fermant derrière lui, le laissa dans une obscurité totale, mais il n'osa pas revenir sur ses pas pour demander à Joan de la rouvrir afin d'éclairer son chemin. Il était heureux de ne plus être en sa présence. Il avait l'habitude d'être regardé de travers par ses contemporains, mais quelque chose dans les yeux de Joan l'avait curieusement troublé. Il descendit en tâtonnant, soulagé que ce fût fini et bien fini. Il croyait ce qu'elle lui avait dit. Il pourrait, en conscience, affirmer à Freddie qu'il ne risquait pas de partager le sort du pauvre Percy. Il est vrai qu'il se proposait d'ajouter à son rapport que la destruction des lettres n'avait été achetée qu'avec difficulté et avait coûté exactement cinq cents livres, mais ce n'était qu'une formalité. Il avait presque atteint la dernière marche quand on sonna à la porte d'entrée. Avec ce qu'il devait plus tard appeler une inspiration, il se retira avec une agilité inhabituelle jusqu'à la porte de Joan. Puis il se pencha par-dessus la rampe et écouta. La bonne échevelée ouvrit la porte. Une voix féminine demanda :

— Miss Valentine est-elle chez elle ?

— Elle est là, mais elle est occupée.

— J'aimerais que vous montiez lui dire que je voudrais la voir. Dites que c'est Miss Peters. Miss Aline Peters.

La rampe trembla sous l'étreinte soudaine de R. Jones. Il faillit s'évanouir. Puis il se mit à penser rapidement. Une grande lumière s'était faite en lui, et il se dit qu'il ne croirait plus jamais en un homme ou une femme sur le seul témoignage de ses sens. Il aurait juré que cette Valentine jouait franc jeu. Il avait été complètement satisfait quand elle avait déclaré avoir détruit les lettres. Et, pendant tout ce temps, elle s'était jouée de lui comme on ne l'avait jamais fait dans toute sa carrière professionnelle. Il l'admirait presque. Comme elle l'avait eu ! Il comprenait maintenant quel était son jeu. Avant sa visite, elle avait arrangé un rendez-vous avec la fiancée de Freddie en vue d'ouvrir les négociations pour la vente des lettres. Elle lui avait tenu la dragée haute, à lui, Jones, parce qu'elle voulait vendre les lettres à celle qui pouvait en payer le meilleur prix. Et, sans sa présence accidentelle au moment de l'arrivée de Miss Peters, Freddie et sa fiancée auraient pu enchérir l'un contre l'autre et faire monter les prix. Il avait joué ce jeu des douzaines de fois, mais il voyait d'un mauvais œil l'entrée d'une femme dans ce qu'il estimait être des affaires essentiellement masculines.

Comme la bonne montait l'escalier, il poursuivit sa retraite. Il entendit la porte de Joan s'ouvrir, et un flot de lumière lui montra la servante échevelée debout sur le seuil.

— Oh, j'pensais qu'un gentleman était avec vous, Miss.

— Il est parti il y a un moment. Pourquoi ?

— Y a une dame qui vous demande. Son nom est Miss Peters.

— Dites-lui de monter.

La bonne échevelée n'était pas une maîtresse des cérémonies accomplie. Elle se pencha dans le vide et héla Aline.

— Elle dit que vous montiez.

Les pas d'Aline se firent entendre dans l'escalier. Il y eut des salutations.

— Qu'est-ce qui t'amène ici, Aline ?

— Je ne te dérange pas, Joan ?

— Pas du tout. Entre. Je suis seulement surprise de te voir si tard. Je ne savais pas que tu faisais des visites à cette heure. Quelque chose ne va pas ? Entre donc.

La porte se referma, la bonne se retira dans les profondeurs et R. Jones se glissa précautionneusement vers le palier. Il se sentait absolument abasourdi. Apparemment, ses déductions, ses arrière-pensées, n'étaient pas fondées et Joan était, après tout, l'honnête personne qu'il avait imaginée à première vue. Ces deux filles parlaient comme si elles étaient de vieilles amies, comme si elles s'étaient connues toute leur vie. Cela rendait R. Jones perplexe. Avec la ruse d'un vieil Indien, il s'approcha de la porte et y appliqua son oreille. Il s'aperçut qu'il entendait très bien.

Aline, pendant ce temps, trouvait déjà du réconfort à la seule compagnie de Joan. Elle avait l'air si compétente. Les yeux de Joan avaient perdu l'expression qui les avait habités durant le récent entretien. Ils étaient doux, maintenant, d'une douceur qui était moitié compassion, moitié mépris. C'est une compensation qu'offre la vie à ceux qu'elle traite mal, que de leur permettre de regarder d'un œil dédaigneux les petits ennuis des nantis. Joan connaissait Aline de longue date, et elle l'avait perpétuellement connue victime de petits ennuis. Même à l'école, elle avait toujours besoin qu'on veille sur elle et qu'on la console. Son humeur tendre semblait attirer les menus problèmes et les fléchettes de la fortune. Aline était une fille qui éveillait l'instinct protecteur de certains de ses contemporains. C'était cette particularité qui empêchait George Emerson de dormir la nuit et qui, en ce moment, en appelait aux bons sentiments de Joan. Joan, dont la vie était un combat perpétuel pour garder la faim à une distance raisonnable, et qui se trouvait heureuse quand elle avait de quoi payer son loyer et, peut-être, s'acheter un chapeau ou une paire de chaussures, ne pouvait s'empêcher de sentir, en regardant Aline, que ses propres ennuis étaient peu de chose, et que la priorité du moment était de réconforter son amie. Sa connaissance d'Aline lui disait que toute la tragédie se résumait probablement à la perte d'une broche ou à une parole trop rude, mais lui disait aussi que de telles tragédies assombrissaient terriblement l'horizon d'Aline. Les problèmes, après tout, comme la beauté, sont affaire de point de vue, et Aline était bien moins capable de supporter la perte d'une broche qu'elle-même d'endurer la perte d'un travail dont le salaire faisait toute la différence entre manger à sa faim et mourir d'inanition.

— Quelque chose t'ennuie ? dit-elle. Assieds-toi donc, et raconte-moi ça.

Aline s'assit et regarda, la chambre miteuse. Par ce curieux processus de l'esprit humain qui fait de la vue des infortunes des autres un palliatif pour les siennes propres, elle se sentit déjà bizarrement réconfortée. Ses pensées n'étaient pas si claires, elle n'aurait pas pu les analyser, mais elles se résumaient à peu près à ceci : il est désagréable de se faire rabrouer par un père dyspeptique, mais il y a dans le monde des tribulations bien pires que les autres qualités de son père, la fortune, par exemple, lui permettaient d'éviter. Ce fut à ce moment de son raisonnement que le début d'une philosophie s'insinua dans son esprit. La chose se résolvait presque comme une équation. Si Père n'avait pas d'indigestions, il ne la rabrouerait pas. Mais si Père n'avait pas fait fortune, il n'aurait pas d'indigestions. Donc, si Père n'avait pas fait fortune, il ne la rabrouerait pas. Pratiquement, en fait, si Père ne la rabrouait pas, il ne serait pas riche. Et, s'il n'était pas riche... Elle jeta un coup d'œil au tapis fané, au papier peint taché, aux rideaux décolorés... Elle commençait à avoir un peu honte de son chagrin.

— Ce n'est rien du tout, vraiment, dit-elle. Je crois que j'ai fait beaucoup d'histoires pour pas grand-chose.

Joan fut soulagée. Une vie de luttes induit des moments de dépression, et elle était en pleine dépression quand Aline était arrivée. La vie, à cet instant, lui semblait une longue route poussiéreuse et sans espoir. Elle était fatiguée de combattre. Elle voulait de l'argent, de l'aisance, et que cesse cette course perpétuelle avec les factures. Son humeur avait été assombrie en partie par R. Jones et ses insinuations polies, mais surtout, même si elle n'en avait pas conscience, par sa rencontre de la veille avec Aline. Mr. Peters pouvait se laisser aller à des violences verbales quand il conversait avec sa fille, il pouvait jouer au tyran domestique de bien des façons, mais il ne lui refusait rien en matière de toilettes et, quand elle avait rencontré Joan, Aline portait un chapeau et un tailleur si parisiens dans leur simplicité évidemment coûteuse que l'Envie aux yeux verts avait presque gâché la joie de Joan à retrouver une amie des beaux jours. Elle avait combattu cette envie qui s'était vengée par la pire attaque de cafard qu'elle ait eue depuis deux ans. Elle avait été prête à oublier sa dépression pour consoler Aline, mais elle fut soulagée de voir que ce ne serait pas nécessaire.

— Peu importe, dit-elle. Raconte-moi ce pas grand-chose.

— C'était seulement Père, répondit simplement Aline.

— Il était en colère après toi ?

— Pas vraiment après moi, mais... quoi, j'étais là.

La dépression de Joan s'allégea légèrement. Elle avait oublié, au spectacle du chapeau et du tailleur, que les chapeaux de Paris et les tailleurs à vingt-cinq livres vont souvent de pair avec certains inconvénients. Après tout, elle était indépendante. Elle pouvait défigurer sa beauté avec des chapeaux et des robes qui n'avaient jamais été plus près de Paris que Tottenham Court Road, mais, au moins, personne ne la rabrouait parce qu'elle était là quand on était de mauvaise humeur.

— Quelle honte ! Raconte-moi tout.

Après une remarque préliminaire pour dire que c'était vraiment ridicule, vraiment, Aline s'embarqua dans la narration des événements de l'après-midi. Joan l'écouta en combattant une forte envie de rire. Son point de vue était celui de Monsieur Tout-le-monde, et

Monsieur Tout-le-monde ne voit pas l'importance d'un scarabée dans la marche de l'univers. Elle se forma de Mr. Peters l'image d'un vieux gentleman excentrique qui fait beaucoup de bruit pour rien. Pour impressionner Joan, il fallait que la perte ait une valeur concrète. Elle ne pouvait comprendre que Mr. Peters eût préféré perdre un collier de diamants, s'il en avait eu un, plutôt qu'un Kheops de la IVe dynastie. Elle ne retrouva son sérieux que lorsque Aline, ayant achevé son récit, ajouta une dernière phrase :

— Père dit qu'il donnerait mille livres à celui qui le lui rapporterait.

— Quoi ?

Toute l'histoire prit un autre aspect pour Joan. L'argent avait la parole. La somme annoncée par Mr. Peters n'était peut-être que pure rhétorique, lancée dans la chaleur du moment, mais, même en la réduisant, il en resterait assez pour que ce soit excitant. Un homme qui annonce qu'il donnera mille livres pour une chose peut très bien en donner cent, mais l'état perpétuel des finances de Joan faisait de cent livres une somme à laquelle s'accrocher.

— Il n'était sûrement pas sérieux.

— Je pense que si, dit Aline.

— Mais mille livres !

— Ce n'est pas vraiment beaucoup pour Père, tu sais. Il donne cent mille dollars par an à une université.

— Mais pour un minable petit scarabée !

— Tu ne comprends pas combien Père tient à ses scarabées. Depuis qu'il s'est retiré des affaires, il ne vit plus que pour eux. Tu sais, les collectionneurs sont comme ça. On raconte dans les journaux que des hommes donnent des tas d'argent pour les choses les plus bizarres.

Derrière la porte, R. Jones, l'oreille collée contre le battant, écoutait avec avidité. Il fût resté indéfiniment dans cette attitude pour avoir la suite des informations mais, juste quand Aline prononça ces mots, une porte s'ouvrit à l'étage au-dessus et quelqu'un sortit en sifflant puis commença à descendre l'escalier.

R. Jones ne perdit pas de temps. Il bondit dans le hall et tourna la poignée de la porte avec une agilité dont ses dimensions semblaient le rendre incapable. L'instant d'après, il était dans la rue, marchant calmement vers Leicester Square en réfléchissant à ce qu'il avait entendu. Une grande partie des revenus de R. Jones venait de sa capacité à réfléchir sur ce qu'il entendait.

Dans la chambre, Joan regardait Aline avec les yeux écarquillés qui indiquent une vision ou une inspiration. Elle se leva. Il y a des moments où il faut parler debout.

— Alors, tu veux dire que ton père donnerait vraiment mille livres à quiconque lui rapporterait ce truc ?

— J'en suis sûre. Mais qui ferait ça ?

— Moi, dit Joan. Moi, je vais le faire.

Aline la regarda, abasourdie. À l'école, Joan la sidérait sans cesse. Elle avait toujours l'impression qu'avec Joan rien n'était impossible. Le culte des héroïnes, comme le culte des héros, a la vie dure. Elle regardait maintenant Joan avec le sentiment d'avoir, par inadvertance, mis une puissante machine en mouvement.

— Mais Joan !

C'était tout ce qu'elle pouvait dire.

— Ma chère enfant, c'est parfaitement simple. Ton comte a emporté ce machin dans son château, comme un brigand. Tu dis que tu vas en visite là-bas vendredi. Tout ce que tu as à faire, c'est de m'emmener avec toi.

— Mais Joan !

— Où est la difficulté ?

— Je ne vois pas comment je pourrais t'emmener là-bas.

— Pourquoi ?

— Oh, je ne sais pas.

— Enfin, quelle est ton objection ?

— Eh bien, tu vois... Si tu viens en tant que mon amie, et que tu te fais prendre en train de faucher le scarabée, ça serait... juste ce que Père veut éviter. Pour mes fiançailles, tu vois, et tout ça.

Cet aspect du problème avait échappé à Joan. Elle fronça un sourcil pensif.

— Je vois. Oui, c'est vrai. Mais il doit y avoir un moyen.

— Il n'y en a pas, Joan. N'y pense plus.

— Ne plus y penser ! Mon enfant, as-tu la moindre idée de ce que mille livres, ou même le quart d'un millier de livres, représentent pour moi ? Je ferais n'importe quoi pour ça. Littéralement, n'importe quoi. Et, en plus, ça sera amusant. Je pense que tu ne réalises pas ça non plus. J'ai besoin de changement. J'ai besoin de faire quelque chose de nouveau. Je travaille sans arrêt depuis des années, et il est temps que je prenne des vacances. Il doit y avoir un moyen que j'aille là-bas... Mais bien sûr ! Comment n'y ai-je pas pensé tout de suite ? Tu m'emmèneras comme femme de chambre.

— Mais, Joan, je ne peux pas.

— Pourquoi ?

— Je... Je ne pourrais pas.

— Pourquoi ?

— Oh ! Enfin !

Joan s'avança vers elle et la prit fermement par les épaules. Son visage était inflexible.

— Aline, mon chou, inutile de discuter. Tu pourrais aussi bien discuter avec un loup sur les traces d'un paysan russe. J'ai besoin de cet argent. J'en ai besoin pour mes affaires. J'en ai plus besoin que n'importe qui a jamais eu besoin de quelque chose. Et je vais l'avoir. À partir de maintenant, et jusqu'à nouvel ordre, je suis ta femme de chambre. Tu peux mettre celle que tu as en congé.

Aline croisa son regard et vacilla. Le souvenir des jours d'école, quand rien n'était impossible à Joan, revint l'habiter. De plus, l'excitation de l'aventure commençait à lui plaire.

— Mais, Joan, c'est vraiment ridicule. Tu ne pourras pas passer pour une femme de chambre. Les autres domestiques vont te démasquer. Je suppose qu'il y a des tas de choses qu'une femme de chambre doit faire ou ne pas faire.

— Ma chère Aline, je sais tout ça par cœur. Tu ne peux pas me coller sur l'étiquette de l'office. J'ai déjà été femme de chambre.

— Joan !

— C'est tout à fait vrai. Il y a trois ans, quand j'étais plus fauchée que d'habitude. Le loup était collé à ma porte comme un timbre-poste, alors j'ai répondu à une petite annonce et je suis devenue femme de chambre.

— On dirait que tu as tout fait.

— Oui... presque tout. Vous autres, riches oisifs, vous pouvez rester assis à contempler la vie, mais nous autres, classes laborieuses, nous devons travailler.

Aline se mit à rire.

— Tu as toujours réussi à me faire faire ce que tu voulais, Joan. Je suppose que tu es décidée.

— Absolument décidée. Oh, Aline, il y a une chose que tu dois te rappeler. Ne m'appelle pas Joan quand nous serons au château. Tu devras m'appeler Valentine.

Elle s'interrompit. Elle se souvint de l'Honorable Freddie. Non, Valentine n'irait pas.

— Non, pas Valentine, reprit-elle. C'est trop léger. Je l'ai utilisé il y a trois ans, mais ça n'allait pas vraiment. Je veux quelque chose de plus respectable, plus en rapport avec ma position. As-tu une suggestion à faire ?

Aline réfléchit.

— Simpson ?

— Simpson ! C'est parfait. Commence à t'entraîner. Simpson ! Dis-le gentiment, mais avec un peu de hauteur, comme si j'étais un ver de terre, mais un ver de terre pour qui tu as un peu d'amitié. Fais-le rouler sur ta langue.

— Simpson.

— Splendide ! Encore une fois. Mais un peu plus hautain.

— Simpson... Simpson... Simpson...

Joan la regarda avec affection et approbation.

— C'est merveilleux. On dirait que tu as fait ça toute ta vie.

— Pourquoi ris-tu ? demanda Aline.

— Je pensais juste à quelque chose. Il y a un jeune homme qui habite l'étage au-dessus, à qui j'ai fait hier une conférence sur l'esprit d'entreprise. Je lui ai dit de trouver quelque chose d'excitant à faire. Je me demande ce qu'il dirait s'il savait que je mets en pratique ce que je prêche.

CHAPITRE IV

1

Le matin suivant la visite d'Aline à Joan Valentine, Ashe était assis dans sa chambre avec le *Morning Post* sur la table, devant lui. L'influence entêtante de Joan n'avait cessé de le travailler et il se proposait, pour tenir la promesse qu'il lui avait faite, d'en éplucher soigneusement les petites annonces, quelque pessimiste qu'il pût être sur l'utilité de cette action.

Son premier coup d'œil lui montra que les vastes fortunes des philanthropes dont il avait déjà fait la connaissance n'étaient pas encore taries. Brian MacNeill offrait encore son or au public. De même qu'Angus Bruce. Et aussi Donald MacNab. Ils avaient toujours de l'argent et voulaient toujours le partager. Le jeune chrétien demandait toujours ses mille livres... Il lisait en diagonale quand, dans l'amas de publicités, un avis inhabituel se détacha.

ON DEMANDE : *Jeune homme, bonne présentation, pauvre et courageux, pour entreprise délicate et dangereuse. Se présenter entre dix et douze aux bureaux de Mainprice, Mainprice et Boole, 3 Denvers Street, Strand.*

Tandis qu'il lisait cela, dix heures et demie sonnèrent à la petite pendule, sur sa cheminée. Ce fut probablement ce fait qui décida Ashe. S'il avait dû attendre l'après-midi pour rendre visite à MM. Mainprice, Mainprice et Boole, peut-être sa paresse aurait-elle élevé des barrières sur la route de l'aventure car Ashe, bien qu'aventureux, était aussi anormalement paresseux. Mais là, il pouvait prendre un départ immédiat.

Ne s'arrêtant que le temps de lacer ses chaussures et de vérifier son apparence dans la glace, il saisit son chapeau, sortit comme un bouchon de champagne du petit goulot d'Arundell Street et se jeta dans un taxi avec le sentiment que, à part un meurtre, aucune affaire ne pourrait être trop dangereuse ou délicate pour lui. Il ressentait d'étranges frissons. C'était, se disait-il, la seule façon de vivre quand le printemps était dans l'air. Il avait toujours été injuste envers ces romans historiques dont les héros étaient perpétuellement en train de charger et de chevaucher à travers le pays dans des quêtes périlleuses. Sauter dans des taxis pour répondre à d'intéressantes petites annonces revenait pratiquement au même. Une belle ferveur l'animait quand il entra dans les bureaux sombres de Mainprice, Mainprice et Boole. Son cerveau était en feu et il se sentait prêt à tout.

— Je viens répondre à... commença-t-il à dire au minuscule garçon de bureau qui semblait être le seul Mainprice ou Boole visible.

— 'Seyez-vous ! 'Tendez votre tour, dit le garçon de bureau et, pour la première fois, Ashe s'aperçut que l'antichambre dans laquelle il se tenait était bondée.

Cela, en la circonstance, lui fit l'effet d'une douche froide. Pendant le voyage en taxi, il s'était représenté son entrée ; il disait calmement : « L'entreprise délicate et dangereuse. Veuillez m'y mener. » Il n'avait pas compris qu'il n'était pas le seul homme de Londres à lire les petites annonces du *Morning Post*, et son enthousiasme tomba à la vue de cette compétition.

Mais un second regard plus attentif à ses rivaux lui redonna confiance. Les colonnes « On demande » du journal du matin sont une sorte de drague qui fouille la boue des bas-fonds de Londres. En réponse à ce dragage sortent d'étranges créatures qu'on ne remarque pas d'ordinaire, car elles ont des habitudes solitaires et ne se montrent que rarement en compagnie. Mais, quand elles sortent, elles apportent un peu de l'horreur des profondeurs. C'est le spectacle le plus triste du monde que celui des foules rassemblées par les annonces « On demande ». Il est si évident que personne ne les demande jamais pour quoi que ce soit ! Cependant, à chaque fois, ils se rassemblent avec une sorte de désespoir plein d'espérance. Ce qu'ont pu être, à l'origine, les individus de cette collection, Dieu seul le sait. Le Destin a gommé en eux toute trace d'individualité. Chacun d'eux est exactement semblable à son voisin, ni pire, ni meilleur.

Ashe, en les regardant, se sentit empli d'émotions contradictoires. Une moitié de lui, excitée à l'idée de l'aventure, s'énervait du retard et en voulait à ces pauvres créatures comme à autant d'obstacles entre lui et le commencement des choses mystérieuses qui se cachaient derrière la brièveté de l'annonce. L'autre moitié, compatissant à leur tragédie, était heureuse de ce retard. Il était content de savoir que, si aucun de ces déchets humains n'était trouvé digne du « bon salaire pour l'homme capable », ce ne serait pas sa faute. Il était arrivé bon dernier, et il serait le dernier à passer par la porte qui ouvrait sur l'aventure, la porte qui portait l'inscription « Mr. Boole » sur le verre dépoli, et derrière laquelle l'auteur de la mystérieuse demande d'assistance interrogeait les candidats. S'ils ne plaisaient pas à l'arbitre invisible, ce serait à cause de leurs insuffisances personnelles, pas à cause de ses qualités supérieures.

Car il était évident qu'ils ne réussiraient pas. À peine une des victimes de la cruauté de Londres était-elle entrée que la sonnette retentissait et que le garçon de bureau qui, dans l'intervalle, veillait d'un air sévère sur la foule, comme pour dire qu'il ne supporterait aucun désordre, criait : « Au suivant ! » et qu'une autre épave aux yeux caves entrait à son tour, pour être suivie presque immédiatement par une autre. Le fait certain, à propos de celui qui cherchait un jeune homme courageux présentant bien, était qu'il s'agissait d'un personnage à l'esprit de décision, à qui il ne fallait pas longtemps pour se décider. Il rejetait les candidats au rythme de deux à la minute.

Tout expéditif qu'il fût, il fit cependant attendre Ashe un temps considérable. Ce ne fut qu'au moment où les aiguilles de la grosse pendule au-dessus de la porte marquèrent onze heures vingt que le « Au suivant ! » du garçon de bureau le trouva seul survivant de la foule. Il épousseta rapidement ses vêtements de la paume de la main, se recoiffa avec les doigts pour accentuer sa bonne présentation et tourna la poignée de la porte du Destin.

La pièce assignée par la firme à leur Mr. Boole comme bureau privé était étriquée et miteuse, évoquant cette atmosphère de désolation que seuls les hommes de loi savent réussir. Elle donnait l'impression de ne pas avoir été balayée depuis la fondation de la firme, en 1786. Il y avait une petite fenêtre couverte de crasse. C'était une de ces fenêtres comme on n'en voit que dans des bureaux d'hommes de loi. Peut-être qu'un courageux Mainprice, ou un Boole étourdi, l'avait ouverte dans un moment de folie induite par les nouvelles de la bataille de Waterloo, en 1815, mais il avait été immédiatement renvoyé de la société. Depuis, nul n'avait osé s'y essayer.

Un petit homme regardait par cette fenêtre, ou, plutôt, regardait cette fenêtre, car rien, pas même les rayons X, n'eût été capable de traverser le dépôt alluvial qui obscurcissait la vitre. Quand Ashe entra, il se retourna et le considéra comme s'il lui faisait mal à un organe particulièrement sensible. Ashe fut obligé de s'avouer qu'il se sentait un peu nerveux. Ce n'est pas tous les jours qu'un jeune homme présentant bien, qui a eu une vie tranquille, rencontre face à face quelqu'un qui est prêt à le payer pour faire quelque chose de délicat et dangereux. Pour Ashe, cette sensation était absolument nouvelle. L'action la plus délicate et dangereuse qu'il eût jamais accomplie était la mastication quotidienne du breakfast de Mrs. Bell (inclus dans le loyer). Oui, il devait l'admettre, il était nerveux. Et le fait qu'il était nerveux lui donnait chaud et le mettait mal à l'aise.

À en juger par son apparence, l'homme près de la fenêtre aussi avait chaud et était mal à l'aise. C'était un petit homme à l'air truculent et son visage portait à présent une rougeur inhabituelle sur sa peau couleur cuir. Ses yeux, sous d'épais sourcils gris, avaient une expression torturée. C'était dû, en partie, au stress des entretiens avec les prédécesseurs d'Ashe, mais surtout au fait que ce petit homme venait d'être saisi d'indigestion aiguë, maladie à laquelle il était particulièrement sujet.

Il ôta de sa bouche le cigare noir qu'il fumait, inséra un cachet digestif et replaça le cigare. Puis il concentra son attention sur Ashe. Alors l'expression hostile de son visage se modifia. Il eut l'air, à contrecœur, agréablement surpris.

— Eh bien, que voulez-vous ? dit-il.

— Je viens en réponse à...

— En réponse à mon annonce ? J'avais abandonné tout espoir de voir un quasi-humain. Je pensais que vous étiez un des employés. Vous êtes certainement ce qui ressemble le plus à ce que je demandais. De toutes les bandes de morts-vivants que j'aie jamais vues, l'agrégat que je viens de recevoir est la pire. Quand je dépense mon bon argent pour demander un jeune homme de bonne présentation, c'est que je veux un jeune homme de bonne présentation, pas un clochard de cinquante-cinq ans.

Ashe était navré pour ses prédécesseurs, mais il devait reconnaître qu'ils correspondaient assez fidèlement à cette description. La relative cordialité de son interlocuteur soulagea sa légère nervosité. Il commençait à se sentir confiant, presque primesautier.

— C'est fini, dit le petit homme. J'en ai jusque-là d'interroger des candidats. Vous êtes le dernier que je verrai. Y a-t-il d'autres clochards, dehors ?

— Pas quand je suis entré.

— Alors, venons-en à nos affaires. Je vais vous dire ce que je veux et, si ça vous convient, vous le ferez ; si ça ne vous convient pas, laissez tomber et allez au diable. Asseyez-vous.

Ashe s'assit. Il n'aimait pas le ton du petit homme, mais ce n'était pas le moment de le dire.

Son interlocuteur l'examinait soigneusement.

— En ce qui concerne l'apparence, dit-il, vous êtes exactement ce qu'il me faut.

Ashe eut envie de saluer.

— Celui qui prendra ce boulot devra se faire passer pour mon valet. Et vous avez l'air d'un valet.

Ashe eut moins envie de saluer.

— Vous êtes grand et mince, vous avez l'air ordinaire. Oui, pour l'apparence, ça va.

Ashe se dit qu'il était temps de corriger l'opinion que ce petit homme semblait s'être forgée.

— Je crains que, si vous voulez un valet, vous ne deviez chercher ailleurs. D'après votre annonce, je croyais qu'il s'agissait de quelque chose d'intéressant.

Je peux vous recommander plusieurs bonnes agences de gens de maison, si vous voulez.

Il se leva.

— Bonne journée, dit-il.

Il aurait aimé balancer le gros encrier à la figure de cette petite créature qui s'était permis de le décevoir.

— Asseyez-vous ! aboya l'autre.

Ashe reprit son siège. L'espoir d'aventure a la vie dure, par un matin de printemps, quand on a vingt-six ans, et il sentait que quelque chose allait venir.

— Ne soyez pas idiot, dit le petit homme. Bien sûr que je ne cherche pas purement et simplement un valet.

— Vous voudriez aussi que je fasse la cuisine et la couture, peut-être ?

Leurs regards se rencontrèrent, hostiles. Le rouge des joues du petit homme devint pourpre.

— Vous essayez de faire le malin ? demanda-t-il gravement.

— Oui, admit Ashe.

La réponse sembla déconcerter son adversaire. Il resta silencieux un moment.

— Bon, dit-il enfin. C'est sans doute aussi bien. Si vous n'étiez pas effronté, vous ne seriez probablement pas là et, pour faire ce travail, il faudra être effronté. Je pense que nous allons nous mettre d'accord.

— Quel est ce travail ?

Le visage du petit homme trahit doute et perplexité.

— C'est compliqué. Si je veux vous l'expliquer, il faut que je vous fasse confiance, et je ne sais rien de vous. J'aurais dû penser à ça avant de passer cette annonce.

Ashe apprécia la difficulté.

— Vous ne pourriez pas en faire un cas de A et B ?

— Je pourrais peut-être, si je savais ce qu'est un cas de A et B.

— Appelez les gens impliqués A et B.

— Et j'oublierai au milieu de l'histoire qui est qui ! Non, je crois qu'il faut que je vous fasse confiance.

— Je jouerai franc jeu.

Le petit homme posa sur Ashe un regard perçant. Ashe le soutint en souriant. Son humeur, plutôt joyeuse, atteignait des sommets, maintenant. Il y avait quelque chose chez ce petit homme, en dépit de sa brusquerie et de son mauvais caractère, qui le réjouissait.

— Immaculée, dit-il.

— Hein ?

— Mon âme. Et ça (il frappa la partie gauche de son gilet), c'est de l'or pur. Poursuivez.

— Je ne sais pas par où commencer.

— Sans vouloir vous commander, si vous essayiez par le commencement ?

— C'est si fichtrement compliqué que je ne sais pas bien où est le commencement. Bon, voilà. Je collectionne les scarabées. Je suis fou de scarabées. Depuis que je me suis retiré des affaires, on peut pratiquement dire que je vis pour les scarabées.

— Bien que ce soit peut-être indiscret, pouvez-vous me dire ce que sont ces scarabées ?

Il leva la main.

— Attendez ! Tout me revient. Ma coûteuse éducation classique porte maintenant ses fruits. *Scarabeus* ? Substantif latin, nominatif, une bestiole. *Scarabeum*, accusatif, la bestiole. *Scarabei*, de la bestiole. *Scarabeo*, à ou pour la bestiole. Je me souviens, maintenant. Égypte. Ramsès. Pyramides. Scarabées sacrés. Oui !

— Eh bien, je crois avoir la plus belle collection de scarabées en dehors du British Museum, et quelques-uns ont une énorme valeur pour moi. Je ne compte plus quand il est question de mes scarabées. Vous comprenez ?

— Je vous suis, mon pote.

Le déplaisir assombrit le visage du petit homme.

— Ne m'appelez pas « mon pote » !

— Ce n'était qu'une figure de rhétorique.

— Bon. Ne recommencez pas. Je m'appelle J. Preston Peters et « Mr. Peters » sera suffisant pour attirer mon attention.

— Moi, c'est Marson. Vous disiez, Mr. Peters ?

— Parfait, vous avez compris, dit le petit homme.

Shakespeare et Pope ont tous deux démontré la lourdeur d'une histoire racontée deux fois. Nous ne répéterons donc pas ici l'épisode du scarabée volé, bien qu'il faille admettre que la version de Mr. Peters fût considérablement différente de la description calme et sans passion que l'auteur, en sa qualité d'historien officiel, vous en a donnée plus tôt dans ce roman. Dans la version de Mr. Peters, le comte d'Emsworth apparaissait comme un voleur madré, préméditant son forfait, une sorte de vieux Raffles, se glissant dans les demeures des innocents pour les vider et ne laisser que ce qui était intransportable. Mr. Peters, en fait, décrivit le comte d'Emsworth comme un affreux hypocrite.

Il fallut un moment à Ashe pour comprendre les implications de la situation. Mais, à la fin, il y parvint. Une seule chose l'intriguait.

— Vous voulez employer quelqu'un pour aller au château et y reprendre votre scarabée. Je comprends ça. Mais pourquoi doit-il y aller comme votre valet ?

— C'est assez simple. Vous ne voudriez pas que je lui demande d'acheter un masque noir et d'entrer par effraction, n'est-ce pas ? Je lui rends les choses aussi faciles que possible. Je ne peux pas emmener un secrétaire au château, parce que tout le monde sait que je suis à la retraite. Je n'ai pas de secrétaire et, si j'en engageais un et qu'il se faisait prendre à essayer de voler le scarabée dans la collection du comte, ce serait louche. Un valet, c'est différent. Tout le monde peut être dupé par un valet escroc avec de fausses références.

— Je vois. Une chose encore. Supposez que votre complice se fasse prendre. Que se passerait-il ?

— C'est là le hic, dit Mr. Peters. C'est à cause de ça que j'offre un bon salaire. Supposons que vous acceptiez le contrat et que vous vous fassiez prendre. Eh bien, si ça arrive, vous devrez vous débrouiller tout seul. Je ne m'en occuperai pas. Si je le faisais, ils comprendraient tout et, en ce qui concerne les fiançailles de ma fille et du jeune Threepwood, ce serait comme si j'avais essayé de le reprendre moi-même. Vous devez garder ça à l'esprit. Vous devez vous en souvenir, même si vous oubliez tout le reste. Si vous êtes pris, vous prenez tout sur vous sans un mot. Vous ne dites pas : « Je suis innocent, Mr. Peters peut tout expliquer », parce que Mr. Peters n'en fera rien. Mr. Peters n'émettra pas une syllabe de protestation, même s'ils parlent de vous pendre. Non, si vous vous engagez là-dedans, jeune homme, vous devez le faire en toute connaissance de cause. Vous y allez en acceptant les risques, parce que vous pensez que la récompense, si vous réussissez, vaut les dangers que vous courez. Vous et moi, nous savons que vous n'allez pas réellement voler, c'est simplement une manière pleine de tact de récupérer mon bien. Mais un juge et un jury verraient peut-être les choses autrement.

— Je commence à comprendre, dit pensivement Ashe, pourquoi vous avez appelé ce boulot une tâche « délicate et dangereuse ».

Ce n'était certainement pas exagéré. En tant qu'auteur de romans policiers destinés aux petits employés britanniques, il avait imaginé, en son temps, beaucoup d'entreprises qui pouvaient être ainsi décrites, mais bien peu correspondaient aussi admirablement à cette description.

— C'est vrai, admit Mr. Peters. Et c'est pourquoi j'offre une bonne rémunération. Celui qui réussira touchera cinq mille dollars cash.

Ashe sursauta.

— Cinq mille dollars ! Mille livres ?

— Oui.

— Je commence quand ?

— Vous le ferez ?

— Pour mille livres, certainement.

— En toute connaissance de cause ?

— Absolument.

Les traits tirés de Mr. Peters s'illuminèrent de bienveillance. Il alla jusqu'à taper sur l'épaule d'Ashe.

— Brave garçon ! dit-il. Retrouvez-moi à la gare de Paddington à quatre heures vendredi. Et, s'il y a quelque chose que vous voulez savoir, venez à cette adresse.

2

Il restait à le dire à Joan Valentine. Car il était évidemment impossible de ne pas le lui raconter. Quand vous avez révolutionné votre vie sur le conseil de quelqu'un, vous ne pouvez pas le lui cacher, vous ne pouvez pas faire comme si rien n'était arrivé. Ashe n'avait pas le moindre désir de le lui cacher. Au contraire, il était heureux d'avoir une aussi bonne excuse pour renouer connaissance. Il ne pouvait pas lui raconter, bien sûr, les détails secrets de l'histoire. Naturellement, ils devaient rester dans l'ombre. Non, il entrerait d'un air léger et dirait : « Vous savez, ce que vous m'aviez dit à propos de faire quelque chose de nouveau ? Eh bien, j'ai trouvé un travail de valet. »

Alors, il entra d'un air léger et le dit.

— Chez qui ? demanda Joan.

— Un homme qui s'appelle Peters. Un Américain.

Les femmes sont entraînées dès l'enfance à cacher ce qu'elles pensent. Joan ne sursauta pas et ne montra nulle émotion.

— Pas Mr. Preston Peters ?

— Si. Vous le connaissez ? Comme c'est étrange !

— Sa fille, dit Joan, vient de m'engager comme femme de chambre.

— Quoi ?

— Ce ne sera pas tout à fait comme il y a trois ans, expliqua Joan. C'est juste une façon de prendre des vacances gratuites. Vous voyez, je connais très bien Miss Peters. Je serai plutôt son invitée.

Ashe n'était pas encore revenu de sa surprise.

— Mais... Mais...

— Oui ?

— Quelle coïncidence extraordinaire !

— Oui. Au fait, comment avez-vous trouvé cet emploi ? Et d'ailleurs, qu'est-ce qui vous a donné l'idée de vous faire valet ? C'est étonnant, de votre part.

Ashe était embarrassé.

— Je... je... Eh bien, vous voyez, l'expérience me sera utile pour mes romans.

— Ah, vous pensez à travailler dans la noblesse comme moi ?

— Non, non, pas exactement.

— Ça semble si bizarre. Comment avez-vous rencontré Mr. Peters ?

— Oh, j'ai répondu à une petite annonce.

— Je vois.

Ashe commençait à prendre conscience de sous-entendus désagréables dans la conversation. Elle manquait de l'aisance de leur précédent entretien. Il ne craignait pas, cependant, qu'elle ait deviné son secret. Il savait qu'elle n'avait aucun moyen de le découvrir. Pourtant, le fait était que ses yeux bleus perspicaces le regardaient d'une manière particulièrement pénétrante. Son enthousiasme se refroidit.

— Ça sera agréable de se retrouver là-bas, dit-il faiblement.

— Très, acquiesça Joan.

Il y eut une pause.

— Je pensais que je devais venir vous le dire.

— Tout à fait.

Il y eut une autre pause.

— Il me semble si drôle que vous soyez femme de chambre.

— Oui ?

— Mais, bien sûr, vous l'avez déjà été.

— Oui.

— La chose vraiment étrange, c'est que nous allions chez les mêmes gens.

— Oui.

— C'est... C'est remarquable, n'est-ce pas ?

— Oui.

Ashe réfléchit. Non, il ne voyait plus rien à ajouter.

— Eh bien, au revoir, dit-il.

— Au revoir.

Ashe se retira. Il aurait voulu comprendre les filles. Les filles, selon lui, étaient bizarres.

Quand il fut parti, Joan Valentine se précipita vers la porte et, l'ayant ouverte de quelques centimètres, resta à écouter. Quand elle l'eut entendu rentrer dans sa chambre, elle descendit l'escalier et sortit dans Arundell Street.

Elle alla à l'hôtel *Mathis*.

— Auriez-vous, dit-elle au serveur aux yeux tristes, un exemplaire du *Morning Post* ?

Le serveur, un enfant de la romantique Italie, ne demandait qu'à obliger la Jeunesse et la Beauté. Il disparut et revint aussitôt avec un journal chiffonné. Joan le remercia d'un sourire étincelant.

De retour dans sa chambre, elle l'ouvrit à la page des petites annonces. Elle savait que la vie est pleine de ce que les gens irréfléchis appellent coïncidences, mais le miracle qu'Ashe ait été, par hasard, engagé comme valet par le père d'Aline Peters était plus qu'une coïncidence pour elle. Le soupçon plissait son front.

Il ne lui fallut pas longtemps pour découvrir l'annonce qui avait fait sauter Ashe dans un taxi jusqu'aux bureaux de MM. Mainprice, Mainprice et Boole. Elle cherchait quelque chose de ce genre.

Elle la lut deux fois et sourit. Tout était clair. Elle regarda le plafond, au-dessus d'elle, et hocha la tête.

— Vous êtes un homme charmant, Mr. Marson, dit-elle doucement, mais vous ne devriez pas essayer de me faucher la récompense. Je sais que vous avez besoin d'argent aussi, mais je crains que vous ne deviez vous en passer. C'est moi qui l'aurai, et personne d'autre.

CHAPITRE V

1

Le train de quatre heures quinze glissait doucement hors de la gare de Paddington, et Ashe s'installa dans le coin de son compartiment de seconde classe. En face de lui, Joan Valentine avait commencé à lire un magazine. Plus loin dans le couloir, dans un compartiment fumeur de première classe, Mr. Peters allumait un gros cigare noir. Encore plus loin dans le couloir, dans un compartiment non-fumeurs de première, Aline Peters regardait par la fenêtre, perdue dans ses pensées.

Ashe se sentait le cœur remarquablement léger. Il aurait voulu ne pas avoir acheté à Joan ce magazine qui le privait du plaisir de sa conversation, mais ce n'était qu'une paille dans son bonheur. Avec le départ du train, qui pouvait être considéré comme le commencement officiel de la délicate et dangereuse mission dans laquelle il s'était embarqué, il avait définitivement décidé que la vie aventureuse était faite pour lui. Il s'en était souvent douté, mais il avait fallu la présente expérience pour qu'il en soit certain.

Plus encore que de courage physique, l'aventurier idéal a besoin d'une curiosité fertile, de ne pas se contenter de s'occuper de ses propres affaires et, chez

Ashe, cette qualité était hautement développée. Depuis l'enfance, il s'était toujours intéressé à ce qui ne le regardait pas. Et c'est justement cette qualité qui, malheureusement, manque tellement aux jeunes gens modernes.

Le jeune homme moderne peut faire des choses aventureuses s'il y est obligé mais, laissé à lui-même, il sera mal à l'aise et détournera les yeux si la déesse de l'Aventure lui sourit. L'habitude et la tradition le tirent par la manche en lui disant de ne pas se rendre ridicule. Et, par peur d'être accusé de se mêler de ce qui ne le regarde pas, il affiche un mépris inébranlable pour tout ce qui est excitant ou sort de l'ordinaire. Il se dit que le hurlement qui fuse de la maison solitaire n'est rien qu'une fausse note d'un amateur de bel canto, et que la jeune fille en détresse qu'il a vue poursuivie par un ruffian armé d'un couteau gagne un cachet payé par une compagnie de films cinématographiques. Et il poursuit son chemin sans regarder à droite ni à gauche.

Ashe n'avait pas, envers l'aventure, cette couardise dégénérée. Il est vrai qu'il avait eu besoin de l'éloquence de Joan Valentine pour sortir de l'ornière dans laquelle il s'enlisait, mais c'était à cause de sa paresse. Il aimait les expériences nouvelles. Oui, il était heureux. Le bruit du train se transformait en marche triomphale. Il se dit qu'il avait trouvé la bonne occupation pour un jeune homme au printemps.

Joan, pendant ce temps, retranchée derrière son magazine, était aussi perdue dans ses pensées. Elle ne lisait pas le magazine, elle le tenait devant elle comme protection, sachant que, si elle le baissait, Ashe commencerait à parler. Et, en ce moment, elle n'avait nulle envie de conversation. Comme Ashe, elle pensait à l'avenir immédiat mais, contrairement à lui, elle ne le faisait pas avec tellement de plaisir. Elle regrettait de tout cœur de n'avoir pas résisté à la tentation de secouer ce jeune homme et aurait voulu l'avoir laissé dans le vide paisible de la vie qu'il menait avant de la rencontrer. Il est curieux de voir combien de fois nos tentatives pour stimuler les autres nous reviennent en pleine figure comme des boomerangs. La présence d'Ashe était la conséquence directe de sa conférence sur l'Entreprise, et elle ajoutait une complication à une aventure déjà assez compliquée. Elle faisait de son mieux pour être juste envers Ashe. Ce n'était pas sa faute s'il risquait de la priver de cinq mille dollars qu'elle regardait comme sa propriété personnelle. Mais, illogiquement, elle lui en voulait un peu.

Elle lui jeta un coup d'œil furtif par-dessus son magazine, choisissant, par malheur, un moment où il la regardait. Leurs yeux se rencontrèrent, et il n'y avait plus rien à faire que bavarder. Elle rangea son hostilité dans un coin de son esprit, où elle pourrait la retrouver quand elle en aurait besoin, et se prépara à être amicale. Après tout, à part le fait qu'il était son rival, c'était un jeune homme agréable et amusant, pour qui, avant qu'il ne lui fît l'annonce qui avait changé son attitude envers lui, elle avait entretenu un sentiment certain d'amitié.

D'amitié, rien de plus. Il y avait chez lui quelque chose qui lui donnait envie d'ébouriffer maternellement ses cheveux, de redresser sa cravate, de bavarder au coin du feu dans une lumière tamisée, de lui faire exprimer ses pensées les plus intimes et de l'encourager à faire quelque chose de valable de sa vie, mais tout cela, elle en était sûre, n'était que l'instinct de sa généreuse nature qui la poussait à être aimable et serviable à l'égard d'un étranger.

— Eh bien, Mr. Marson, dit-elle, nous y voilà.

— Exactement ce que je pensais.

Ashe était conscient de l'enthousiasme que le début de cette expédition lui avait apporté. Inconsciemment, il le comprit, il en voulait à la jeune fille de son changement d'attitude envers lui. Pendant leur brève conversation, quand il lui avait dit qu'il avait trouvé cette situation, et plus tard, quelques instants auparavant, sur le quai de la gare de Paddington, il avait senti une froideur, une certaine hostilité, si différentes de son humeur amicale lors de leur première rencontre.

Mais elle était revenue à sa gentillesse première, et il était surpris de la différence que cela faisait. Il se sentait comme plus jeune, plus vivant. Le bruit monotone du train se changea en un joyeux ragtime. C'était curieux, parce que Joan n'était rien de plus qu'une amie. Il n'était pas amoureux d'elle. On ne tombe pas amoureux d'une fille qu'on n'a vue que trois fois. On est attiré, oui ; mais on n'est pas amoureux. Un moment de réflexion lui permit de diagnostiquer correctement ses sensations. L'impulsion bizarre de se jeter sur Joan pour la couvrir de baisers n'était pas de l'amour. C'était simplement le désir naturel d'un jeune homme aimable de se montrer amical avec son semblable.

— Alors, que pensez-vous de tout ça, Mr. Marson ? demanda Joan. Êtes-vous heureux ou pas de m'avoir laissée vous convaincre de faire une chose complètement folle ? Je me sens responsable de vous, vous savez. Sans moi, vous seriez confortablement assis, dans Arundell Street, à écrire votre *Baguette de mort.*

— J'en suis heureux.

— Vous ne regrettez pas d'avoir pris vos fonctions de domestique ?

— Nullement.

Joan, bien malgré elle, sourit devant cette attitude radicale. Ce jeune homme pouvait être un rival, mais sa conduite à la veille du péril l'impressionnait. C'était le genre d'esprit qu'elle aimait et qu'elle admirait, cette acceptation impavide de tout ce qui pourrait arriver. C'était l'esprit avec lequel elle s'était lancée dans l'affaire, et elle était contente de voir qu'il animait aussi Ashe. Bien sûr, il y avait des désavantages. Cela rendait leur rivalité d'autant plus dangereuse.

Cette idée lui rendit un peu de son ancienne hostilité.

— Je me demande si vous allez continuer de vous sentir aussi brave.

— Que voulez-vous dire ?

Joan se rendit compte qu'elle avait failli aller trop loin. Elle ne voulait pas démasquer Ashe, au risque de révéler son propre secret. Elle devait résister à la tentation de lui montrer qu'elle avait tout compris.

— Je veux dire, répondit-elle rapidement, que, d'après ce que j'ai vu de lui, Mr. Peters me semble un homme difficile à servir.

Le visage d'Ashe s'éclaira. Pendant un moment, il avait presque soupçonné qu'elle avait tout deviné.

— Oui. J'imagine que c'est vrai. Il a ce qu'on pourrait appeler un tempérament vif. Il est dyspeptique, vous savez.

— Je sais.

— Ce qu'il lui faut, c'est du bon air, arrêter de fumer et pratiquer ces Exercices de Larsen qui vous amusent tant.

Joan éclata de rire.

— Vous allez essayer de persuader Mr. Peters de se tortiller comme ça ? Appelez-moi, que je le voie !

— J'aimerais bien.

— Suggérez-le-lui.

— Ne croyez-vous pas que ce n'est pas le rôle d'un valet ?

— J'oublie toujours que vous êtes valet. Vous n'en avez pas l'air.

— Le vieux Peters ne pense pas comme vous. Il m'a complimenté sur mon apparence. Il a dit que j'avais l'air ordinaire.

— Je ne dirais pas ça de vous. Vous avez l'air si fort, tellement en forme.

— Il y a sûrement des valets musclés.

— Oui, je suppose.

Ashe la regarda. Il pensait que, jamais de toute sa vie, il n'avait vu de fille aussi étonnamment jolie. Ce qu'elle avait fait, il n'en savait rien, mais quelque chose dans ses vêtements lui donnait une touche irrésistible. Elle était vêtue de noir sobre, teinte idéale pour sa blondeur.

— Pendant que nous sommes sur ce sujet, reprit-il, je suppose que vous savez que vous n'avez pas le moins du monde l'air d'une femme de chambre. Vous avez l'air d'une princesse déguisée.

Elle rit.

— C'est très gentil à vous, Mr. Marson, mais vous avez tort. N'importe qui pourrait dire, à un kilomètre, que je suis femme de chambre. Vous ne critiquez sûrement pas ma robe ?

— La robe est très bien. C'est l'effet général. Je pense que votre expression n'est pas la bonne. Elle est... Elle est... Il y a trop d'attaque, vous n'êtes pas assez humble.

— Humble ! Avez-vous jamais vu une femme de chambre, Mr. Marson ?

— Maintenant que vous m'y faites penser, non, je ne crois pas.

— Alors, laissez-moi vous dire que l'humilité n'est pas sa qualité première. Pourquoi serait-elle humble ? N'entre-t-elle pas juste après le premier valet de chambre ?

— Hein ? où ça ?

— Dans la salle à manger.

Elle sourit devant son air étonné.

— Je crains que vous ne soyez pas au fait de l'étiquette du Nouveau Monde dans lequel vous entrez si imprudemment. Ne savez-vous pas que les règles de préséance parmi les domestiques de grande maison sont plus rigides et plus compliquées que dans la haute société ?

— Vous plaisantez ?

— Absolument pas. Essayez d'aller dîner avant votre tour, quand vous serez à Blandings, et vous verrez ce qui arrivera. Une rebuffade publique du majordome est le moins que vous puissiez attendre.

Le front d'Ashe se couvrit de sueur.

— Mon Dieu ! soupira-t-il. Si le majordome me grondait en public, je crois que je me suiciderais ! Je n'y survivrais pas.

Il sonda, la mâchoire pendante, les abysses épouvantables dans lesquels il avait sauté d'un cœur léger. Le Problème domestique à grande échelle n'avait jamais existé pour lui. Durant sa jeunesse à Much Middleford, Shropshire, il n'avait eu affaire qu'à une forte Irlandaise. Plus tard, à Oxford, il y avait eu son garçon de service et sa femme de ménage, inoffensifs tous deux, à condition de veiller sur le niveau de la bouteille de whisky. Et à Londres, dans sa phase la plus récente, une succession de serviteurs dans le genre de la bonne échevelée du numéro 7a s'étaient occupés de lui. Il était vaguement conscient que, disséminées dans le pays, il y avait de grandes maisons qui employaient d'énormes équipes de domestiques. Dans « Gridley Quayle, détective », *L'Aventure de la marquise disparue* (épisode numéro quatre de la série), il avait esquissé la vie quotidienne d'un duc, où un majordome et un valet poudré jouaient leur rôle. Mais il n'avait jamais pensé que des règles rigides d'étiquette régissaient la vie de ces individus. S'il avait pris le temps d'y réfléchir, il aurait supposé que, quand l'heure du dîner arrivait, le majordome et les valets de pied entraient en vrac dans la cuisine et s'installaient à table là où ils trouvaient de la place.

— Dites-moi tout ce que vous savez, reprit-il. J'ai l'impression que je viens d'échapper à un horrible désastre.

— C'est probable. Je crois que rien n'est aussi terrible qu'une semonce du majordome.

— C'est bien ce que je pense. Quand j'étais à Oxford, j'allais souvent chez un ami qui avait un majordome qui ressemblait à un empereur romain en queue-de-pie. Il me terrifiait. J'étais à plat ventre, devant lui. Donnez-moi autant de tuyaux que vous le pourrez.

— Eh bien, en tant que valet de Mr. Peters, je pense que vous êtes un homme plutôt important.

— Ce n'est pas ce que je ressens.

— Aussi nombreux que soient les invités, Mr. Peters sera certainement le principal, alors votre standing sera en rapport. Vous viendrez après le majordome, la gouvernante, le premier valet de chambre, le valet personnel de Lord Emsworth, la femme de chambre de Lady Ann Warblington...

— Qui est-ce ?

— Lady Ann ? C'est la sœur de Lord Emsworth. Elle vit avec lui depuis la mort de sa femme. Où en étais-je ? Oh oui. Après eux vient le valet de l'Honorable Frederick Threepwood, et puis moi, et puis vous.

— Je ne suis pas si haut que ça, alors ?

— Mais si. Il y a foule, derrière vous. Tout dépend du nombre d'invités en plus de Mr. Peters.

— Je suppose que je charge en tête d'une troupe de femmes de ménage et de souillons de cuisine ?

— Mon cher Mr. Marson, si une femme de ménage ou une souillon de cuisine essayait d'entrer dans la salle de service pour prendre ses repas avec nous, elle se ferait...

— Réprimander par le majordome ?

— Lyncher, plutôt. Les filles de cuisine et les valets d'écurie mangent dans la cuisine. Les chauffeurs, les valets de pied, les hommes à tout faire et le valet de la salle de service prennent leur repas à l'office, servis par le sous-valet. Les servantes des communs prennent le breakfast et le thé dans la salle des femmes de ménage et leur dîner à l'office. La femme de ménage en chef vient juste après la servante des communs en chef. Les filles de buanderie ont leur propre salle, près du lavoir, et la blanchisseuse en chef vient juste après la femme de ménage en chef. Le cuisinier prend ses repas dans une salle spéciale, près de la cuisine... Voulez-vous savoir autre chose, Mr. Marson ?

Ashe la regardait d'un œil vide. Il secoua la tête, abasourdi.

— Nous nous arrêtons à Swindon dans une demi-heure, dit doucement Joan, ne croyez-vous pas qu'il serait plus sage de quitter le train et de rentrer à Londres, Mr. Marson ? Pensez à tout ce que ça vous éviterait.

Ashe retrouva l'usage de la parole :

— C'est un cauchemar.

— Vous seriez bien plus heureux à Arundell Street. Pourquoi ne pas descendre à Swindon et rentrer ?

Ashe hocha la tête.

— Je ne peux pas. Il y a... Il y a une raison.

Joan reprit son magazine. L'hostilité était sortie de son coin et revenait emplir son esprit. Elle savait que ce n'était pas logique, mais elle ne pouvait pas s'en empêcher. En lui expliquant l'étiquette des domestiques, elle avait pensé effrayer suffisamment son rival pour le pousser hors de son chemin, et la déception la rendit irritable. Elle s'absorba dans une nouvelle et contra les tentatives d'Ashe pour ranimer la conversation par de froids monosyllabes, jusqu'à ce qu'il cessât ses efforts et retombât dans un silence morose.

Il se sentait blessé et en colère. La froideur soudaine qu'elle lui manifestait, après une longue conversation amicale, le déconcertait et l'énervait. Il avait l'impression qu'elle voulait l'humilier et il ne savait pas pourquoi. Il en voulait au magazine qui lui servait de rempart, encore qu'il l'eût acheté lui-même. Il en voulait à Joan de cesser de s'apercevoir de son existence. Une tristesse, une insidieuse mélancolie, s'insinua en lui. Il maudit la bêtise de l'humanité, particulièrement de sa portion féminine, qui élevait des barrières contre l'amitié. C'était tellement peu raisonnable. À leur première rencontre, quand elle eût été excusable d'être sur la défensive, elle l'avait traité avec une aisance naturelle. À la fin de cet entretien, il y avait eu, entre eux, la décision tacite qu'ils avaient maintenant fait officiellement connaissance et que, quand ils se rencontreraient à nouveau, ils se traiteraient en amis. Et voilà, elle l'avait trompé avec une amabilité affectée et puis elle se retirait en elle-même, comme s'il avait été présomptueux.

Une envie de rébellion s'empara de lui. Il s'en fichait ! Qu'elle soit froide et distante ! Il allait lui montrer qu'elle n'avait pas le monopole de ces qualités. Il ne lui adresserait plus la parole et, quand elle lui parlerait, il la glacerait par son indifférence courtoise mais implacable.

Le train roulait dans un bruit de ferraille, Joan lisait son magazine. Le silence régnait dans le compartiment de seconde classe. Swindon fut atteint et dépassé. L'obscurité s'étendit sur la campagne. Le voyage commençait à paraître interminable à Ashe. Mais enfin, dans un grincement de freins, le convoi s'immobilisa. Une voix se fit entendre sur le quai, qui disait : « Market Blandings. Gare de Market Blandings. »

2

Le village de Market Blandings est un de ces hameaux endormis que le progrès moderne n'a pas encore touchés, exception faite de l'adjonction d'une gare de chemin de fer et d'une salle, au-dessus de l'épicerie, où on projette des films de cinématographe les mardi et vendredi. L'église est normande et l'intelligence de la plupart des indigènes est paléolithique. Descendre à la gare de Market Blandings par une fraîche soirée de printemps, quand le vent de sud-ouest vient de tourner à l'est et que les habitants économes n'ont pas encore allumé leurs lampes, vous donne l'impression d'être au bout du monde, sans un ami en vue.

Ashe, debout à côté des bagages de Mr. Peters, fouillait l'obscurité d'un œil triste et s'abandonnait à la mélancolie. Au-dessus de lui, une lampe à huile versait une lumière parcimonieuse. Sur le quai, un porteur, petit mais costaud, jonglait avec un bidon de lait. Le vent d'est le fouaillait de ses doigts glacés. Quelque part, là-bas, dans les ténèbres où Mr. Peters et Aline avaient déjà disparu dans une grosse automobile, il y avait le château avec son majordome et sa terrible étiquette. Bientôt arriverait la charrette qui devait les transporter, lui et les malles. Il frissonna. Joan Valentine sortit de l'ombre sous le faible rayon de la lampe à huile. Elle venait d'installer Aline dans la voiture. Elle avait un air chaleureux. Elle souriait amicalement, comme naguère.

Si les filles avaient conscience de leurs responsabilités, elles feraient tellement attention quand elles sourient qu'elles abandonneraient probablement cette pratique. Il y a des moments, dans la vie d'un homme, où le sourire d'une fille peut produire le résultat d'une explosion de dynamite. Depuis qu'il la connaissait, Joan avait souri de nombreuses fois à Ashe, mais dans des conditions qui ne lui avaient pas permis d'en être profondément affecté. Il avait apprécié, il avait admiré son sourire avec un esprit critique et détaché ; mais il n'en avait pas été bouleversé. Il lui avait manqué l'état d'esprit nécessaire pour ce résultat. Mais maintenant, après cinq minutes de solitude sur le quai déprimant de la gare de Market Blandings, il était ce que les spiritualistes appellent un sujet sensible. Il avait atteint ce fond de désespoir et d'inconfort physique où un sourire fait l'effet d'un alcool fort et de bonnes nouvelles administrées simultanément, réchauffant le sang et réconfortant l'âme, et transformant le désert vide du monde en une terre regorgeant de lait et de miel. Il n'est pas exagéré de dire qu'il tituba sous le sourire de Joan. Il s'y attendait si peu. Dans son émotion, il s'accrocha à la malle-cabine de Mr. Peters. Sa résolution d'être froid et distant disparut. Il avait l'impression que, dans un univers inamical, quelqu'un l'appréciait et était heureux de le voir.

Un sourire de cette importance demande à être analysé ; car il y avait bien des choses derrière le sourire de Joan Valentine, sur le quai de la gare de Market Blandings. Tout d'abord, elle avait connu un de ses rapides changements d'humeur et avait, une fois de plus, rangé l'hostilité dans son coin. Elle avait réfléchi et en était venue à la conclusion qu'elle n'avait pas de grief logique envers Ashe, et que se montrer distante avec lui était stupide. En conséquence, elle avait résolu, quand ils se rencontreraient à nouveau, de reprendre une attitude de bonne amitié.

Mais il y avait une autre raison qui n'avait rien à voir avec Ashe. Lorsqu'elle avait installé Aline dans l'auto, elle avait croisé le regard du conducteur de ce véhicule et y avait perçu un éclair étrange, une lueur de surprise mêlée de pure terreur. Un moment plus tard, quand Aline avait appelé ce conducteur Freddie, elle avait compris. Pas étonnant que l'Honorable Freddie la regardât comme si elle était un fantôme. Le pauvre diable serait soulagé quand, au cours du trajet, il s'enquerrait auprès d'Aline du nom de sa femme de chambre et apprendrait qu'elle s'appelait Simpson. « Elle me rappelle une fille que j'ai connue », dirait-il avant de broder sur la remarquable faculté de la nature à produire des sosies. Mais il aurait passé un mauvais moment et c'est aussi son air terrorisé qui amusait Joan.

Une troisième raison était le souvenir que R. Jones lui avait dit que l'Honorable Freddie lui avait écrit des poèmes. Cette pensée contribuait aussi au sourire qui avait ébloui Ashe.

Ashe, n'étant pas miraculeusement intuitif, accepta l'explication la plus simple : elle était heureuse d'être en sa compagnie, et cette pensée, après le malaise et le désespoir qui s'étaient emparés de lui, agit sur lui comme une puissante drogue. Dans la vie de tout homme, il y a généralement un moment auquel, des années plus tard, il repense en se disant : « C'est à cet instant que je suis tombé amoureux. » Pour Ashe, ce fut ce moment-là.

Entre l'étrier et les pierres du chemin,
Je demandai ta grâce et ta grâce j'obtins.

Ainsi parle le poète et ainsi en fut-il pour Ashe.

Dans le temps incroyablement bref qu'il fallut au porteur petit mais costaud pour rouler un bidon de lait le long du quai et le jeter avec un *bang* sonore contre un autre bidon de lait similairement traité un moment auparavant, Ashe tomba amoureux.

Ce mot est si communément utilisé pour décrire un millier d'émotions variées, de la passion volcanique d'un Antoine envers une Cléopâtre jusqu'à la préférence tiède d'un aide épicier envers la femme de ménage de la première maison après le bureau de poste, que l'affirmation qu'Ashe tomba amoureux n'est pas une description suffisante de ses sentiments tandis qu'il s'accrochait à la malle-cabine de Mr. Peters. Nous devons développer. Nous devons analyser. Depuis sa quatorzième année, Ashe avait souvent été amoureux. Ses sensations, dans le cas de Joan, n'étaient pas l'agitation terrible qui lui avait fait collectionner vingt-huit photographies de la première danseuse du Théâtre royal de Birmingham, ni la flamme plus calme qui l'avait fait, à Oxford, arrêter de fumer une semaine et apprendre par cœur les *Sonnets From the Portuguese* d'Elizabeth Barrett. Son amour était quelque chose entre les deux. Il ne voulait pas que le quai de la gare de Market Blandings se remplisse soudain de Peaux-Rouges pour qu'il puisse sauver la vie de Joan, et il n'avait pas envie d'arrêter de fumer, mais il était conscient, au plus profond de lui-même, qu'un avenir sans Joan serait insupportable et ne pouvait être pris en considération, et, pour le présent, il était hautement favorable à l'idée de serrer Joan dans ses bras et de l'embrasser sans autre avertissement. Mêlées à ces sentiments, il y avait la gratitude qu'il lui vouait pour être venue à lui avec un sourire aussi enivrant, la stupéfaction de réaliser qu'elle était mille fois plus jolie qu'il ne l'avait imaginé, et une humilité qui faillit lui faire lâcher la malle-cabine et se rouler à ses pieds en jappant comme un chien.

La gratitude, pour autant qu'il pût démêler ses émotions, était l'ingrédient prédominant. Une seule fois dans sa vie, il avait été aussi reconnaissant à un être humain. En cette occasion aussi, l'objet de sa gratitude avait été féminin. Des années auparavant, quand il était enfant, dans la maison de son père, dans le lointain Much Middleford, Shropshire, alors qu'il avait onze ans et était timide comme on peut seulement l'être à cet âge, on lui avait demandé de se lever, dans une pièce pleine d'étrangers, et de réciter *Le Naufrage de l'« Hesperus »*. Il s'était levé. Il avait rougi. Il avait bafouillé. Il avait commencé à murmurer : « C'était le vaisseau *Hesperus* ». Et alors, dans un coin de la pièce, une petite fille, sans raison apparente, avait éclaté en sanglots. Elle avait hurlé, elle avait gémi, elle ne voulait pas être consolée et, dans la confusion qui avait suivi, Ashe s'était échappé dans le bosquet au fond du jardin, sauvé par un miracle. Toute sa vie, il s'était souvenu de la gratitude qu'il avait ressentie pour cette petite fille si pleine d'à-propos et jamais, jusqu'à maintenant, il n'avait connu quelque chose de semblable. Mais, en regardant Joan, il sentait renaître cette émotion de son jeune âge.

Elle était sur le point de parler. Dans une sorte de transe, il vit ses lèvres s'ouvrir. Il attendit, presque avec respect, les premiers mots qu'elle allait lui adresser dans son nouveau rôle d'authentique déesse.

— C'est honteux ! dit-elle. J'ai mis un penny dans le distributeur de chocolat, et il est vide. J'ai bien envie d'écrire à la compagnie.

Ashe eut l'impression d'entendre un hymne grandiose et doux.

Le porteur petit mais costaud, fatigué de son labeur parmi les bidons de lait, ou peut-être (ne lui faisons pas d'injustice, même en pensée) l'ayant fini, s'approcha d'eux.

— La charrette du château est là.

Dans l'obscurité, derrière eux, brillait une lueur qui n'y était pas auparavant. Le soupir méditatif d'un cheval confirma son affirmation. Il commença à manipuler la malle-cabine de Mr. Peters avec autant d'autorité qu'il en avait montré avec les bidons de lait.

— Enfin, dit Joan. J'espère que la charrette est couverte. Je suis gelée. Allons voir.

Ashe la suivit, de la démarche rigide d'un automate.

3

Le froid est un ogre qui cache toute beauté. Sous la surface gelée du jardin se tapissent des bulbes qui attendent leur heure pour fleurir dans une explosion de couleurs riantes (sauf si le jardinier les a plantés à l'envers) mais la nature frissonnante n'ose pas montrer ses fleurs avant que l'ogre ne s'en aille. Le froid ne supprime pas l'amour. Un homme, assis dans une charrette ouverte par une nuit printanière anglaise, peut continuer à aimer, mais l'amour n'est plus l'émotion principale dans son cœur. Il se cache au-dedans de lui et attend des jours meilleurs.

Car la charrette n'était pas couverte. Elle était ouverte aux quatre vents, et le vent dominant venait de l'est. On peut attribuer à ce fait la raison pour laquelle Ashe se remit aussi vite de l'humeur exaltée dans laquelle l'avait plongé le sourire de Joan. Il sortit presque instantanément de sa transe. Tout au fond de lui, il savait que son attitude envers Joan était inchangée, mais son être conscient était trop occupé à la tâche sans espoir d'essayer de faire circuler son sang pour permettre des pensées d'amour. Avant que la charrette ait fait vingt mètres, il n'était plus que misère gelée.

Après une éternité de routes zigzagantes, de cottages obscurs, de haies et de champs noirs, la charrette passa par un portail de fer massif qui s'ouvrait sur une allée tapissée de gravier. Là, le chemin continua pendant plus d'un kilomètre entre de grands arbres, puis fut avalé dans les ténèbres de buissons denses. Enfin, vers la gauche, des lumières apparurent, une ou deux d'abord, qui brillaient et disparaissaient, puis, comme les buissons finissaient et que commençaient de douces pelouses et des terrasses, elles se déversèrent sur les voyageurs depuis de nombreuses fenêtres, chaleureuses tels des feux de camp par une nuit d'hiver.

Le château de Blandings les écrasait de sa masse. C'est une noble bâtisse du début de l'époque Tudor. Son histoire se confond avec celle de l'Angleterre et Viollet-le-Duc a parlé de son architecture. Il domine la campagne environnante. Cependant, ce qui impressionna le plus Ashe, à ce moment, c'était qu'il avait l'air d'y faire chaud. Pour la première fois depuis sa descente du train, son moral remonta d'un cran. Mais il découvrit qu'il était un peu tôt pour se réjouir, car le voyage était loin d'être terminé. Arrivée en vue du château, la charrette fit un détour qui, dix minutes plus tard, l'amena sous une arche sur une allée pavée à l'arrière des bâtiments où elle finit par s'arrêter devant une grande porte.

Ashe descendit péniblement et tapa du pied sur les pavés. Il aida Joan à débarquer. Joan, apparemment, était rayonnante. Les femmes semblent insensibles au froid. La porte s'ouvrit. De chaudes odeurs de cuisine en émergèrent. Des hommes forts se précipitèrent pour prendre les malles, tandis que de jolies femmes, sous la forme de deux filles de cuisine musclées, s'approchèrent de Joan et d'Ashe et firent la révérence. Dans des conditions normales, cela eût suffi à démoraliser Ashe, mais il était gelé à tel point qu'une fille de cuisine faisant la révérence le laissa indifférent. Il les remercia même de leur accueil d'un aimable signe de tête. Les filles de cuisine, semblait-il, agissaient en qualité d'envoyées des nobles autorités. L'une était là pour conduire Joan en présence de Mrs. Twemlow, la gouvernante, l'autre pour mener Ashe là où Beach, le majordome, attendait de faire honneur au valet de l'hôte le plus important du château. Après un court trajet dans un couloir dallé, Joan et son escorte tournèrent à droite. L'objectif d'Ashe était localisé sur la gauche. Il se sépara de Joan avec regret. Il aurait eu besoin de son soutien moral.

Finalement, sa fille de cuisine s'arrêta devant une porte à laquelle elle frappa. Une voix fruitée comme un vieux porto rendu audible dit « Entrez ».

La guide d'Ashe ouvrit la porte.

— Le gentleman, Mr. Beach, dit-elle avant de se retirer vers l'atmosphère moins raréfiée de la cuisine.

Ashe eut tout d'abord de Beach, le majordome, une impression de tension. Tout individu confronté à Beach pour la première fois ressentait la même chose. Il avait cet air d'être sur le point d'éclater que l'on voit à certaines grenouilles et aux ballons de baudruche. Les hommes nerveux et imaginatifs, quand ils rencontraient Beach, bandaient involontairement leurs muscles dans l'attente de l'explosion. Ceux qui avaient le plaisir de le connaître plus intimement passaient vite cette étape, exactement comme les gens qui vivent sur les pentes du Vésuve sont immunisés contre la crainte des éruptions. De mémoire d'homme, Beach avait toujours paru se trouver au bord de la crise d'apoplexie, mais elle n'éclatait jamais, alors on finissait par en oublier la possibilité.

Ashe, qui, lui, l'approchait pour la première fois, eut le sentiment que cette tension ne pouvait pas continuer longtemps et que, dans très peu de temps, le pire allait arriver. Cette idée fit beaucoup pour le tirer du coma dans lequel l'avaient congelé les rigueurs du voyage.

Les majordomes, en tant que classe, semblent devenir de moins en moins humains en proportion avec la magnificence de leur environnement. Il existe un genre de majordome, employé dans les maisons relativement modestes de petits gentilshommes campagnards, qui est presque un homme normal, qui fait ami-ami avec les commerçants locaux, chante des airs comiques à l'auberge du village et, en temps de crise, peut même se mettre à travailler et à actionner la pompe quand l'eau manque soudain. Mais plus la maison est grande, plus le majordome diverge de ce type. Le château de Blandings était l'une des demeures historiques les plus importantes d'Angleterre et Beach, en conséquence, avait acquis cette dignité inerte qui pouvait presque le faire ranger dans le domaine végétal. Il bougeait lentement, quand il bougeait. Il distillait ses paroles avec l'air de mesurer les gouttes d'une précieuse drogue.

Ses yeux aux paupières lourdes avaient l'expression fixe des statues.

D'un geste presque imperceptible de sa main blanche et grasse, il signifia à Ashe qu'il désirait le voir prendre un siège. D'un mouvement mesuré de l'autre main, il saisit une bouilloire qui chantait sur le poêle. D'une inclinaison de la tête, il attira l'attention d'Ashe sur la carafe placée sur la table.

Un instant plus tard, Ashe sirotait un grog au whisky avec le sentiment d'avoir eu le privilège d'assister à un rite mystique. Mr. Beach, se postant devant le feu et croisant ses mains derrière son dos, permit à sa voix de se faire entendre.

— Je n'ai pas le plaisir de connaître votre nom, Mr...

Ashe se présenta. Beach accueillit l'information d'un léger salut.

— Vous devez avoir eu froid pendant le voyage, Mr. Marson. Le vent vient de l'est.

Ashe répondit que oui, il avait eu froid.

— Quand le vent est d'est, poursuivit Beach, semblant lâcher chaque syllabe à contrecœur, je Souffre de Mes Pieds.

— Je vous demande pardon ?

— Je Souffre de Mes Pieds, répéta le majordome en mesurant les gouttes. Vous êtes un jeune homme, Mr. Marson. Vous ne savez sans doute pas ce que c'est que de Souffrir de Vos Pieds.

Il regardait Ashe, son grog au whisky et le mur derrière lui, d'une lourde paupière impassible.

— Des cors, précisa-t-il.

Ashe dit qu'il était désolé.

— Je Souffre Extrêmement de Mes Pieds. Pas seulement des cors. Je viens seulement de me remettre d'un Ongle Incarné. J'ai Grandement Souffert de Mon Ongle Incarné. Je Souffre d'Arthrite.

Ashe considéra ce martyr avec un déplaisir croissant. C'est un défaut commun à beaucoup de jeunes gens en bonne santé que, bien qu'ayant généralement bon cœur, ils écoutent avec impatience les confessions de ceux qui sont moins favorisés en ce qui concerne les maux de la chair. À tort ou à raison, ils estiment que ces déclarations devraient être réservées à l'oreille du corps médical et que d'autres sujets de conversation sont plus convenables en société.

— Je suis navré, dit-il hâtivement. Vous avez dû passer de mauvais moments. Y a-t-il beaucoup d'invités dans la maison ?

— Nous attendons un grand nombre d'hôtes. Nous accueillerons, selon toute probabilité, trente convives ou plus au dîner.

— Quelle responsabilité pour vous ! dit Ashe d'un ton doucereux, heureux d'avoir quitté le sujet des pieds.

Mr. Beach hocha la tête.

— Vous avez raison, Mr. Marson. Peu de gens mesurent les responsabilités d'un homme dans ma position. Quelquefois, je peux vous l'assurer, elles me pèsent et je Souffre de Migraines Nerveuses.

Ashe commençait à se sentir dans la peau d'un homme qui essaie d'éteindre un feu, lequel, dès qu'il s'en est rendu maître en un point, reprend de plus belle à côté.

— Quelquefois, quand je termine mon service, tout devient Flou. Les objets me semblent brumeux. Je dois m'asseoir. La Douleur est Atroce.

— Mais ça vous aide à oublier que vous avez mal aux pieds.

— Non, non. Je Souffre simultanément de Mes Pieds.

Ashe haussa les épaules.

— Parlez-moi de vos pieds, dit-il.

Mr. Beach lui parla de ses pieds.

Les choses les plus agréables ont une fin, et le moment arriva où le dernier mot fut dit sur les articulations douloureuses. Ashe, qui s'était résigné à une étude éternelle du sujet, put à peine en croire ses oreilles quand, au bout de dix minutes, son interlocuteur changea de sujet.

— Êtes-vous avec Mr. Peters depuis longtemps, Mr. Marson ?

— Hein ? Oh ! Oh non. Seulement depuis mercredi dernier.

— Vraiment ! Puis-je vous demander qui vous serviez auparavant ?

Durant un instant, Ashe fit ce qu'il ne se fût pas cru capable de faire : il regretta le sujet des pieds. La question le plaçait dans une position difficile. S'il mentait et s'inventait une longue expérience de valet, il risquait de se faire démasquer. S'il disait la vérité et confessait que c'était sa première tentative dans la carrière domestique, que penserait le majordome ? Il y avait des objections des deux côtés, mais dire la vérité lui sembla plus simple, alors il la dit.

— Votre première situation ? répéta Mr. Beach. Vraiment !

— Je faisais, euh... autre chose avant de rencontrer Mr. Peters.

Mr. Beach était trop bien élevé pour se montrer indiscret, mais ses sourcils ne l'étaient pas.

— Ah ! dit-il.

« ? » hurlèrent les sourcils. « ? ? ? »

Ashe ignora les sourcils.

— Quelque chose de différent, dit-il.

Il y eut un silence tendu. Ashe mesura cette tension. Il en voulait à Mr. Peters. N'aurait-il pas pu le présenter comme son secrétaire ? Il avait, c'est vrai, avancé une objection à cette idée, durant leur conversation dans les bureaux de Mainprice, Mainprice et Boole, mais une objection sans fondement sérieux. Ashe regrettait de n'avoir pas insisté ; mais, à ce moment-là, ça lui plaisait assez d'être un valet. La notion avait une touche de comédie. Pourquoi n'avait-il pas prévu les complications qui allaient s'ensuivre ? Il voyait bien à sa tête que ce majordome attendait une explication. Que penserait-il s'il ne la donnait pas ? Il supposerait probablement qu'Ashe avait été en prison. Eh bien, on n'y pouvait rien. Si Beach avait des soupçons, il les garderait. Heureusement, les soupçons d'un majordome importaient peu.

Les sourcils de Mr. Beach le sommaient toujours de tout révéler, mais Ashe dirigea son regard vers une portion de la pièce que Mr. Beach n'occupait pas. Qu'il soit pendu s'il se laissait hypnotiser par une paire de sourcils accusateurs ! Il étudia calmement le dessin du papier peint, qui représentait un nombre d'oiseaux d'une espèce inconnue perchés sur un nombre équivalent de buissons exotiques. Le silence devenait oppressant. Quelqu'un devait le briser, et vite. Comme Mr. Beach en restait au langage des sourcils et semblait vouloir en rester là jusqu'à l'été, Ashe le rompit. Il lui parut, quand il reconstitua la scène plus tard dans son lit, que la Providence lui avait suggéré le sujet des indigestions de Mr. Peters, car la seule mention des souffrances de son employeur eut sur le majordome un effet magique.

— J'aurais pu avoir plus de chance, en fait de place, dit Ashe. Je suppose que vous savez comme Mr. Peters a mauvais caractère. Il est dyspepsique.

— C'est ce que j'ai appris, répondit Mr. Beach.

Il réfléchit un instant.

— Moi aussi, poursuivit-il, je Souffre de Mon Estomac. J'ai l'Estomac Faible. La Paroi de Mon Estomac n'est pas ce que je souhaiterais que fût la Paroi de Mon Estomac.

— Parlez-moi donc, dit Ashe avec gratitude, de la paroi de votre estomac.

Un quart d'heure plus tard, Mr. Beach fut interrompu dans son discours par le carillon de la petite pendule qui se trouvait sur le manteau de la cheminée. Il se retourna et la regarda avec une surprise mêlée de déplaisir.

— Si tard ! Je dois accomplir mes devoirs. Et vous aussi, Mr. Marson, si je peux me permettre. Sans doute Mr. Peters aura-t-il besoin de votre assistance pour se préparer pour le dîner. Si vous prenez ce couloir, vous arriverez à la porte qui sépare notre partie de la maison de l'autre. Je dois vous demander de m'excuser. Il faut que j'aille à la cave.

En suivant ses instructions, Ashe arriva, après une marche de quelques mètres, à une porte couverte de feutre vert qui, quand il la poussa, ouvrit sur ce qu'il jugea correctement être le hall principal du château : un large espace confortable, parsemé de canapés et réchauffé par un feu de bois brûlant dans un âtre immense. Sur la droite, un escalier menait aux étages supérieurs.

C'est à ce moment qu'Ashe réalisa que les instructions de Beach manquaient de précision. Sans doute le grand escalier le mènerait-il à l'étage des chambres, mais comment saurait-il, sans être obligé de frapper à chaque porte, laquelle avait été assignée à Mr. Peters ? Il était trop tard pour retourner demander des détails au majordome. Il devait déjà être en route pour la cave en quête du vin pour le soir. Il restait là, irrésolu, quand une porte s'ouvrit dans le hall. Un jeune homme la tint ouverte un instant pour répondre à quelqu'un qui était à l'intérieur de la pièce, puis il sortit. Ashe avait eu le temps d'apercevoir des vitrines.

Pouvait-il s'agir du musée, son but ? L'instant d'après, la porte, en s'ouvrant de quelques centimètres de plus, lui révéla une bonne partie d'une momie égyptienne et lui apporta une certitude. Il comprit que plus tôt il explorerait le musée pour localiser le scarabée de Mr. Peters, mieux ça vaudrait. Il décida de demander à Beach de le lui montrer dès qu'il en aurait l'occasion. Pendant ce temps, le jeune homme avait refermé la porte du musée et traversait le hall. C'était un homme aux cheveux raides, à l'air sévère, avec un nez pointu et des yeux sérieux derrière des lunettes sans monture. Nul autre, en fait, que le secrétaire privé de Lord Emsworth, l'Efficace Baxter.

Ashe le héla.

— Dites, mon vieux, pourriez-vous m'indiquer où se trouve la chambre de Mr. Peters ? J'ai perdu mon chemin.

Il ne réalisa pas que ce n'était pas de cette façon que les valets s'adressaient aux membres de la haute société. C'est l'ennui, quand on accepte un rôle de composition. On peut s'arranger avec le travail, mais les dialogues vous posent des chausse-trapes.

Mr. Baxter eût été entièrement d'accord avec l'affirmation que les valets ne devaient pas lui parler de cette façon. Mais, à ce moment, il n'avait pas conscience qu'Ashe était un valet. D'après sa manière de s'adresser à lui, il supposa que c'était l'un des nombreux invités qui étaient arrivés toute la journée au château. Comme il demandait Mr. Peters, Baxter pensa qu'il s'agissait de l'ami de l'Honorable Freddie, George Emerson, qu'il n'avait pas encore rencontré. En conséquence, il répondit avec cordialité que la chambre de Mr. Peters était la deuxième à gauche, au deuxième étage. Il ajouta qu'Ashe ne pouvait pas la manquer. Ashe affirma qu'il lui était très obligé.

— Terriblement gentil à vous, dit Ashe.

— Pas du tout, assura Mr. Baxter.

— On se perd facilement dans une maison pareille, déclara Ashe.

— Oui, n'est-ce pas ? acquiesça Mr. Baxter.

Ashe partit vers les hauteurs et, quelques instants plus tard, il frappait à la porte indiquée. Et ce fut bien la voix de Mr. Peters qui l'invita à entrer.

4

Mr. Peters, partiellement vêtu de l'attirail de dîner du parfait gentleman, se tenait devant le miroir et luttait avec sa cravate de soirée. Quand Ashe entra, il en ôta les doigts et examina anxieusement son travail. Ce n'était pas satisfaisant. Avec un juron, il arracha l'étoffe coupable de son cou.

— Au diable ce machin !

Il parut évident à Ashe que son employeur n'était pas d'une humeur radieuse. Il y a peu de choses moins capables d'engendrer la joie, chez un homme au mauvais caractère, qu'une cravate blanche qui ne veut pas se laisser nouer de la bonne manière. Même quand les choses allaient bien, Mr. Peters avait horreur de s'habiller pour le dîner. Aucun mot ne saurait décrire ses sentiments quand elles allaient mal. Un détail peut excuser son impatience. C'est une ironie de mauvais goût que de traîner une personne à un festin, quand son repas se composera de quelques asperges et de tristes noix. Ses yeux rencontrèrent le regard d'Ashe dans le miroir.

— Ah, c'est vous ! Entrez donc. Ne restez pas à me regarder bêtement. Fermez cette porte en vitesse. Grouillez-vous ! Ne restez pas planté là ! Essayez d'avoir l'air intelligent. Fermez la bouche ! Où étiez-vous passé, pendant tout ce temps ? Pourquoi n'êtes-vous pas venu avant ? Savez-vous nouer une cravate ? Bon, alors, faites-le.

Quelque peu calmé par le papillon immaculé qui naissait sous les doigts d'Ashe, il se laissa passer sa veste. Il ramassa un cigare à demi fumé sur la coiffeuse et le ralluma.

— Je pensais justement à vous, dit-il.

— Oui ?

— Avez-vous déjà localisé le scarabée ?

— Non.

— Mais alors, qu'est-ce que vous avez fabriqué ? Vous avez eu le temps de le faucher une douzaine de fois.

— Je parlais avec le majordome.

— Pourquoi diable perdre votre temps à parler avec des majordomes ? Je suppose que vous ne savez même pas où est le musée.

— Si, je le sais.

— Ah, vraiment ? C'est déjà quelque chose. Et comment comptez-vous vous y prendre pour accomplir le travail ?

— Le meilleur plan serait d'aller là-bas tard dans la nuit.

— Évidemment. Vous n'imaginiez pas faire ça au milieu de l'après-midi, quand même ? Mais comment allez-vous trouver le scarabée, quand vous serez là-dedans ?

Ashe n'avait pas pensé à cela. Plus il avançait dans cette affaire, plus il rencontrait des choses auxquelles il n'avait pas pensé.

— Je ne sais pas, confessa-t-il.

— Vous ne savez pas ! Dites-moi, jeune homme, êtes-vous considéré comme particulièrement intelligent, pour un Anglais ?

— Je ne saurais pas dire.

— Ah, vous ne sauriez pas ! Espèce de crétin sans cervelle ! hurla Mr. Peters, explosant sans avertissement en faisant de grands gestes rageurs. Qu'est-ce qui ne va pas, chez vous ? Pourquoi ne montrez-vous pas le moindre esprit d'entreprise ? Pourquoi ne tentez-vous rien ? Vous vous pavanez dans la maison comme si vous étiez censé en être un ornement. Je veux des résultats, et je les veux en vitesse ! Je vais vous dire comment reconnaître mon scarabée quand vous serez dans le musée. Ce vieil escroc éhonté qui me l'a volé a eu l'impudence de l'exposer à la place d'honneur dans son bric-à-brac avec un écriteau disant que c'est un Kheops de la IVe dynastie, offert — Mr. Peters s'étouffa —, *offert* par J. Preston Peters, *Esquire*. C'est comme ça que vous le reconnaîtrez.

Ashe ne rit pas, mais il se disloqua presque une côte dans l'effort qu'il fit pour se retenir. Voler à un homme son trésor le plus précieux et le remercier ensuite publiquement pour vous en avoir fait cadeau, voilà qui lui semblait une idée magnifique.

— La chose n'est même pas sous verre, poursuivit Mr. Peters. Elle est sur un plateau, sur une vitrine contenant des monnaies romaines. N'importe qui, en restant seul deux minutes, pourrait la prendre. C'est une négligence criminelle que de laisser un scarabée d'une telle valeur traîner comme ça. S'il voulait me voler mon Kheops, il aurait au moins pu avoir la décence de le traiter comme il le mérite.

— Mais ça rend les choses plus faciles pour moi, remarqua Ashe pour le consoler.

— Ce sera plus facile si vous y allez enfin ! coupa sèchement Mr. Peters. Encore une chose. Vous essaierez tard dans la nuit. Bon, mais que direz-vous si quelqu'un vous trouve à rôder par là à des heures indues ? Y avez-vous pensé ?

— Non.

— Il faudra bien que vous disiez quelque chose, n'est-ce pas ? Vous ne pourrez pas discuter du dernier spectacle à la mode ! Il faut que vous pensiez à une bonne raison d'être debout au milieu de la nuit.

— Je suppose.

— Ah, vous l'admettez ! Bon, vous direz ceci : je vous ai sonné afin que vous me fassiez la lecture pour m'endormir. Vous avez compris ?

— Vous pensez que ce sera une réponse satisfaisante pour expliquer ma présence dans le musée ?

— Idiot ! Ce n'est pas pour le cas où on vous surprendrait dans le musée ! Si on vous surprend dans le musée, la meilleure chose à faire est de ne pas dire un mot et d'espérer que le juge sera indulgent parce que ce sera votre premier délit. Vous direz ça si on vous trouve en train de vous promener dans les couloirs.

— Ça m'a l'air plutôt mince.

— Vraiment ! Eh bien, sachez que ce n'est pas si mince que ça, parce que vous devrez le faire réellement la plupart des nuits. Deux nuits sur trois, il faut qu'on me fasse la lecture pour que je m'endorme. Mon indigestion me donne des insomnies.

Comme pour en donner la preuve, Mr. Peters se plia soudain en deux.

— Aïe ! Ouille !

Il retira le cigare de sa bouche et ingurgita un comprimé digestif.

— La paroi de mon estomac est dans un triste état.

Il est curieux de voir comment de petites causes peuvent produire des révolutions. Si Mr. Peters s'était exprimé différemment, Ashe n'aurait sans doute pas réagi. Il était de plus en plus ennuyé par ce petit homme qui grondait, aboyait et mordait, mais l'idée de révolte ne lui était pas venue. Cependant, ce qu'il avait souffert entre les mains de Beach, le majordome, l'avait réduit à un état où il n'était plus capable d'endurer la moindre mention de parois d'estomac.

Il vient un temps où entendre parler des parois stomacales des autres devient insupportable. Il regarda donc sévèrement Mr. Peters. Il cessa d'être intimidé par ce petit homme féroce et se mit à le considérer simplement comme un hypocondriaque qui avait besoin qu'on lui assène quelques vérités.

— Comment pouvez-vous espérer digérer convenablement ? Vous ne prenez aucun exercice et vous fumez toute la journée.

La sensation nouvelle de se voir critiqué, et par un jeune blanc-bec, encore, réduisit Mr. Peters au silence. Il sursauta convulsivement, mais il ne dit rien. Ashe, lancé sur son sujet favori, devint éloquent. Selon lui, les dyspeptiques encombraient la terre. Dans son esprit, ils avaient le choix entre la santé et la maladie, et ils choisissaient délibérément cette dernière.

— Vous me rendez malade. Je vous connais par cœur. Vous travaillez trop, vous ne prenez pas d'exercice, vous laissez la colère vous emporter, et vous fumez des cigares forts sur un estomac vide ; et quand, naturellement, vous avez une indigestion, vous vous considérez comme un martyr et vous rendez la vie impossible à tout le monde. Si vous vous en remettiez à moi pendant un mois, vous pourriez manger des briques sans en être incommodé. Debout de bonne heure, Exercices de Larsen, bain froid, une bonne friction, une marche rapide...

— Qui diable vous a demandé votre avis, jeune roquet impertinent ? s'enquit Mr. Peters.

— Ne m'interrompez pas ! cria Ashe. Vous m'avez fait oublier ce que j'allais dire.

Il y eut un silence tendu. Puis Mr. Peters commença :

— Vous... infernal... impudent...

— Ne me parlez pas comme ça.

— Je vous parlerai comme...

Ashe fit un pas vers la porte.

— Très bien, dit-il. Je démissionne. Je vous donne mes huit jours. Vous pouvez chercher quelqu'un d'autre pour faire votre boulot.

La chute soudaine de la mâchoire de Mr. Peters, l'air de consternation qui envahit son visage lui indiquèrent qu'il avait trouvé l'arme idéale, que la balle était dans son camp. Il poursuivit avec confiance :

— Si j'avais su ce que ça impliquait, d'être votre valet, je n'aurais pas accepté pour cent mille livres.

Parce que vous aviez un préjugé idiot contre l'idée de me présenter comme votre secrétaire, ce qui était la méthode simple et évidente, je me trouve confronté au risque de subir, à n'importe quel moment, une rebuffade du majordome et de voir la première femme de chambre me considérer comme quelque chose de pas frais.

Sa voix trembla d'autoapitoiement.

— Réalisez-vous seulement une partie des horribles menaces auxquelles vous m'avez soumis ? Comment pourrai-je jamais me rappeler si je passe avant le cuisinier ou après le troisième valet de pied ? Je n'aurai pas une minute de tranquillité tant que je serai ici. J'ai dû rester assis une heure à écouter un majordome enquiquineur qui paraît être un hôpital ambulant. Je dois trouver mon chemin à travers une étiquette compliquée. Et, en plus, vous avez le culot, l'insolence, d'imaginer que vous pouvez me prendre pour un punching-ball quand vous êtes de mauvaise humeur ! Vous avez l'extrême toupet de croire que je vais me laisser malmener chaque fois que votre façon de vivre suicidaire vous donne une indigestion ! Vous avez la suprême impudence de penser que vous pouvez me parler comme vous en avez envie ! Très bien ! J'en ai assez. Si vous voulez récupérer votre scarabée, trouvez quelqu'un d'autre. Je me retire de cette affaire.

Il fit un autre pas vers la porte. Une main tremblante le saisit par la manche.

— Mon enfant, mon cher enfant, soyez raisonnable !

Ashe s'était enivré de sa propre harangue. La sensation d'envoyer paître un vrai millionnaire était neuve et excitante. Il gonfla la poitrine et avança un pied, tel un colosse.

— C'est bel et bon, dit-il en se dégageant, mais vous ne vous en sortirez pas comme ça. Nous devons arriver à un compromis. Voilà. Si je dois subir votre malveillance... sénile chaque fois que vous aurez une crampe d'estomac, aucune somme d'argent ne me fera rester.

— Mon cher enfant, ça n'arrivera plus. Je me suis laissé emporter.

Mr. Peters, d'une main tremblante, ralluma son mégot de cigare.

— Jetez ce cigare !

— Mon garçon !

— Jetez-le ! Vous dites que vous vous êtes laissé emporter. Pas étonnant. Tant que vous maltraiterez votre estomac, vous vous laisserez emporter. Je veux autre chose que des excuses. Je veux que vous me fassiez confiance comme si j'étais votre médecin. Plus de cigares. Des exercices réguliers tous les matins.

— Non, non !

— Très bien.

— Non ! Arrêtez ! Arrêtez ! Quel genre d'exercices ?

— Je vous montrerai demain matin. Des marches rapides.

— J'ai horreur de marcher.

— Des bains froids.

— Non, non !

— Très bien.

— Non, arrêtez ! Un bain froid me tuerait, à mon âge.

— Il vous remettrait à neuf. Consentez-vous aux bains froids ? Non ? Très bien.

— Oui, oui, oui.

— Vous me le promettez ?

— Oui, oui.

— Parfait, alors.

Le son lointain du gong du dîner retentit.

— Nous nous sommes mis d'accord juste à temps, dit Ashe.

Mr. Peters le regarda fixement.

— Jeune homme, dit-il lentement, si après tout ça vous n'arrivez pas à récupérer mon Kheops, je vous... je vous... je vous écorche vif.

— Ne parlez pas ainsi, dit Ashe. C'est encore une chose dont vous devez vous souvenir. Si vous voulez que mon traitement soit efficace, il faut changer votre façon de penser. Vous devez exercer mentalement votre self-control. Vous devez vous habituer à avoir de belles pensées.

— L'idée de vous écorcher est une belle pensée, dit Mr. Peters d'un air nostalgique.

5

Pour ne pas attrister leur festin et voir la nourriture devenir cendres dans leurs bouches en l'absence à leurs joyeuses agapes de Mr. Beach, les serviteurs de première classe avaient l'habitude de ne commencer leur repas du soir qu'après la fin du dîner des maîtres. Cela permettait au majordome de prendre sa place au haut bout de la table sans être interrompu, sauf pour aller servir le café.

Chaque soir, peu avant huit heures et demie, heure à laquelle Mr. Beach pouvait disparaître de la salle à manger et laisser Lord Emsworth et ses hôtes aux soins de Merridew, le sous-majordome, et de James et Alfred, les valets de pied, et ne revenir que quelques minutes pour donner ton et distinction à la distribution des cigares et des liqueurs, ceux à qui leur rang le permettait se rendaient chez la gouvernante pour y passer le temps, en conversations décousues, en attendant le retour de Beach et l'arrivée de la fille de cuisine qui disait d'un air épuisé : « Mr. Beach, s'il vous plaît, le dîner est servi. » Sur quoi Mr. Beach, offrant le bras à la gouvernante, disait : « Mrs. Twemlow » et ouvrait la route dans le couloir, droit et plein de componction, suivi du reste de la compagnie, rangée par couples, par ordre de préséance, jusqu'à la salle de service. Car

Blandings n'était pas une de ces maisons (ou dirons-nous taudis ?) où les domestiques huppés sont censés non seulement se nourrir mais aussi se réunir avant le repas dans la salle de service. Sous les auspices de Mr. Beach et de Mrs. Twemlow, qui le suivait entièrement en cette matière, on faisait convenablement les choses, au château, avec toute la solennité souhaitable. Pour Mr. Beach et Mrs. Twemlow, la suggestion qu'eux et leurs pairs pussent se réunir dans la pièce où ils dîneraient était aussi répugnante que l'annonce par Lady Ann, la châtelaine, que les invités mangeraient dans le salon.

Quand Ashe, au retour de son entrevue avec Mr. Peters, fut intercepté par un petit garçon respectueux et conduit chez la gouvernante, il se sentit aussi intimidé qu'à son premier jour d'école. La pièce était remplie de gens aimables. Tout le monde semblait connaître tout le monde, et la conversation était des plus animées. En fait, cette réception à Blandings rassemblant le clan Emsworth pour lui présenter Mr. Peters et sa fille, la future épouse du fils cadet, la plupart des occupants de la salle de la gouvernante étaient de vieilles connaissances et se retrouvaient avec un plaisir bruyant. Un murmure suivit l'arrivée d'Ashe et tous les yeux, à son grand embarras, se tournèrent vers lui. Son inconfort fut soulagé par Mrs. Twemlow qui s'avança pour lui faire les honneurs. Il n'y a pas grand-chose à dire de Mrs. Twemlow, sinon qu'elle était aussi harmonieusement appariée à Beach qu'un vase dans une paire ou un faisan dans une couvée va avec son camarade. Elle avait la même apparence d'apoplexie imminente, le même air d'appartenir à une branche digne et hautaine du royaume végétal.

— Mr. Marson, bienvenue au château de Blandings.

Ashe attendait depuis longtemps que quelqu'un lui dît cela et avait été un peu surpris que Mr. Beach ne l'ait pas fait. Il fut également surpris de la facilité avec laquelle la gouvernante l'avait reconnu, jusqu'à ce qu'il vît Joan dans la foule et déduisît qu'elle devait avoir été la source de l'information. Il envia Joan. D'une manière étonnante, elle réussissait à paraître à sa place dans cette assemblée. Tandis que lui, il le sentait, portait IMPOSTEUR marqué en lettres rouges sur son front.

Mrs. Twemlow commença à faire les présentations, une liste longue et ennuyeuse qu'elle récita magistralement sans bâcler le travail. Ashe serra la main de chaque membre de l'aristocratie de sa nouvelle profession et à chacun il sourit, jusqu'à ce que ses muscles faciaux et dorsaux fussent prêts à craquer de fatigue. Il s'étonnait qu'autant de domestiques de haute classe pussent être rassemblés dans une pièce de taille si réduite.

— Vous connaissez déjà Miss Simpson, dit Mrs. Twemlow, et Ashe allait nier ce fait quand il s'aperçut qu'elle parlait de Joan. Mr. Judson, Mr. Marson. Mr. Judson est le gentleman personnel de l'Honorable Frederick.

— Vous n'avez pas encore eu le plaisir de faire la connaissance de notre Freddie, si j'ai bien compris, Mr. Marson ? observa aimablement Mr. Judson, un jeune homme au visage doux et à l'air paresseux. Freddie vaut le détour.

— Mr. Marson, permettez-moi de vous présenter Mr. Ferris, le gentleman personnel de Lord Stockheath.

Mr. Ferris, un homme brun et cynique, serra la main d'Ashe.

— Ravi de vous rencontrer, Mr. Marson.

— Miss Willoughby, voici Mr. Marson, qui sera votre cavalier pour le dîner. Miss Willoughby est la dame de Lady Mildred Mant. Comme vous le savez sans doute, Lady Mildred, notre fille aînée, est l'épouse du colonel Horace Mant.

Ashe apprenait, avec une certaine surprise, que Mrs. Twemlow avait une fille dont le nom était Lady Mildred, mais la Raison, venant à son secours, lui suggéra que par « notre » elle voulait dire la fille de Lord Emsworth et de feu la comtesse. Miss Willoughby était une aimable demoiselle au visage souriant et aux cheveux auburn coiffés bas sur le front. Puisque l'étiquette lui interdisait d'accompagner Joan au dîner, Ashe fut heureux qu'au moins une remplaçante convenable lui fût substituée. On venait de lui présenter une dame imposante du nom de Chester, la femme de chambre personnelle de Lady Ann Warblington, et, d'après ses souvenirs de la conférence que lui avait faite Joan à propos de la préséance des communs, il avait cru que c'était la partenaire qui lui était destinée. Il avait franchement reculé à l'idée d'être lié à une hauteur aussi aristocratique.

Quand toutes les présentations eurent été faites, la conversation redevint générale. Elle portait presque exclusivement, pour autant qu'Ashe pût s'en rendre compte, sur les manies des employeurs des présents. Il supposa qu'il en allait de même sur toute l'échelle sociale de l'office. Sans doute les serviteurs de bas étage de la salle des domestiques discutaient-ils des serviteurs huppés de la salle de service et les serviteurs de plus bas échelon, dans la salle des femmes de ménage, bavardaient-ils au sujet de leurs supérieurs de la salle des domestiques, tandis que les ragots parmi les filles de cuisine portaient sur la salle des femmes de ménage. Il se demandait qui était tout au fond de cette société, et finit par conclure que ce devait être le petit garçon respectueux qui lui avait servi de guide peu avant. Ce garçon, n'ayant personne avec qui discuter de quiconque, se livrait probablement à des méditations solitaires qui portaient sur l'homme à tout faire.

Il eut l'idée de mentionner cette théorie à Miss Willoughby mais décida qu'elle lui semblerait abstruse, et se contenta de lui parler des pièces qu'il avait vues avant de quitter Londres. Miss Willoughby aimait le théâtre avec passion et, la dévotion du colonel Mant à ses nombreux clubs le gardant souvent en ville, elle avait la possibilité de satisfaire ce goût. Miss Willoughby n'aimait pas la campagne. Elle la trouvait barbante.

— Ne pensez-vous pas que la campagne est barbante, Mr. Marson ?

— Je ne la trouve pas barbante ici, dit Ashe, qui fut surpris de découvrir, grâce à un rire étouffé, qu'il venait de lui faire, bien involontairement, un compliment.

Mr. Beach apparut enfin, un peu distrait, comme il sied à un homme qui vient de remplir d'importants devoirs.

— Alfred a renversé la sauce ! l'entendit annoncer Ashe à mi-voix à Mrs. Twemlow. À deux centimètres du bras de Sa Seigneurie, qu'il l'a renversée.

Mrs. Twemlow murmura des condoléances. L'expression sévère de Mr. Beach était celle de quelqu'un qui se demande combien de temps il pourra encore supporter la dureté de l'existence.

— Mr. Beach, s'il vous plaît, le dîner est servi.

Le majordome chassa ses pensées sombres et tendit le coude.

— Mrs. Twemlow.

Ashe, en dépit de ses précautions, calcula mal son rang et faillit quitter la pièce avant son tour, mais une pression étonnée de la main de Miss Willoughby sur son bras l'avertit à temps. Il s'arrêta pour permettre à l'imposante Miss Chester d'avancer, toutes voiles dehors, escortée par un petit homme ratatiné avec une épingle de cravate en forme de fer à cheval dont le nom, ainsi que presque tous ceux qui avaient été prononcés depuis qu'il était entré, était sorti de la mémoire d'Ashe.

— Vous avez failli gaffer, dit gentiment Miss Willoughby. Vous devez être distrait, Mr. Marson. Comme Sa Seigneurie.

— Lord Emsworth est distrait ?

Cela fit rire Miss Willoughby.

— Il oublie quelquefois son propre nom. Sans Mr. Baxter, Dieu seul sait ce qui pourrait lui arriver.

— Je ne pense pas connaître Mr. Baxter.

— Vous le connaîtrez si vous restez un moment. On ne peut pas lui échapper quand on est dans la maison. Ne le répétez à personne, mais c'est lui le vrai maître, ici. Il se dit secrétaire de Sa Seigneurie, mais il se conduit comme cet homme, dans cette pièce.

Ashe, cherchant dans ses souvenirs dramatiques, demanda à Miss Willoughby si elle pensait à Pooh Bah dans *Le Mikado*, qui venait d'être reprise à Londres. Miss Willoughby pensait effectivement à Pooh Bah.

— Mais je l'appelle Mêle-Tout, dit-elle. Il s'occupe des affaires des autres autant que des siennes.

Le reste de la procession entra dans la salle de service. Mr. Beach dit les grâces un peu paternellement. Le repas commença.

— Vous avez vu Miss Peters, bien entendu, Mr. Marson ? s'enquit Miss Willoughby, reprenant la conversation pendant le potage.

— Juste quelques minutes, à Paddington.

— Oh, alors vous n'êtes pas avec Mr. Peters depuis longtemps ?

Ashe commençait à se demander si tout le monde allait lui poser cette question dangereuse.

— Seulement un jour ou deux.

— Où étiez-vous, auparavant ?

Ashe éprouva une sensation de picotement. Encore un peu, et il allait révéler sa véritable mission et tout ficher en l'air.

— Oh, j'étais... C'est-à-dire...

— Comment vous sentez-vous, après ce voyage, Mr. Marson ? dit une voix de l'autre côté de la table.

Ashe, levant les yeux avec gratitude, trouva le regard de Joan, qui le considérait avec une expression curieusement amusée. Il était trop reconnaissant de son interruption pour lui en vouloir. Il répondit qu'il se sentait très bien, même si ce n'était pas le cas. L'intérêt de Miss Willoughby dévia vers une discussion sur les défauts des divers systèmes de chemins de fer de Grande-Bretagne.

En haut de la table, Mr. Beach avait entamé une conversation privée avec Mr. Ferris, le valet de Lord Stockheath, le cousin que l'Honorable Freddie appelait « ce pauvre Percy ». Le majordome parlait sur un ton encore plus mesuré que d'ordinaire, car il s'agissait d'une tragédie.

— Nous avons été terriblement désolés, Mr. Ferris, d'apprendre votre infortune.

Ashe se demanda ce qui était arrivé à Mr. Ferris.

— Oui, Mr. Beach, répliqua le valet, il est vrai que nous avons fait piètre figure.

Il but une gorgée.

— Il ne faut pas nous cacher, et je n'ai jamais essayé de le faire, que ce pauvre Percy n'est pas brillant.

Miss Chester se mêla à la conversation :

— Je ne trouve pas que cette fille, j'ai oublié son nom, soit tellement jolie. Il y avait des articles dans tous les journaux qui disaient qu'elle était attirante et tout ça, mais elle ne m'a pas semblé si bien, sur sa photo, dans le *Daily Sketch*. Ce que Sa Seigneurie a bien pu lui trouver, je me le demande.

— La photo ne lui rend pas vraiment justice, Miss Chester. J'étais présent au tribunal, et je dois admettre qu'elle est svelte, décidément svelte. Et vous devez vous rappeler que Percy, depuis l'enfance, a toujours été un jeune idiot. Et je parle en connaissance de cause.

Mr. Beach se tourna vers Joan :

— Il s'agit de l'affaire de rupture de promesse de mariage de Stockheath, Miss Simpson, dont vous avez certainement entendu parler par les journaux. Lord Stockheath est notre neveu. Je suppose que Sa Seigneurie a été profondément choquée en cette occurrence.

— Absolument, intervint Judson d'en bas de la table. J'ai entendu par hasard Milord parler au jeune Freddie. C'était dans la bibliothèque, le matin où le juge a résumé les faits et a été si sévère pour Lord Stockheath. « Si jamais quelque chose de ce genre t'arrivait, jeune ahuri », qu'il a dit à Freddie...

Mr. Beach toussa.

— Mr. Judson !

— Oh, c'est rien, Mr. Beach. Nous sommes en famille, ici, en quelque sorte. C'est pas comme si y avait des étrangers. Je suis sûr qu'aucun de ces messieurs dames n'en parlera au-dehors.

La compagnie se répandit en protestations vertueuses.

— Il a dit à Freddie : « Jeune ahuri, si jamais quelque chose de ce genre t'arrivait, tu pourrais filer au Canada, car je ne voudrais plus entendre parler de toi », ou quelque chose comme ça. Et Freddie a dit : « Enfin, gouverneur, tu sais bien, quoi ! »

Quelque éloignée de la perfection que fût l'imitation que faisait Mr. Judson de la voix de son maître, elle eut l'heur de plaire à la société. La salle croula de rire. Mr. Beach pensa qu'il était de son devoir de faire dévier la conversation. D'après les lois non écrites de l'office, chaque individu avait le droit de parler aussi librement qu'il le voulait de son propre employeur, mais Judson, à son avis, allait parfois un peu trop loin.

— Dites-moi, Mr. Ferris, demanda-t-il, Sa Seigneurie semble-t-elle bien supporter tout cela ?

— Oh, Percy le supporte très bien.

Ashe nota avec étonnement que, alors que le valet personnel de la personne dont on discutait l'appelait avec affection par son prénom, le reste de la compagnie faisait des cérémonies et lui donnait respectueusement son titre. Lord Stockheath était Percy pour Mr. Ferris et l'Honorable Frederick Threepwood était Freddie pour Mr. Judson, mais, pour Ferris, le Freddie de Mr. Judson était l'Honorable Frederick et, pour Judson, le Percy de Mr. Ferris était Lord Stockheath. C'était une forme d'étiquette plutôt amusante et elle frappa Ashe comme quelque peu féodale.

— Percy, poursuivait Mr. Ferris, supporte tout ça comme un bon petit Britannique. Les dommages et intérêts ne sortiront pas de sa poche. C'est son vieux père, qui va les payer, qui prend ça vraiment à cœur. On pourrait dire qu'il fait le fier. Il dit que ça a provoqué une attaque de goutte, et c'est pour ça qu'il est parti à Droitwich au lieu de venir ici. Je ne pense pas que Percy en soit désolé.

— Cela a été, résuma Mr. Beach, une Occurrence des plus Malheureuses. La tendance moderne des Basses Classes à sortir de leur condition devient plus marquée chaque jour. La jeune femme, dans ce cas, était, si j'ai bien compris, une barmaid. Il est Déplorable que nos jeunes gens se permettent de Telles Promiscuités.

— Ce qui m'étonne, dit l'incorrigible Mr. Judson, c'est que nos jeunes gens ne se fassent pas prendre plus souvent. Sa Seigneurie ne croyait pas si bien dire en parlant comme ça à Freddie, dans la bibliothèque, l'autre jour. Je vous donne ma parole que le jeune Freddie a une sacrée chance. Quand nous étions à Londres, Freddie et moi, poursuivit-il en ignorant la toux désapprobatrice de Mr. Beach, avant ce qu'on pourrait appeler le crash, quand Sa Seigneurie nous a coupé les vivres et nous a obligés à revenir vivre ici, Freddie le cherchait bien, croyez-moi. Tombé amoureux d'une fille de théâtre. M'envoyait à l'entrée des artistes avec des messages et des fleurs tous les soirs, régulier comme une horloge, pendant des semaines. Comment elle s'appelait ? Je l'ai sur le bout de la langue. C'est drôle, comme on oublie ces choses. Freddie est allé plutôt loin. Je me rappelle, une fois que je rangeais ses affaires en son absence, je suis tombé sur un poème qu'il lui avait écrit. C'était assez chaud, croyez-moi. Si cette fille a gardé les lettres, Freddie pourrait bien suivre les traces de Lord Stockheath.

Il y eut un cri d'horreur ravie autour de la table.

— Ouah ! dit l'escorte de Miss Chester avec onction. Ne dites pas ça, Mr. Judson. L'Honorable Freddie n'aurait pas l'air de la moitié d'un idiot s'il était poursuivi pour rupture de promesse de mariage juste maintenant, avec la noce qui arrive.

— Il n'y a pas de danger.

C'était la voix de Joan et elle avait parlé avec une telle assurance qu'elle eut immédiatement l'oreille de la tablée. Tous les yeux se tournèrent vers elle. Ashe fut frappé par son expression. Ses yeux étincelaient comme si elle était en colère, et elle avait les joues rouges. Il se rappela la phrase qu'il avait utilisée dans le train. Elle avait l'air d'une princesse déguisée.

— Qu'est-ce qui vous fait dire ça, Miss Simpson ? demanda Judson, ennuyé.

Il s'était donné le mal d'effrayer la compagnie et Joan semblait vouloir démolir tout son travail.

Il sembla à Ashe que Joan faisait un effort, comme si elle venait de se rappeler qui elle était.

— Eh bien, dit-elle presque timidement, je ne pense pas qu'il soit probable qu'il ait proposé le mariage à cette fille.

— On ne sait jamais, répliqua Judson. J'ai l'impression que Freddie l'a fait. Je crois qu'il a quelque chose sur le cœur, ces temps-ci. Avant qu'il aille à Londres avec Sa Seigneurie, l'autre jour, il se conduisait très bizarrement. Et, depuis qu'il est revenu, il a l'air de se faire du souci. Et je sais qu'il a suivi l'affaire de Lord Stockheath de près, car il a découpé des articles dans les journaux. Je les ai trouvés moi-même en rangeant ses affaires.

Beach s'éclaircit la gorge, façon d'indiquer qu'il allait monopoliser la conversation.

— Et, en tout cas, Miss Simpson, dit-il solennellement, avec les choses qui se passent actuellement, et avec les jurys, qui sont tirés des Basses Classes, avec le mauvais esprit qu'elles ont, il ne semble pas nécessaire qu'il y ait vraiment eu promesse de mariage. Avec ce Socialisme rampant, ils semblent trop heureux de Nous faire le plus de mal possible. Quelques Expressions ardentes, c'est assez pour eux. Vous vous rappelez le cas Havant, et quand le jeune Lord Mount Anville a été poursuivi. L'Anarchie se lève et les Basses Classes sortent de leur Rang. C'est ces journaux bon marché qui font tout le mal. Ils donnent aux Basses Classes la tentation de sortir de leur Rang. Encore ce matin, j'ai dû parler sévèrement au jeune James, le valet de pied. C'était un brave garçon, naguère, qui faisait bien son travail et avait du respect pour les gens ; mais maintenant, il part en morceaux. Et pourquoi ? Parce qu'il a eu des rhumatismes, il y a six mois, et a eu l'audace d'envoyer sa photo et son témoignage disant qu'il avait été guéri d'Horribles Souffrances par l'Onguent Suprême Walkinshaw, et ils l'ont imprimé dans une demi-douzaine de journaux, et ça a été la ruine de James. Il est sorti de son Rang et ne respecte plus rien.

— Enfin, tout ce que je peux dire, reprit Judson, c'est que je demande au ciel que rien de ce genre n'arrive à Freddie, car c'est pas tous les jours qu'une fille voudrait de lui.

Un murmure d'assentiment parcourut la salle à cette vérité.

— Enfin, cette Miss Peters, dit Judson, tolérant, elle semble une brave fille.

— Elle serait heureuse de vous entendre, intervint Joan.

— Joan Valentine ! s'écria Judson en tapant sur la table. Je viens de me rappeler son nom. La fille à qui Freddie écrivait des lettres et des poèmes. J'essayais de trouver à qui vous me faisiez penser, Miss Simpson. Vous êtes la vivante image de la Joan Valentine de Freddie.

Ashe n'était pas un homme à l'esprit particulièrement rapide mais, en cette occasion, peut-être sous le choc de la révélation, ajouté au fait qu'il fallait réagir en vitesse afin que la physionomie altérée de Joan ne devînt pas évidente pour toute l'assistance, son intelligence s'accéléra. Joan, d'ordinaire si sûre d'elle, si pleine de ressources, semblait être totalement décomposée. Elle était livide et son regard rencontra celui d'Ashe avec une expression de panique.

Il fallait faire quelque chose de drastique pour détourner l'attention de la société. Un simple changement de sujet de conversation serait inutile. L'inspiration descendit sur Ashe. Dans sa jeunesse, à Much Middleford, Shropshire, il avait souvent fait l'école buissonnière au lieu d'aller au catéchisme, pour fréquenter un nommé Eddie Waffles, le Mauvais Garçon officiel de la localité. Ce n'était pas tant le charme de la conversation d'Eddie qui l'attirait, bien qu'il fût grand, que le fait qu'Eddie, parmi ses nombreux autres dons, était capable de donner une parfaite imitation d'une bataille de chats dans une cour, et Ashe n'avait eu de cesse d'acquérir ce talent du maître. Il y était parvenu. Ses absences du catéchisme pour le plus grand bénéfice de l'art l'avaient laissé un peu ignorant à propos des rois de Juda, mais cette virtuosité chèrement conquise lui avait valu bien des succès, à Oxford, et allait, maintenant, sauver la situation.

— Avez-vous jamais entendu deux chats qui se battent dans une cour ? demanda-t-il innocemment à sa voisine, Miss Willoughby.

L'instant d'après, la représentation battait son plein. Le jeune maître Waffles, qui avait consacré un temps considérable à cette étude, avait conçu le combat de ses chats imaginaires dans une veine presque homérique. Les hostilités s'ouvraient par un long grognement guttural, auquel répondait un autre, un poil plus bas et plus querelleur encore. Un silence momentané était suivi par une note tenue qui montait longuement pour s'arrêter brusquement et être remplacée par un murmure indistinct. La réponse était un double hurlement aigu. Les deux parties du litige se permettaient alors un sifflement mécontent, de plus en plus fort, tandis que l'air s'emplissait d'électricité et de menace. Et alors, après un autre court silence, venait la guerre, bruyante et irrésistible. Auprès de maître Waffles, on pouvait presque suivre chaque moment du combat et voir l'un ou l'autre des adversaires prendre, un instant, le dessus. C'était un grand affrontement. De rudes coups étaient donnés et reçus et l'œil de l'imagination pouvait voir l'air s'emplir de fourrure bondissante. Le vacarme devenait assourdissant puis, à son summum, il cessait dans un crescendo tumultueux et tout était fini, sauf un faible grognement de colère.

Telle était la bataille de chats de maître Eddie Waffles, et Ashe, bien que n'arrivant pas à la cheville de son mentor, comme il est normal pour un disciple, la fit revivre avec fidélité et énergie. Dire que l'attention de la compagnie fut détournée de Mr. Judson et de sa remarque par les bruits extraordinaires qui s'échappèrent de la bouche d'Ashe serait une bien faible reconnaissance de la sensation causée par ses efforts. D'abord une surprise étonnée, puis la consternation s'installèrent. Beach, le majordome, avait l'air de quelqu'un qui voit un miracle, et il semblait plus proche que jamais de l'apoplexie. Sur les visages des autres, on pouvait trouver toutes sortes d'émotions. Que cela pût arriver dans la salle de service du château de Blandings était à peine moins sidérant que si ce fût arrivé dans une cathédrale. Les domestiques supérieurs, raides sur leurs sièges, se regardaient les uns les autres comme les soldats de Cortez, se perdant en conjectures.

Les derniers feulements félins pleins de défi moururent enfin et le silence tomba sur la salle. Ashe se tourna vers Miss Willoughby.

— C'est exactement ça, dit-il. Comme je l'expliquais à Miss Willoughby, ajouta-t-il avec un regard d'excuse vers Mrs. Twemlow, les chats, à Londres, sont un véritable fléau.

Pendant quelques secondes sa réputation sociale oscilla dans la balance, tandis que la compagnie soupesait ce qu'il avait fait. C'était nouveau. Mais était-ce humoristique ou vulgaire ? Les domestiques supérieurs n'abhorrent rien tant que la vulgarité. Voilà ce que la salle de service essayait de décider. Et alors Miss Willoughby rejeta la tête en arrière et fit monter vers le plafond la cascade de son rire clair. Et la compagnie prit sa décision. Tout le monde se mit à rire. Tout le monde demanda à Ashe de produire un *bis*. Tout le monde l'aimait et l'admirait.

Tout le monde, sauf Beach, le majordome. Beach le majordome était choqué jusqu'à la moelle. Ses yeux aux paupières lourdes se posèrent sur Ashe avec réprobation. Il semblait à Beach le majordome que ce jeune Marson était sorti de son rang.

Ashe trouva Joan à son côté. Le dîner était fini et les dîneurs se dirigeaient vers la salle de la gouvernante.

— Merci, Mr. Marson. C'était très gentil à vous, et très adroit.

Ses yeux brillaient.

— Mais quel risque terrible vous avez pris ! Vous avez obtenu un succès populaire, mais vous auriez aussi bien pu devenir un paria. En fait, je crains que Mr. Beach n'ait pas apprécié.

— J'en ai peur aussi. Dans une minute, je vais aller me mettre à plat ventre devant lui pour m'excuser.

Joan baissa la voix.

— Ce qu'a dit cet odieux petit homme est parfaitement vrai. Freddie m'a écrit des lettres. Bien sûr, je les ai détruites depuis longtemps.

— Mais, en venant ici, n'avez-vous pas pensé que vous couriez le risque qu'il vous reconnaisse ? Cela pourrait être assez désagréable pour vous.

— Je ne l'ai jamais rencontré, vous voyez. Il s'est contenté de m'écrire. Quand il est venu nous chercher à la gare, ce soir, il a eu l'air étonné de me voir, alors je suppose qu'il se souvient de moi. Mais Aline lui aura dit que je m'appelle Simpson.

— Ce Judson a dit qu'il broyait du noir. Je pense que vous devriez le rassurer.

— Mr. Judson doit avoir beaucoup d'imagination. Il est rassuré. Il m'a envoyé un gros homme horrible nommé Jones pour me parler des lettres, à Londres, et je lui ai dit que je les avais détruites. Il doit le savoir, maintenant.

— Je vois.

Ils entrèrent dans la salle de la gouvernante. Mr. Beach s'installa devant le feu. Ashe se dirigea vers lui. Il n'était pas facile d'adoucir Mr. Beach. Ashe essaya les sujets les plus tentateurs. Il mentionna les pieds douloureux, il agita devant ses yeux une affriolante paroi stomacale, mais le majordome ne mollit pas. Il ne sembla s'animer que lorsque Ashe parla du musée.

Mr. Beach aimait le musée du château de Blandings. Il en était fier : grâce à lui il avait réussi à se faire imprimer pour la première et seule fois de sa vie. Une année auparavant, un envoyé de *Intelligence et Écho* de la ville voisine, Blatchford, était venu visiter le château pour son journal et il avait commencé un paragraphe de son article par ces mots : « Sous les auspices de Mr. Beach, l'aimable cicérone, j'ai alors visité le musée de Sa Seigneurie... » Mr. Beach conservait précieusement la coupure de journal dans son secrétaire. Il répondit donc d'une voix presque bienveillante aux questions d'Ashe. Oui, il avait vu le scarabée (il prononçait *scaraby*) que Mr. Peters avait offert à Sa Seigneurie. Il était certain que Sa Seigneurie tenait extrêmement au *scaraby* de Mr. Peters. Il avait entendu Mr. Baxter dire à Sa Seigneurie qu'il avait une très grande valeur.

— Mr. Beach, je me demandais si vous pourriez me faire visiter le musée de Lord Emsworth.

Mr. Beach le regarda longuement.

— Je serai enchanté de vous montrer le musée de Sa Seigneurie, répondit-il.

6

On ne peut attribuer qu'à l'état de nervosité où l'avait mis son entretien avec Ashe, dans sa chambre, l'acte inconsidéré que commit Mr. Peters peu après le dîner.

Mr. Peters, peu après le dîner, était d'une humeur agitée et dangereuse. Il avait souffert pendant tout le repas. Le chef de Blandings s'était surpassé en l'honneur des hôtes, et avait servi une succession de mets que jadis, en des temps plus heureux, Mr. Peters eût dévorés de grand cœur. Être obligé, en considération de sa santé, de s'en passer, avait de quoi abattre le plus optimiste. Mr. Peters avait donc souffert horriblement. Les occasions de festin et de divertissement comme celle-ci étaient pour lui des champs de bataille où l'Appétit affrontait la Prudence. Tout le long du dîner, il remâcha le défi que lui avait lancé Ashe, et les conséquences qui résultaient de ce défi. L'un des souvenirs les plus pénibles de Mr. Peters était une visite de deux semaines qu'il avait faite à Mr. William Muldoon, dans son célèbre établissement de cure, à White Plains, dans l'État de New York. Il avait été persuadé d'y aller par un confrère millionnaire qu'il avait toujours, jusque-là, regardé comme un ami. Le souvenir des douches froides et des exercices physiques brutaux de Mr. Muldoon était encore présent à sa mémoire. La pensée que, sous le gouvernement d'Ashe, il allait reprendre en privé ce qu'il avait connu alors en compagnie d'une bande d'infortunés compagnons chez Muldoon le remplissait d'horreur. Il connaissait ces charlatans de la santé qui prétendaient que tous les maux pouvaient être vaincus par des bains froids et des marches forcées. Ils étaient tous pareils, ils vous tuaient presque. Son pire cauchemar le ramenait toujours chez Muldoon, quand il partait à cheval sur cette colline infernale à côté du village. Votre seule récompense, quand vous en atteigniez le sommet, était une vue lointaine sur la prison de Sing-Sing.

Il ne le supporterait pas. Qu'il soit pendu s'il acceptait cela. Il allait défier Ashe ! Mais, s'il défiait Ashe, Ashe s'en irait, et alors comment ferait-il pour récupérer son scarabée ? Mr. Peters commençait à comprendre la vraie signification de la phrase « être en proie à un dilemme ». Les deux branches de son dilemme avaient retenu son attention jusqu'à la fin du dîner. Il passait difficilement de l'une à l'autre pour recommencer sans fin. Il s'était levé de table dans un état d'esprit plutôt confus.

Et puis, dans le courant de la soirée, il se retrouva seul dans le hall, à moins de cinq mètres de la porte du musée, non verrouillée.

Il ne comprit pas immédiatement la signification de ce fait. Il était venu dans le hall parce qu'il avait besoin de solitude. Ce ne fut qu'après avoir fini son cigare — Ashe n'allait tout de même pas lui interdire de fumer après le dîner ! — qu'il réalisa qu'il avait sous la main la solution à son problème. Quelques minutes d'action résolue et le scarabée rentrait en sa possession, et les menaces d'Ashe étaient caduques.

Il regarda autour de lui. Oui, il était seul.

Pas une fois, depuis qu'il cherchait à récupérer son scarabée, il n'avait songé à la possibilité de le reprendre lui-même. La seule idée des désagréments qui pourraient s'ensuivre avait été suffisante pour qu'il considérât une telle action comme hors de question. Le risque était trop grand pour être pris.

Mais, en cet instant, le risque était négligeable. Comme Ashe, il avait toujours pensé que la récupération du scarabée devait s'effectuer durant les petites heures de la nuit, un coup d'audace à n'essayer qu'au moment où le sommeil serait étendu sur le château. Qu'il puisse se présenter une occasion d'entrer tranquillement dans le musée puis d'en ressortir aussi tranquillement avec le Kheops dans sa poche ne lui avait jamais semblé possible.

Mais maintenant cette chance s'offrait à lui dans sa simplicité et il devait la saisir. La porte du musée n'était même pas fermée. Il voyait, de là où il était, qu'elle était entrebâillée.

Il se dirigea prudemment dans sa direction, pas en ligne droite vers le musée, mais en décrivant une courbe, comme quelqu'un qui marche sans but. De temps en temps, il regardait par-dessus son épaule.

Il atteignit la porte, hésita et passa devant. Il se retourna, revint à la porte et passa encore devant. Il resta un moment à scruter le hall puis, brusquement résolu, fila vers la porte comme un lapin et se glissa à l'intérieur.

Au même instant, l'Efficace Baxter, qui, abrité derrière un pilier de la galerie encerclant les deux tiers du hall, surveillait depuis quelques minutes les mouvements bizarres de l'hôte distingué avec un intérêt considérable, commença à descendre l'escalier.

Rupert Baxter, l'infatigable secrétaire privé de Lord Emsworth, était un de ces hommes dont la principale caractéristique est un soupçon constant envers leurs semblables. Il ne les soupçonnait pas de tel ou tel crime défini ; il les soupçonnait, simplement. Il traversait la vie sans faire confiance à personne. On connaissait bien son caractère au château de Blandings. Le comte d'Emsworth disait : « Baxter est inestimable, positivement inestimable. » L'Honorable Freddie disait : « Un type ne peut pas faire un pas dans cette fichue maison sans tomber sur ce damné Baxter. » Les domestiques des deux sexes, employant, comme Miss Willoughby, ce talent des surnoms qui est un don dans les classes laborieuses anglaises, l'appelaient Mêle-Tout.

Penché par-dessus la rampe du palier pour observer les mouvements de Mr. Peters qui, avec ses pas en avant et en arrière, semblait vouloir inventer une nouvelle forme de tango, l'Efficace Baxter s'était senti soudain (pourquoi, il ne le savait pas, de quoi, il ne savait pas), d'une certaine façon, soupçonneux. Il n'accusait pas Mr. Peters d'une malveillance spécifique. Il sentait simplement que quelque chose se préparait. Il avait un sixième sens pour ce genre de choses. Mais quand Mr. Peters, s'étant décidé, bondit dans le musée, les soupçons de Baxter perdirent toute imprécision. Ils se cristallisèrent. Sous serment, dans un tribunal, l'Efficace Baxter eût juré que Mr. Peters avait l'intention de s'approprier le scarabée.

Pour ne pas sembler attribuer au secrétaire de Lord Emsworth des pouvoirs d'intuition par trop miraculeux, il nous faut préciser que le mystère qui entourait cet objet lui pesait sur l'esprit depuis que son employeur l'avait introduit dans le musée. Il connaissait les capacités d'oubli de Lord Emsworth et ne croyait pas un mot de son récit de la transaction. Les maniaques du scarabée comme Mr. Peters ne font pas cadeau de spécimens de leur collection. Mais il n'avait pas deviné ce qui était réellement arrivé à Londres. Il était arrivé à la conclusion que Lord Emsworth avait acheté le scarabée et aussitôt oublié l'emplette. Au crédit de cette théorie, il y avait le fait que ce dernier avait emporté son chéquier à Londres. La longue expérience qu'avait Baxter du comte lui disait qu'on ne savait jamais ce qu'il pouvait faire, perdu dans Londres avec un chéquier. Quant au motif qui faisait entrer Mr. Peters dans le musée, cela aussi semblait absolument clair au secrétaire. Il était lui-même amateur de curiosités et avait été secrétaire de plusieurs collectionneurs. Il connaissait donc, à la fois par expérience et par observation, l'étrange folie qui peut, à tout instant, s'emparer d'un collectionneur, effaçant, comme d'un coup d'éponge, toute moralité et toute distinction entre *meum* et *tuum*. Il savait qu'un collectionneur, qui ne volerait pas une tranche de pain s'il mourait de faim, pouvait succomber à la tentation en face d'une pièce rare.

Il descendit les marches quatre à quatre et entra dans le musée au moment où les doigts crochus de Mr. Peters s'approchaient de son trésor. Il se tira de cette délicate situation avec tout le tact désirable. Mr. Peters, au bruit de ses pas, avait exécuté un bond en arrière qui était un excellent aveu de culpabilité et ses traits étaient tordus par la terreur, mais l'Efficace Baxter parut ne pas s'apercevoir de ce phénomène. Ses manières, quand il parla, ne marquaient aucun embarras.

— Ah ! Vous venez jeter un coup d'œil sur notre petite collection, Mr. Peters ? Vous avez vu que nous avons donné la place d'honneur à votre Kheops. C'est un spécimen splendide. Absolument splendide.

Mr. Peters se remettait lentement. Baxter continua à parler pour lui en laisser le temps. Il parla de Mout et Bubastis, d'Amon et du Livre des Morts. Il lui fit admirer les monnaies romaines.

Il abordait certains aspects de la princesse Gilukhipa du Mitanni qui ne pouvaient manquer d'intéresser son interlocuteur quand la porte s'ouvrit pour laisser entrer Beach accompagné d'Ashe. Mr. Peters profita de cette interruption et s'échappa, heureux de s'en tirer à si bon compte et se posant, pour la première fois de sa vie, des questions sur le dicton qui prétend que, quand on veut qu'une chose soit bien faite, il faut la faire soi-même.

— J'ignorais, Monsieur, dit Beach le majordome, que vous étiez occupé dans le musée. Je ne me serais pas permis d'entrer. Mais ce jeune homme a exprimé le désir d'examiner l'exposition et j'ai pris la liberté de l'amener.

— Entrez, Beach, entrez, répondit Baxter.

La lumière tomba sur le visage d'Ashe, et il le reconnut pour l'aimable jeune homme qui avait demandé la chambre de Mr. Peters avant le dîner et qui, il l'avait découvert peu après, n'était pas George Emerson, l'ami de l'Honorable Freddie, ni aucun autre des invités de la maison. Il eut des soupçons.

— Oh, Beach.

— Monsieur ?

— Juste un instant.

Il entraîna le majordome dans le hall, hors de portée d'oreilles d'Ashe.

— Beach, qui est cet homme ?

— Le valet de Mr. Peters, Monsieur.

— Le valet de Mr. Peters ?

— Oui, Monsieur.

— Est-il en service depuis longtemps ? demanda Baxter, qui se souvenait du peu protocolaire « Mon vieux ! » que lui avait lancé cet étrange domestique.

Beach baissa la voix. Lui et l'Efficace Baxter étaient de vieux alliés et il semblait normal à Beach de se confier à lui.

— Il vient tout juste d'être engagé, Monsieur, et n'a jamais servi auparavant. Il me l'a dit lui-même, mais j'ai été incapable de tirer de lui d'autres informations sur ses antécédents. Ses manières m'ont semblé bizarres. Je me suis même demandé si Mr. Peters en avait conscience. Je ne voudrais pas porter préjudice à ce jeune homme, mais si vous pensez que Mr. Peters doit en être informé... Ce jeune homme pourrait être n'importe qui. Mr. Peters pourrait avoir été trompé, Monsieur.

L'Efficace Baxter paraissait distrait. Son cerveau travaillait rapidement.

— Pensez-vous qu'il faille l'en informer, Monsieur ?

— Hein ? Qui ?

— Mr. Peters, Monsieur. Au cas où il aurait été trompé.

— Non, non. Mr. Peters s'y connaît en hommes.

— Loin de moi l'idée de vouloir être trop zélé, Monsieur, mais...

— Mr. Peters sait sans doute tout de lui. Dites-moi, Beach, qui a suggéré cette visite du musée ? Est-ce vous ?

— C'est à la demande du jeune homme que je l'ai conduit ici, Monsieur.

L'Efficace Baxter rentra dans le musée sans un mot. Ashe, debout au milieu de la pièce, imprimait la géographie de l'endroit dans sa mémoire. Il n'eut pas conscience du regard perçant et soupçonneux qui lui était jeté par-derrière. Il ne voyait pas Baxter. Il ne pensait même pas à Baxter. Mais Baxter était en alerte. Baxter était sur le sentier de la guerre.

Baxter savait.

CHAPITRE VI

1

Parmi les compensations que nous donnent les années, on peut citer un pessimisme généralisé qui, tout en ne nous empêchant pas de goûter les triomphes qui peuvent nous advenir, a l'admirable effet de nous éviter de souffrir des pièges que nous tend le Destin, sous la forme, par exemple, de briques peintes en doré, de pièces de monnaie attachées avec des ficelles ou de poulets pas encore sortis de l'œuf, et dans lesquels les jeunes gens tombent avec tant d'enthousiasme, et avec la déception subséquente. Quand nous atteignons la trentaine, nous acquérons une expérience qui nous permet de regarder avec suspicion les cadeaux du Destin. Nous manquons peut-être, de temps en temps, de bonnes occasions, mais nous évitons aussi de sauter, à pieds joints et les yeux fermés, dans des chausse-trapes.

Cependant, Ashe Marson n'avait pas encore atteint cet âge de tranquille méfiance et, quand le Destin sembla le traiter avec bienveillance, il était encore assez jeune pour accepter cette douceur comme réelle et s'en réjouir. Assis dans son lit, à la fin de sa première soirée au château de Blandings, il s'émerveillait de la façon remarquable dont le traitait la Fortune. Il avait survécu, non seulement sans discrédit mais encore avec un vrai triomphe, à son plongeon initiatique dans le tourbillon de l'étiquette de la vie des communs. Loin de se rendre ridicule et d'encourir le mépris de la salle de service, il en avait été la vie et l'âme. Même si demain, dans un moment d'inattention, il passait devant le premier valet de chambre en marchant vers la table, on lui pardonnerait, car un humoriste a tous les privilèges.

Mais ce n'était qu'une partie de la bienveillance de la Fortune. Avoir découvert, dès le premier jour de leur association, la méthode correcte de se rendre maître de son irascible employeur, c'était encore mieux. Une plus longue fréquentation de Mr. Peters, si leurs rapports étaient restés tels qu'au début, eût été exaspérante. Maintenant, grâce à sa fermeté, il avait rendu inoffensif ce millionnaire acariâtre.

Troisièmement, et plus important, il s'était non seulement familiarisé avec l'environnement du scarabée, mais il avait découvert, sans l'ombre d'un doute, que la récupération de l'objet et le gain du millier de livres seraient un jeu d'enfant. Il dépensait déjà l'argent en esprit et, tel était son optimisme, il se demandait seulement s'il allait s'en occuper tout de suite ou s'il allait le laisser en place jusqu'à ce qu'il ait pu faire, pour la santé de Mr. Peters, ce qu'il avait annoncé en le quittant. Car, bien sûr, dès qu'il aurait rendu le scarabée à son légitime propriétaire et empoché la récompense, sa position d'entraîneur du millionnaire cesserait automatiquement. Et il en était désolé, car la pensée que cet homme malade ne guérirait pas le troublait. Mais, en y réfléchissant, il valait mieux faucher le scarabée aussi vite que possible et laisser la digestion de Mr. Peters se débrouiller toute seule. Dans l'optimisme de ses vingt-six ans, il ne pensa pas que le Destin se jouait de lui, que le Destin pouvait avoir de mauvaises surprises en réserve, que le Destin se préparait à détruire son heure de joie à l'aide d'une arme mortelle : l'Efficace Baxter.

Il regarda sa montre. Il était une heure moins cinq. Il ne savait pas à quelle heure on se couchait au château de Blandings, mais il trouva plus prudent d'accorder encore une heure à la maisonnée pour s'endormir. Après quoi, il n'aurait plus qu'à descendre empocher le scarabée. Le roman qu'il avait apporté de Londres était heureusement intéressant. Deux heures sonnèrent avant qu'il ne s'impatiente. Il glissa le livre dans sa poche et ouvrit la porte.

Tout était tranquille. Tranquille et d'une obscurité incommode. Le long du couloir où était située sa chambre, les ronflements des domestiques endormis explosaient, grognaient et chantaient. Tout le personnel du château semblait ronfler, celui-ci dans un ton, celui-là dans un autre, les uns avec orgueil, les autres avec humilité, mais le fait important était qu'ils ronflaient, ce qui lui assurait, pour cette partie de la maison du moins, que la voie était libre et que rien ne risquait de déranger ses plans. Des recherches faites plus tôt dans la soirée l'avaient familiarisé avec la topographie des lieux. Il trouva sans difficulté son chemin jusqu'à la porte de feutre vert et, l'ayant poussée, il entra dans le hall où les restes d'un feu de bois rougeoyaient encore. C'était, cependant, la seule lumière, et il fut heureux de n'avoir pas besoin d'éclairage pour retrouver le musée. Il en connaissait la direction et avait mesuré la distance. Il était précisément à dix-sept pas de là où il se tenait. Prudemment et en évitant de faire du bruit, il commença à compter ses pas.

Il en était au onzième quand il se cogna dans quelqu'un. Quelqu'un de doux. Quelqu'un dont la main, quand il la toucha, lui sembla petite et féminine. Une bûche, dans l'âtre, s'effondra en jetant une soudaine lueur, à laquelle succéda une totale obscurité. Le feu était mort. La petite flamme avait été son dernier soupir. Mais elle avait suffi à Ashe pour reconnaître Joan Valentine.

— Bon Dieu ! hoqueta-t-il.

Son étonnement fut de courte durée. L'instant d'après, sa seule surprise était de ne pas être plus surpris. Il y avait quelque chose, chez cette fille, qui faisait que les événements les plus bizarres semblaient normaux et naturels. Depuis qu'il l'avait rencontrée, sa vie avait changé. Au lieu de la succession bien ordonnée de journées banales, elle était devenue un carnaval étrange de l'inattendu, et il commençait à s'y habituer. Sa vie avait pris la forme d'un rêve dans lequel il savait que n'importe quoi pouvait arriver, et où il acceptait ce qui arrivait avec le calme inhérent aux rêves. C'était étrange qu'elle se trouve dans ce hall obscur au milieu de la nuit mais, après tout, pas plus étrange que lui s'y trouve aussi. Dans le monde de rêve où il vivait maintenant, il devait accepter que les gens fissent des choses bizarres pour toutes sortes de raisons bizarres.

— Hello ! dit-il.

— Ne vous alarmez pas.

— Non, non.

— Je pense que nous sommes ici, tous les deux, pour la même raison.

— Vous ne voulez pas dire...

— Si. Je suis venue aussi pour gagner les mille livres. Mr. Marson, nous sommes rivaux.

Dans son présent état d'esprit, cela sembla si simple et compréhensible à Ashe qu'il se demanda s'il entendait vraiment ces mots pour la première fois. Il avait le sentiment étrange qu'il le savait depuis toujours.

— Vous êtes ici pour le scarabée ?

— Exactement.

Ashe fut vaguement conscient qu'il devait faire une objection, mais elle lui échappa tout d'abord. Puis il la découvrit.

— Mais vous n'êtes pas un homme de bonne présentation !

— Je ne sais pas ce que vous voulez dire. Mais Aline Peters est une vieille amie à moi. Elle m'a dit que son père donnerait des tas d'argent pour récupérer son scarabée, alors je...

— Attention ! murmura Ashe. Courez ! voilà quelqu'un !

Il y eut des pas légers dans l'escalier, un clic et, au-dessus de la tête d'Ashe, une lampe s'alluma. Il regarda autour de lui. Il était seul et la porte de feutre vert battait doucement.

— Qui est-ce ? Qui est là ? demanda une voix.

L'Efficace Baxter descendait le grand escalier.

Un soupçon général envers toute l'humanité et un soupçon particulier envers un individu font un mauvais mélange. Pendant plus d'une heure, le sommeil avait évité l'Efficace Baxter avec une remarquable timidité. Il avait essayé tous les moyens connus pour appeler l'endormissement, mais aucun n'avait marché. Les événements de la soirée avaient surexcité son esprit. Plus il essayait de perdre conscience, plus le souvenir du complot qu'il avait découvert lui revenait et le réveillait. C'est le prix que paie un esprit trop soupçonneux : il souffre de sa propre activité. Depuis le moment où il avait trouvé Mr. Peters prêt à cambrioler le musée et compris qu'Ashe était son complice, Baxter avait perdu le repos. Ni le pavot, ni la mandragore, ni tous les sirops somnifères du monde n'auraient pu lui ramener ce doux sommeil qu'il connaissait la veille encore.

Mais c'était le souvenir que, lors d'une précédente insomnie, un grog au whisky l'avait soulagé qui l'avait fait sortir du lit et descendre l'escalier. Son objectif était la carafe sur la table du fumoir, l'une des pièces ouvrant sur la galerie surplombant le hall. Donc, il était sorti du lit, avait descendu l'escalier et était arrivé, selon toute probabilité, juste à temps pour faire avorter le complot qui l'avait tenu éveillé. Mr. Peters pouvait bien être couché, son complice était là, dans le hall, au-dessous de lui, à moins de deux pas du musée. Il arriva sur les lieux à toute vitesse et affronta Ashe.

— Que faites-vous ici ?

Et alors, du point de vue de Baxter, les choses commencèrent à se gâter. Selon toutes les règles connues, Ashe, pris la main dans le sac, aurait dû frémir, tituber et tout confesser. Mais Ashe, fort de cette calme philosophie qui vient en rêve, avait en plus une histoire toute prête.

— Mr. Peters m'a sonné, Monsieur.

Il ne s'était jamais attendu à être reconnaissant envers le petit brandon ardent qu'était son employeur, mais il devait admettre que le millionnaire, lors de leur dernière conversation, avait été perspicace. La pensée le frappa que, sans les conseils de Mr. Peters, il eût été dans une position sacrément délicate, car il n'avait pas l'esprit inventif.

— Il vous a sonné ? À deux heures et demie du matin ?

— Pour lui faire la lecture, Monsieur.

— Lui faire la lecture ? À cette heure ?

— Mr. Peters souffre d'insomnie, Monsieur. Il digère mal et la douleur l'empêche parfois de dormir. La paroi de son estomac n'est pas ce qu'elle devrait être.

— Je n'en crois pas un mot !

Avec cette douceur propre à tromper l'homme de bonne foi, Ashe sortit son roman de sa poche.

— Voici le livre que je dois lui lire. Je crois, Monsieur, si vous voulez bien m'excuser, que je ferais mieux d'y aller. Bonne nuit, Monsieur.

Et il se mit à monter l'escalier. Il était désolé pour Mr. Peters, qui allait être tiré de son sommeil, mais il y a, dans la vie, des tragédies qu'il faut supporter bravement. L'Efficace Baxter se glissa derrière lui, se tapissant dans l'ombre et se jetant de côté quand une lampe allumée risquait de le trahir. Puis il se résigna et abandonna la poursuite. Pour la première fois, il se rendit compte de son impuissance relative dans la bataille qu'il voulait livrer. Il se dit que, sur un simple soupçon, quelque fort qu'il fût, il ne pouvait rien faire. Accuser Mr. Peters de vol ou de complicité de vol, il ne pouvait en être question. Cependant, tout son être se révoltait à l'idée de laisser violer son sacro-saint musée. Officiellement, son contenu appartenait à Lord Emsworth, mais il s'en occupait depuis qu'il était au château et il en était venu à le regarder comme sa propriété. Il n'était collectionneur que par procuration, néanmoins il avait cette dévotion du collectionneur pour ses pièces rares auprès de laquelle l'attachement de la lionne à ses petits paraît tiède, et il était prêt à tout pour garder en sa possession un scarabée envers lequel il avait déjà les sentiments d'un propriétaire de longue date.

Non, pas vraiment à tout. Il reculait à l'idée de causer des problèmes entre le père de l'Honorable Freddie et le père de la fiancée de l'Honorable Freddie. Sa position de secrétaire au château était une position enviable, et il ne voulait pas la risquer. Il n'y avait qu'une façon d'amener cette délicate affaire à une conclusion satisfaisante. Il était évident, d'après ce qu'il avait vu ce soir, que la complicité de Mr. Peters dans le vol du scarabée ne serait que passive, et que le vrai voleur serait Ashe. Il lui fallait donc prendre Ashe dans le musée. Alors, Mr. Peters n'apparaîtrait pas dans l'affaire. Il serait simplement un homme qui, sans qu'il y soit pour rien, a un voleur pour valet.

Il comprenait qu'il avait fait une erreur en verrouillant la porte du musée. À l'avenir, il devrait la laisser ouverte, comme un piège tendu. Et il devrait monter la garde toutes les nuits. Sur ces réflexions, l'Efficace Baxter retourna se coucher.

Ashe, pendant ce temps, était entré dans la chambre de Mr. Peters et avait allumé la lumière. Mr. Peters, qui venait de réussir à s'endormir, s'assit dans un sursaut.

— Je suis venu vous faire la lecture, annonça Ashe.

Mr. Peters eut un bâillement déchirant, où se mêlaient l'autoapitoiement et la colère.

— Imbécile ! Ne savez-vous pas que je viens de m'endormir ?

— Et maintenant vous êtes réveillé, dit doucement Ashe. C'est la vie. Un petit repos, un petit tour dans les bras de Morphée, et *bing !* on repart. J'espère que vous aimerez ce roman. Je l'ai commencé et il m'a semblé excellent.

— Pourquoi venez-vous à cette heure de la nuit ? Êtes-vous fou ?

— C'est vous qui me l'avez suggéré et, au fait, je dois vous remercier. Je m'excuse d'avoir dit que le prétexte était mince. Il a marché comme un charme. Je ne pense pas qu'il m'ait cru. En fait, je sais qu'il ne m'a pas cru. Mais ça lui a fermé la bouche. Je n'aurais jamais pensé à quelque chose d'à moitié aussi efficace.

La colère de Mr. Peters se changea en excitation.

— Vous l'avez ? Vous avez été chercher mon Kheops ?

— Je suis allé chercher votre Kheops, mais je ne l'ai pas. Les méchants rôdaient. Le type à lunettes qui était dans le musée quand je vous y ai rencontré ce soir est sorti de nulle part et j'ai dû lui dire que vous m'aviez sonné pour vous faire la lecture. Heureusement que j'avais ce roman sur moi. Je crois qu'il m'a suivi jusqu'ici afin de voir si je venais réellement dans votre chambre.

Mr. Peters grogna misérablement.

— Baxter, dit-il. C'est un nommé Baxter, le secrétaire privé de Lord Emsworth, et il nous soupçonne. C'est l'homme dont nous... je veux dire dont vous devez vous méfier.

— Bon. Peu importe. Soyons heureux pendant que nous le pouvons. Mettez-vous à l'aise et je commence à lire. Après tout, quoi de plus agréable qu'un peu de littérature au milieu de la nuit ? Puis-je commencer ?

2

Ashe trouva Joan dans la cour des écuries après le petit déjeuner, le matin suivant. Elle jouait avec un chiot retriever.

— Pouvez-vous me consacrer un moment de votre précieux temps ?

— Certainement, Mr. Marson.

— Pourrions-nous marcher un peu, pour être à l'abri des oreilles indiscrètes ?

— Ça vaudrait peut-être mieux.

Ils se mirent en route.

— Demandez à votre ami canin de nous laisser, dit Ashe. Il m'empêche de me concentrer.

— Je crois qu'il refusera de se retirer.

— Peu importe. Je ferai de mon mieux malgré lui. Dites-moi, ai-je rêvé ou vous ai-je vraiment rencontrée dans le hall, cette nuit, vers deux heures vingt ?

— C'était moi.

— Et m'avez-vous vraiment dit que vous étiez venue au château pour voler...

— Récupérer.

— Récupérer le scarabée de Mr. Peters ?

— Je vous l'ai dit.

— Alors, c'est vrai ?

— Ça l'est.

Ashe gratta le sol d'un orteil méditatif.

— Cela, dit-il, me semble compliquer les choses.

— Ça les complique abominablement.

— Je suppose que vous avez été surprise de me voir sur le même coup que vous.

— Pas le moins du monde.

— Pas du tout ?

— Je l'ai su dès que j'ai vu la petite annonce dans le *Morning Post.* Et j'ai cherché le *Morning Post* dès que vous m'avez dit que vous étiez devenu le valet de Mr. Peters.

— Vous le saviez depuis le début ?

— Oui.

Ashe la considéra avec respect.

— Vous êtes merveilleuse.

— Parce que je vous ai percé à jour ?

— En partie, oui. Mais surtout parce que vous osez vous lancer dans une telle entreprise.

— Vous vous y êtes lancé aussi.

— Mais je suis un homme !

— Et moi une femme ? Voici ma théorie, Mr. Marson : une femme peut faire presque tout bien mieux qu'un homme. Quel test splendide nous avons là pour décider une fois pour toutes de la question du vote des femmes ! Nous voilà, vous et moi, un homme et une femme, essayant tous deux de faire la même chose et partant tous deux avec les mêmes chances. Supposez que je vous batte ? Qu'est-ce que vous pourriez encore dire de l'infériorité des femmes ?

— Je n'ai jamais dit que les femmes étaient inférieures.

— Vous le dites avec vos yeux.

— De toute façon, vous êtes une femme exceptionnelle.

— Vous ne vous en sortirez pas avec un compliment. Je suis une femme très ordinaire, et je vais battre un vrai homme.

Ashe fronça les sourcils.

— Je n'aime pas l'idée que nous agissions l'un contre l'autre.

— Pourquoi ?

— Parce que je vous aime bien.

— Je vous aime bien aussi, Mr. Marson, mais il ne faut pas faire de sentiment dans les affaires. Vous voulez les mille livres de Mr. Peters, et moi aussi.

— Je déteste l'idée d'être celui qui vous empêchera d'avoir votre argent.

— Vous ne m'en empêcherez pas. C'est moi qui vous empêcherai de l'avoir. Je n'aime pas ça non plus, mais il faut s'y résigner.

— Je me sens mesquin.

— C'est simplement la vieille attitude masculine envers les femmes, Mr. Marson. Vous voyez les femmes comme de faibles créatures qu'il faut entourer et protéger. Nous ne sommes rien de ce genre. Nous sommes des terreurs. Vous ne devez pas laisser mon sexe interférer avec vos tentatives pour toucher la récompense. Pensez à moi comme si j'étais un autre homme. Nous sommes engagés dans un combat loyal, et je ne veux pas de privilège spécial. Si vous ne faites pas de votre mieux, je ne vous le pardonnerai jamais. Vous me comprenez ?

— Je suppose.

— Et nous aurons besoin de faire de notre mieux. Ce petit bonhomme à lunettes est sur ses gardes. Je vous écoutais, la nuit dernière, derrière la porte. Au fait, vous n'auriez pas dû me dire de me sauver et rester vous faire prendre. Voilà un exemple de ce que je vous disais. C'est de la chevalerie, pas du business.

— J'avais une histoire toute prête pour expliquer ma présence, pas vous.

— Et quelle histoire formidable c'était ! Je vous l'emprunterai, à l'occasion. Si je me fais prendre, je dirai que je vais faire la lecture à Aline parce qu'elle souffre d'insomnies. Et ça ne m'étonnerait pas qu'elle en ait, la pauvre. Elle ne mange pas assez. Elle se laisse mourir de faim, la pauvre enfant. J'ai entendu le valet de pied dire qu'elle avait tout refusé au dîner, hier soir. Et, bien qu'elle jure que non, je crois que c'est pour ne pas faire envie à son père. Quelle honte !

— C'est une faible créature qu'il faut entourer et protéger, dit solennellement Ashe.

Joan éclata de rire.

— Oui, là, vous m'avez eue. J'admets que cette pauvre Aline n'est pas un bon exemple de la formidable femme moderne. Mais...

Elle s'interrompit.

— Oh, zut ! je viens de penser à ce que j'aurais dû vous répondre. La bonne repartie qui vous aurait cloué le bec. Je suppose qu'il est trop tard, maintenant ?

— Pas du tout. Je suis comme ça, moi-même. Seulement, moi, c'est généralement le lendemain que je trouve la bonne réponse. Je recommence. C'est une faible créature qu'il faut entourer et protéger.

— Merci beaucoup, dit Joan avec gratitude. Et pourquoi est-ce une faible créature ? Parce qu'elle a permis qu'on l'entoure et qu'on la protège. Parce qu'elle a permis à l'Homme de lui donner des privilèges spéciaux et généralement... Non, ce n'est pas aussi bon que je le pensais.

— Ça pourrait être mieux, acquiesça Ashe d'un air critique. Ça manque de mordant.

— Mais ça me ramène là où j'en étais. Je ne vais pas l'imiter et abandonner ma liberté d'action en acceptant votre esprit chevaleresque. Essayez de comprendre mon point de vue, Mr. Marson. Je sais que vous avez autant besoin que moi de cet argent. Ne croyez-vous pas que je me sentirais mesquine si je pensais que vous ne faites pas tout votre possible pour l'avoir simplement parce que ça ne serait pas juste contre une femme ? Ça me handicaperait. J'aurais l'impression de n'avoir plus le droit de faire quoi que ce soit. C'est trop important pour que vous me traitiez comme une enfant et que vous me laissiez gagner juste pour éviter de me décevoir. Je veux cet argent, mais je ne veux pas qu'on me le donne.

— Croyez-moi, affirma Ashe avec sérieux, on ne vous le donnera pas. J'ai étudié le problème Baxter de plus près que vous et je peux vous assurer que ce Baxter est une menace. Je ne sais pas ce qui l'a mis du premier coup sur la bonne piste, mais il semble avoir tout deviné. En ce qui me concerne, du moins. Il ne sait pas, bien sûr, que vous y êtes mêlée. Mais je crains que ses soupçons ne finissent par vous atteindre. Je crois que l'homme se propose de camper sur le paillasson du musée. Ce serait de la folie de faire la moindre tentative pour l'instant.

— C'est dur pour nous. Moi qui pensais que ça allait être si simple !

— À mon avis, nous devrions lui donner au moins une semaine pour baisser sa garde.

— Au moins.

— Voyons les choses du bon côté. Nous ne sommes pas pressés. Le château de Blandings est aussi confortable que le numéro 7a Arundell Street, et la vie des communs est une révélation pour moi. Je n'imaginais pas que les domestiques vivaient si bien. Quant au côté social, je l'apprécie. Je m'y révèle. C'est la première fois que j'ai l'impression d'être quelqu'un. Avez-vous remarqué mes manières avec la fille de cuisine qui nous a servis hier soir, au dîner ? Une touche de vieille noblesse, n'est-ce pas ? Digne, mais pas dédaigneux. Et je peux encore m'améliorer. Je voudrais que cette vie continue indéfiniment.

— Mais, et Mr. Peters ? Ne croyez-vous pas qu'il pourrait changer d'avis à propos des mille livres si nous le faisons attendre trop longtemps ?

— Pas de risque. D'être presque à portée de main de son scarabée produit sur lui le plus terrible effet. Il mange encore moins. À propos, avez-vous vu le scarabée ?

— Oui. J'ai demandé à Mrs. Twemlow de me montrer le musée pendant que vous parliez au majordome. C'était horrible de le voir là, attendant que quelqu'un le prenne, et de ne pouvoir rien faire.

— J'ai eu exactement la même impression. Mais il ne vaut pas le coup d'œil, hein ? S'il n'y avait pas eu l'écriteau, je n'aurais jamais cru que c'était pour ce truc que Mr. Peters offrait mille livres de récompense. Enfin, c'est son affaire. Une chose n'a que la valeur qu'on lui donne. Nous n'avons pas à en discuter. Notre affaire, à nous, c'est d'éliminer Baxter et prendre ce machin.

— La nôtre, vraiment ? Vous parlez comme si nous étions partenaires et non adversaires.

Ashe poussa un cri.

— Voilà ! Vous avez trouvé ! Pourquoi pas ? Pourquoi nous entr'égorger ? Pourquoi ne pas nous associer ? Ça résoudrait tout.

Joan le regarda, pensive.

— Vous voulez dire, diviser la récompense ?

— Exactement. En deux parts égales.

— Et le travail ?

— Le travail ?

— Comment allons-nous le partager ?

Ashe hésita.

— Mon idée, dit-il, c'est que je pourrais faire le... ce que je pourrais appeler le travail pénible, et...

— Vous voulez dire que c'est vous qui voleriez le scarabée ?

— Exactement. Je peux m'en occuper.

— Et quel serait mon travail, à moi ?

— Eh bien, vous... vous seriez, en fait... comment dire ? Vous seriez mon support moral.

— En restant dans mon lit, bien au chaud ?

Ashe évita son regard.

— Euh... Oui, quelque chose comme ça.

— Pendant que vous prendriez tous les risques ?

— Non, non. Les risques sont pratiquement nuls.

— Je croyais que vous disiez, à l'instant, que ce serait de la folie d'essayer d'aller au musée pour le moment.

Joan se mit à rire.

— Pas question, Mr. Marson. Vous me rappelez un vieux chat que j'avais. Quand il tuait une souris, il l'apportait au salon et la déposait avec affection à mes pieds. Je rejetais le cadavre avec horreur et je lui tournais le dos, mais il revenait toujours avec son cadeau abominable. Je n'ai jamais pu lui faire comprendre qu'il ne me faisait pas plaisir. Il pensait beaucoup de bien de cette souris, et il ne voyait pas pourquoi je n'en voulais pas. Vous êtes pareil, avec votre chevalerie. C'est très gentil à vous de m'offrir votre souris morte mais, honnêtement, je n'en ai rien à faire. Je ne veux pas de faveurs simplement parce que je suis une femme. Si nous nous associons, j'insiste pour faire ma part du travail et pour courir ma part des risques. Les risques « pratiquement nuls ».

— Vous êtes très... résolue.

— Dites que j'ai une tête de cochon. Je m'en fiche. D'ailleurs, c'est vrai. De nos jours, c'est obligatoire, pour une fille, si elle veut jouer à égalité. Écoutez, Mr. Marson, je ne prendrai pas votre souris morte. Je n'aime pas les souris mortes. Si vous essayez de me la refiler, l'association cesse avant d'avoir commencé. Si nous devons travailler ensemble, nous ferons alternativement des tentatives pour prendre le scarabée. Nul autre arrangement ne pourra me satisfaire.

— Alors, je réclame le droit de faire la première.

— Vous ne ferez rien de tel. Nous tirerons au sort, comme une lady et un gentleman. Avez-vous une pièce ? Je la lance et vous annoncez.

Ashe fit un dernier essai.

— C'est complètement...

— Mr. Marson !

Ashe s'avoua vaincu. Il trouva une pièce et la lui tendit, morose.

— Notez bien que je proteste, dit-il.

— Pile ou face ? demanda Joan, sans s'émouvoir.

Ashe regarda la pièce qui tournoyait dans le soleil.

— Pile ! cria-t-il.

La pièce s'immobilisa.

— C'est pile, dit Joan. Quelle barbe ! Bon, peu importe. J'aurai ma chance si vous échouez.

— Je n'échouerai pas, répondit Ashe avec ferveur. Même si je dois démolir le musée, je n'échouerai pas. Dieu merci, il n'y a plus de risque maintenant que vous fassiez de bêtise.

— N'en soyez pas trop sûr. Eh bien, bonne chance, Mr. Marson.

— Merci, partenaire.

Ils se serrèrent la main.

Quand ils se séparèrent, Joan fit une dernière observation :

— Juste une chose, Mr. Marson.

— Oui ?

— Si je pouvais accepter cette souris de quelqu'un, ce serait certainement de vous.

CHAPITRE VII

1

Il faut peut-être préciser, pour expliquer les événements ultérieurs, qu'au début de leur visite les invités rassemblés au château de Blandings étaient généralement d'accord pour dire que l'endroit était assommant. Ils avaient cet air de torpeur que l'on voit aux passagers d'un paquebot transatlantique, cette apparence de résignation à une oisiveté forcée et à une monotonie rompue seulement par les repas. C'était dû en partie à l'époque de l'année, car les réceptions sont souvent assommantes quand elles ont lieu entre la saison de la chasse à courre et celle de la chasse au tir, mais on peut l'attribuer, principalement, à l'idée particulière que Lord Emsworth se faisait de ses devoirs d'hôte.

Un hôte n'a pas le droit d'interner un régiment de ses parents dans sa maison, sauf s'il a aussi invité des étrangers intéressants et agréables. S'il commet cette incongruité, au moins doit-il se donner du mal et inventer des amusements pour ses victimes. Lord Emsworth avait gravement failli, en cette occurrence. À l'exception de Mr. Peters, de sa fille Aline et de George Emerson, il n'y avait personne dans la maison qui n'appartînt au clan. Et pour ce qui était de les amuser lui-même, la compagnie avait de la chance quand elle pouvait seulement apercevoir son hôte aux repas. Lord Emsworth appartenait à l'école les-gens-aiment-qu'on-les-laisse-tranquilles-quand-ils-viennent-en-visite. Il vadrouillait dans les jardins dans sa vieille veste, tantôt déterrant des racines, tantôt bataillant avec l'Écossais autocrate qui était, théoriquement, à son service comme chef jardinier ; rêveur, satisfait, quand il pensait à eux, à l'idée que ses invités étaient aussi heureux qu'il l'était lui-même. À part son fils Freddie, qu'il tenait depuis toujours pour un jeune dévoyé dont on ne devait rien attendre de bon, il ne pouvait imaginer que quiconque ne fût pas heureux d'être simplement à Blandings quand les bourgeons s'épanouissaient sur les arbres.

Une hôtesse résolue aurait pu sauver la situation, mais les capacités de Lady Ann Warblington se limitaient à tout confier à Mrs. Twemlow et à écrire des lettres dans sa chambre. Quand Lady Ann Warblington n'écrivait pas des lettres dans sa chambre, ce qui était rare car elle avait, apparemment, une correspondance inépuisable, elle y soignait ses migraines. C'était l'une de ces hôtesses qu'un invité ne voit jamais, sauf s'il aperçoit l'envol de sa jupe quand elle sort de la bibliothèque.

En ce qui concernait les récréations habituelles aux maisons de campagne, les invités pouvaient fréquenter la salle de billard où ils étaient sûrs de trouver Lord Stockheath en train de jouer une partie avec son cousin, un spectacle du plus haut intérêt ; ou ils pouvaient, s'ils aimaient ce jeu, se consoler de l'absence de links dans le voisinage en se livrant au passe-temps hilarant du mini-golf ; ou ils pouvaient se promener sur les terrasses avec ceux de leurs parents auxquels ils adressaient encore la parole et médire de leur hôte et du reste de la famille.

C'était l'amusement le plus prisé et, dix jours après le pacte d'association de Joan et Ashe, dès la fin du petit déjeuner, les terrasses étaient emplies de couples en promenade. Ici, le colonel Horace Mant, marchant à côté de l'évêque de Godalming, calmait l'éminent ecclésiastique en habillant de son solide vocabulaire militaire des pensées que la dignité sacrée de son compagnon ne l'autorisait pas à exprimer. Là, Lady Mildred Mant, au bras de Mrs. Jack Hale, de la branche collatérale de la famille, lui tenait, sur les capacités de son père en tant qu'hôte, des propos qui faisaient que sa compagne se sentait une autre femme. Plus loin, s'arrêtant occasionnellement pour gesticuler, on pouvait voir d'autres Emsworth, en ligne directe ou par alliance. C'était une scène typique de la vie calme et paisible d'une famille anglaise.

Penchés sur la large balustrade en pierre de la terrasse du haut, Aline Peters et George Emerson regardaient les mécontents. Aline poussa un petit soupir, presque inaudible. Mais George avait une excellente ouïe.

— Je me demandais quand vous alliez l'admettre, dit-il en changeant de position pour lui faire face.

— Admettre quoi ?

— Que vous ne pouvez pas vous y résigner. Que l'idée de vous agréger pour la vie à cette foule, comme un insecte sur du papier tue-mouches, c'est trop pour vous. Que vous êtes prête à rompre vos fiançailles avec Freddie et à m'épouser pour être heureuse à jamais.

— George !

— Eh bien, n'était-ce pas ce qu'il voulait dire ? Soyez honnête.

— Qu'est-ce qui voulait dire ça ?

— Votre soupir.

— Je ne soupirais pas. Je respirais.

— Parce que vous pouvez respirer dans cette atmosphère ? Vous m'étonnez.

Il balaya les terrasses d'un regard hostile.

— Regardez-les ! Regardez-les grouiller comme des moucherons abrutis. Ma chère enfant, il est inutile de prétendre que cette sorte de choses ne vous tuerait pas. Vous en pâtissez déjà. Vous êtes encore plus mince que quand vous êtes arrivée ici. Dieu du ciel ! Comme nous remercierons notre bonne étoile d'en être sortis quand nous nous souviendrons de ça, quand nous serons installés, heureux, à Hong Kong. Vous allez aimer Hong Kong. C'est un endroit des plus pittoresques. Il s'y passe toujours quelque chose.

— George, vraiment, il ne faut pas !

— Pourquoi ?

— Parce que c'est mal. Vous ne pouvez pas parler comme ça alors que vous jouissez de l'hospitalité...

Un rire sauvage, presque un hurlement, dérangea dans leur bavardage quelques-uns des parents les plus proches. Le colonel Horace Mant, coupé au milieu d'une phrase, leva les yeux d'un air réprobateur vers la cause de cette interruption.

— J'aimerais bien que quelqu'un me dise si c'est à cet Emerson ou au jeune Freddie qu'est fiancée Miss Peters. Que je sois pendu si on la voit jamais avec Freddie, mais elle est toujours avec Emerson. Si mon respecté beau-père avait une once de raison, il devrait faire cesser cela. Si cette fille n'est pas amoureuse d'Emerson, je... je mange mon chapeau.

— Non, non, fit l'évêque. Non, non. Sûrement pas, Horace. Que disiez-vous avant de vous interrompre ?

— Je disais que, si un homme voulait que ses parents ne se parlent plus jamais de tout le reste de leur vie, il n'avait qu'à les enfermer ensemble dans une fichue baraque, à des kilomètres de nulle part, et s'en aller bêcher ses fichus parterres de fleurs. Zut !

— Exactement, exactement. Vous en étiez là. Continuez, Horace. Je trouve un curieux réconfort dans vos paroles.

Sur la terrasse au-dessus d'eux, Aline regardait George avec des yeux étonnés.

— George !

— Je suis désolé. Mais vous ne devriez pas me faire des blagues sans prévenir. Vous avez dit « jouir de l'hospitalité ». Ici ? C'était tordant.

— C'est une ravissante vieille maison, répliqua Aline, sur la défensive.

— Et quand vous avez dit ça, vous avez tout dit. On ne vit pas que de paysages et d'architecture. Il faut penser à l'élément humain. Et vous commencez...

— Voilà Père, interrompit Aline. Comme il marche vite ! George, avez-vous remarqué une différence chez Père, depuis quelques jours ?

— Non. Moi, je garde un œil sur le reste de la famille Peters.

— Il semble aller mieux. Il a presque arrêté de fumer, et j'en suis contente, parce que ces cigares étaient horriblement mauvais pour lui. Le docteur lui a dit expressément qu'il devait s'en passer. Et il semble aussi prendre de l'exercice. Ma chambre est à côté de la sienne et je l'entends, à travers le mur, sauter et haleter. Un matin, j'ai même rencontré son valet avec une paire d'haltères et des gants de boxe. Je crois que Père a enfin décidé de se prendre en main.

George Emerson explosa.

— Enfin ! Combien de temps encore allez-vous vous laisser mourir de faim pour l'inciter à suivre son régime ? Vous devenez de plus en plus pâle et maigre. Vous ne pouvez pas continuer comme ça.

Aline prit un air songeur.

— J'ai un petit peu faim, de temps en temps. Tard le soir, en général.

— Il vous faut quelqu'un pour veiller sur vous et prendre soin de vous. Je suis l'homme qu'il vous faut. Vous croyez que vous pouvez me tromper, mais moi, je sais. Je vous le dis. Vous faiblissez. Vous commencez à comprendre que ça ne va pas. Un de ces jours vous viendrez me trouver et vous me direz : « George, vous avez raison. Filons à la gare sans avertir personne, allons à Londres et marions-nous tout de suite. » Je le sais. Je vous aime depuis si longtemps que je sais. Vous faiblissez.

L'ennui, avec ces Supermen, c'est qu'ils manquent de mesure. Ils ne savent pas s'arrêter. Ils gonflent la poitrine et youpi ! Et une fille, même une fille comme Aline Peters, ne peut pas ne pas être un peu vexée par leur triomphalisme. Les Supermen n'ont aucun tact. C'est, en fait, ce qui les différencie le plus des hommes ordinaires. Le front d'Aline se plissa un peu et elle fit la moue.

— Je ne faiblis pas du tout, dit-elle d'une voix légèrement acide. Vous... vous êtes trop sûr de vous.

George contemplait le paysage d'un œil conquérant.

— Vous commencez à voir que cette folie, avec Freddie, est impossible.

— Ce n'est pas une folie, dit Aline avec des larmes d'impatience dans les yeux. Et j'aimerais que vous ne l'appeliez pas Freddie.

— C'est lui qui me l'a demandé. Lui !

Aline frappa du pied.

— Tant pis. Ne le faites plus, s'il vous plaît.

— Très bien, petite fille, dit doucement George, je ne voudrais rien faire qui puisse vous blesser.

Le fait que George Emerson n'ait jamais réalisé qu'il était désagréablement condescendant montre que les Supermen sont d'une autre trempe que le commun des mortels.

2

L'Efficace Baxter pédalait, songeur, vers Market Blandings pour y chercher du tabac. Il était songeur pour plusieurs raisons. Il venait de voir Aline Peters et George Emerson bavardant en privé sur la terrasse du haut, et cela activait son cerveau, car il soupçonnait George Emerson. Il le soupçonnait d'une façon nébuleuse, comme un serpent dans l'herbe, comme une influence travaillant contre l'ordre normal des choses en ce qui concernait le mariage prochain entre Miss Peters et l'Honorable Frederick Threepwood. Il serait exagéré de dire qu'il se doutait de l'enthousiasme que mettait George à son rôle de serpent, en vérité, s'il avait entendu la conversation que nous venons de rapporter, il est probable que Rupert Baxter aurait eu une crise cardiaque ; mais il avait observé une certaine intimité entre eux, comme il observait tout ce qui se passait dans son entourage, et il la désapprouvait. Il blâmait l'Honorable Freddie. Si l'Honorable Freddie avait été un amoureux plus ardent, il aurait passé son temps avec Aline, et George Emerson serait resté à sa place, à l'arrière, dans la foule. Mais l'idée de Freddie, en la matière, paraissait être qu'il avait fait tout ce qu'on pouvait attendre de lui en se fiançant avec la fille, et qu'il pouvait maintenant se reposer un moment.

Baxter, donc, alors qu'il pédalait vers Market Blandings pour y chercher du tabac, songeait à Freddie, Aline Peters et George Emerson. Il songeait aussi à Mr. Peters et à Ashe Marson. Finalement, il songeait tout court, car il avait très peu dormi depuis plus d'une semaine. Le spectacle d'un jeune homme accomplissant son devoir et endurant, de ce fait, un inconfort considérable est pénible, mais il offre de telles profondeurs au moraliste que je ne peux me permettre d'omettre une courte description de la façon dont Rupert Baxter avait passé les neuf nuits qui s'étaient écoulées depuis sa rencontre avec Ashe, aux petites heures, dans le hall.

Dans la galerie qui surplombait le hall, un profond fauteuil était situé à quelques pas du grand escalier. C'est là, enveloppé dans un manteau — car les nuits étaient froides —, chaussé de tennis à semelles de caoutchouc, que l'Efficace Baxter s'était tenu, sans manquer une seule nuit, d'une heure du matin à l'aube, à attendre, attendre, attendre. Baxter n'avait jamais été un oiseau de nuit. Il aimait son lit. Il savait que les médecins disent que le manque de sommeil rend l'homme pâle et bilieux et il avait toujours beaucoup tenu au teint de pêche qu'il devait aux huit heures quotidiennes passées entre les draps. L'un des rois George (j'ai oublié lequel) a dit qu'un certain nombre d'heures de sommeil chaque nuit (j'ai oublié combien) faisait à un homme quelque chose (qui échappe, pour l'instant, à mon souvenir). Baxter était d'accord avec lui. Il était contre tous ses instincts de veiller de cette façon, mais c'était son devoir et il l'accomplissait. Il s'inquiétait car les nuits passaient sans qu'Ashe, le suspect, ne vînt tomber dans le piège si soigneusement tendu et il avait de plus en plus de mal à rester éveillé. Les deux ou trois premières de ses veilles s'étaient passées dans un état d'impeccable éveil, le menton posé sur la rampe de la galerie, l'oreille guettant le moindre son. Mais il n'avait pas été capable de maintenir ce niveau d'excellence. En plusieurs occasions, il s'était surpris à piquer du nez et, la nuit dernière, il s'était éveillé en sursaut au moment où le jour se levait. Comme son dernier souvenir avait été une obscurité d'encre, il avait couru, affolé, vers le musée. Son soulagement, en voyant que le scarabée était encore là, avait été tempéré par l'idée de ce qui aurait pu arriver.

Baxter, donc, alors qu'il pédalait vers Market Blandings pour y chercher du tabac, avait de bonnes raisons d'être songeur. Après avoir acheté son tabac et observé la vie et les pensées de la ville pendant une demi-heure (c'était jour de marché et la stagnation habituelle de l'endroit était temporairement égayée par des cochons qui échappaient à leurs gardiens et par un jeune taureau qui tamponnait un fermier au moment psychologique où il renouait son lacet et l'envoyait à deux mètres de hauteur), il se dirigea vers les *Armes d'Emsworth*, le plus respectable des onze estaminets que faisaient vivre, par des moyens miraculeux, les citoyens de Market Blandings. Dans la plupart des bourgades de la campagne anglaise, si le nombre des débits de boisson ne dépasse pas vraiment le nombre d'habitants, il n'en est pas très loin. Ce n'est qu'à partir de deux pour un que les temps deviennent durs et que les aubergistes s'en prennent au gouvernement.

Ce n'était pas le bar surpeuplé, rempli d'honnêtes paysans britanniques, à peu près tous dans le même état, que cherchait Baxter. Son objectif était la calme salle à manger du premier étage où un serveur chauve et essoufflé, proche cousin de la tortue, servait des repas à ceux qui en désiraient. Le manque de sommeil avait réduit Baxter à un état où la présence et le bavardage des invités du château lui étaient insupportables. Il avait l'intention de prendre son lunch aux *Armes d'Emsworth* et d'y faire ensuite la sieste dans un fauteuil. Il avait compté avoir la salle pour lui tout seul, car on ne lunchait pas beaucoup à Market Blandings, mais, à son grand ennui, l'endroit était déjà occupé par un homme en complet de tweed marron.

« Occupé » est le mot juste car, à première vue, l'homme semblait remplir la pièce. Jamais, depuis les jours presque oubliés où il fréquentait les cirques et les exhibitions de monstres, Baxter n'avait vu un type si extraordinairement obèse. C'était un homme d'environ cinquante ans, au teint mauve et dont l'apparence générale suggérait la jovialité. Au grand chagrin de Baxter, cette personne engagea la conversation dès qu'il s'installa à table. C'était la seule table de la salle et cela avait l'inconvénient d'obliger ceux qui s'y installaient à se comporter civilement. Il fut donc impossible à Baxter de se retirer en lui-même en ignorant les avances de l'autre convive.

Il est d'ailleurs peu probable qu'il eût pu le faire, même s'ils avaient été séparés par des mètres de plancher, car non seulement le gros homme était bavard, mais il apparut dès le début qu'il souffrait de paroles rentrées depuis longtemps, par manque de victime convenable.

— Bonjour, commença-t-il. Belle journée. Bon temps pour les fermiers. Je vais venir de votre côté de la table, si vous voulez bien, monsieur. Garçon, apportez mon bœuf sur le bout de table de ce gentleman.

Il se cala sur la chaise à côté de Baxter et reprit :

— Un endroit infernalement calme ici, monsieur. Je n'ai pas trouvé une âme à qui parler depuis que je suis arrivé, hier après-midi, à part des indigènes sourds et muets. Vous restez longtemps par ici ?

— J'habite juste en dehors de la ville.

— Je vous plains. Je n'aimerais pas ça. J'ai dû venir ici pour affaires, et je ne serai pas mécontent de m'en aller. Je vous jure, je n'ai pas pu dormir une seconde la nuit dernière à cause du calme. Au moment où j'allais m'endormir, un imbécile d'oiseau s'est mis à gazouiller juste devant ma fenêtre et ça m'a fait sauter comme si quelqu'un avait tiré un coup de pistolet. Et puis, il y a eu ce damné chat, quelque part près de ma chambre, qui n'arrêtait pas de miauler. Je restais étendu sur mon lit, à attendre le miaulement suivant, tout énervé. Que le ciel me délivre de la campagne ! C'est peut-être très bien pour vous, si vous avez une maison confortable et un copain ou deux pour bavarder après dîner, mais vous n'avez aucune idée de ce que c'est, dans cette ville infernale (je suppose qu'ils appellent ça une ville). Un homme m'a dit qu'il y avait un cinéma par ici, alors j'y ai couru, et j'ai appris que je n'arrivais pas le bon jour. N'ouvre que le mardi et le vendredi. Quel trou ! Il y a une église, au bout de la rue. On m'a dit qu'elle est normande, ou quelque chose comme ça. En tout cas, elle est vieille. Je ne suis pas trop intéressé par les églises, en général, mais je me suis dit que je pouvais aller y jeter un coup d'œil. Et puis quelqu'un m'a dit qu'on avait une belle vue du bout de la Grand-Rue. Alors, j'y suis allé et j'ai regardé ça et maintenant, pour autant que je sache, j'ai admiré toutes les vues et épuisé toutes les possibilités de divertissement que cette ville peut offrir. À moins qu'il ait une autre église. Je suis dans un tel état que j'irais même voir la chapelle méthodiste s'il y en avait une.

L'air frais du chemin, le manque de sommeil et l'atmosphère confinée de la salle à manger rendirent Baxter somnolent. Il mangea dans une sorte de torpeur, répondant à peine aux remarques de son compagnon qui, pour sa part, ne semblait pas attendre ou espérer de réponse. Il lui suffisait de parler.

— Qu'est-ce que les gens font pour passer le temps dans un endroit pareil ? Quand ils veulent s'amuser ? Je pense que c'est différent quand on a été élevé là-dedans. Comme être né daltonien, ou autre chose. On ne s'en aperçoit pas. Ce sont les visiteurs qui souffrent. Ils n'ont pas d'esprit d'entreprise, dans ce pays. Il y a un terrain, juste là-dehors, qui ferait un gentil hippodrome. Des haies naturelles. Tout. Il ne leur est pas venu à l'idée d'en profiter. Ce genre de chose vous ferait désespérer de vos semblables. Maintenant, si je...

Baxter s'endormait. La fourchette encore plantée dans un morceau de bœuf froid, il tomba dans cet état mi-veille mi-sommeil qui est ce que la Nature substitue, dans la journée, au vrai repos de la nuit. Le gros homme, soit qu'il ne s'en aperçût pas, soit qu'il ne s'en souciât pas, continuait à parler. Sa voix était un bourdonnement constant qui berçait Baxter.

Soudain il y eut un arrêt. Baxter se redressa en clignant des yeux. Il avait la curieuse impression que son compagnon avait dit : « Hello, Freddie ! » et que la porte s'était ouverte pour se refermer aussitôt.

— Hein ? fit-il.

— Oui ? demanda le gros homme.

— Que disiez-vous ?

— Je parlais de...

— J'ai cru que vous disiez : « Hello, Freddie ! »

Son compagnon le considéra d'un air indulgent.

— J'ai eu l'impression que vous dormiez, quand je vous ai regardé. Vous avez dû rêver. Pourquoi diable aurais-je dit : « Hello, Freddie ! » ?

L'énigme était insoluble. Baxter n'essaya pas de la résoudre. Mais il conserva dans un coin de son esprit l'idée vague qu'il avait aperçu, en se réveillant, l'Honorable Frederick Threepwood, le visage tordu en signe d'avertissement, qui disparaissait derrière la porte. Mais que pouvait bien faire l'Honorable Freddie aux *Armes d'Emsworth* ?

Une solution lui apparut. Il avait dû rêver qu'il voyait Freddie et cela lui avait suggéré les paroles que, la Raison le lui indiquait, son compagnon ne pouvait avoir prononcées. Même si l'Honorable Freddie entrait dans la pièce, ce gros homme, qui paraissait être un quelconque marchand, ne pouvait pas savoir qui il était et ne lui adresserait pas la parole aussi familièrement. Oui, c'était certainement l'explication. Après tout, les choses les plus bizarres arrivent, dans les rêves. La nuit dernière, quand il s'était endormi dans son fauteuil, il avait rêvé qu'il était assis dans une vitrine du musée en train de faire des grimaces à Lord Emsworth, Mr. Peters et Beach le majordome, qui essayaient de le voler en croyant qu'il était un scarabée datant du règne de Kheops de la IVe dynastie, ce qu'il n'eût certes pas fait s'il avait été éveillé.

Oui. Il avait certainement rêvé.

Dans la chambre où il était allé se cacher en découvrant que la salle à manger abritait l'Efficace Baxter, l'Honorable Freddie était assis d'un air renfrogné sur une chaise branlante. Il remaniait son dicton favori. « On ne peut aller nulle part sans tomber sur ce fichu Baxter. » Il se demandait si Baxter l'avait vu. Il se demandait si Baxter l'avait reconnu. Il se demandait si Baxter avait entendu R. Jones dire : « Hello, Freddie ! »

Il se demandait, si tel était le cas, si la présence d'esprit et les ressources naturelles de R. Jones seraient capables d'expliquer le phénomène.

CHAPITRE VIII

1

— « Mettez le beurre ou la margarine dans une cocotte sur le feu et, quand il est chaud, ajoutez les oignons et laissez-les dorer ; ajoutez le veau et laissez-le brunir. Versez l'eau, couvrez et laissez mijoter doucement jusqu'à ce que la viande soit tendre, puis ajoutez les assaisonnements et placez les pommes de terre au-dessus de la viande. Couvrez et cuisez jusqu'à ce que les pommes de terre soient tendres, sans tomber en morceaux. »

— Certainement, dit Mr. Peters. Ne tombent pas en morceaux. C'est cela. Continuez.

— « Puis ajoutez la crème et laissez cuire encore cinq minutes », lut Ashe.

— Est-ce tout ?

— C'est tout pour celle-ci.

Mr. Peters s'installa plus confortablement dans son lit.

— Lisez-moi l'endroit où on parle du homard au curry.

Ashe s'éclaircit la voix.

— « Homard au curry, lut-il. Ingrédients : Deux homards de deux livres, deux cuillers à café de jus de citron, une demi-cuiller à café de poudre de curry, deux cuillers à soupe de beurre, une cuiller à soupe de farine, une tasse de lait bouilli, une tasse de chapelure, une demi-cuiller à café de sel, un quart de cuiller à café de poivre. »

— Poursuivez.

— « Préparation : Battez le beurre et la farine et ajoutez le lait bouilli, puis ajoutez le jus de citron, la poudre de curry, le sel et le poivre. Ôtez la chair de homard des carapaces et coupez-la en cubes d'un centimètre. »

— « Cubes d'un centimètre », soupira rêveusement Mr. Peters. Oui ?

— « Ajoutez ces derniers à la sauce. »

— Vous ne dites rien à propos de ces derniers. Oh, je vois, ce sont les cubes d'un centimètre. Oui ?

— « Remplissez les carapaces de cette préparation, couvrez de morceaux de beurre et de chapelure et mettez au four jusqu'à ce que la chapelure soit brunie. Ce plat convient pour six personnes. »

— Et leur donnera, une heure après, l'impression d'avoir avalé un chat sauvage vivant, commenta Mr. Peters, désabusé.

— Pas nécessairement, fit remarquer Ashe. Je pourrais en manger deux portions à l'instant même et puis aller me coucher et dormir comme un bébé.

Mr. Peters se souleva sur un coude et le regarda fixement. Ils étaient dans la chambre du millionnaire, il était une heure du matin et Mr. Peters avait exprimé le désir qu'Ashe lui fasse la lecture pour l'endormir. Il avait refusé le roman d'Ashe et avait sorti des profondeurs de sa valise un livre de cuisine écorné. Il avait expliqué que, depuis ses infortunes digestives, il trouvait un certain réconfort à sa lecture. Ce peut être le comble du chagrin, pour certains hommes, que le souvenir des jours heureux, mais Mr. Peters n'était pas de cet avis. Dans ses heures d'affliction, il se calmait en lisant des histoires de goulasch hongrois ou de cervelle escalopée, et en se souvenant que lui, l'actuel mangeur de salade et de noix, avait jadis vécu en Arcadie.

Le passage des jours, qui avait tant sapé l'énergie de l'Efficace Baxter, avait eu sur Mr. Peters l'effet opposé. Sa nature était de celles qui ne supportent pas les demi-mesures. Quoi qu'il fasse, il le faisait avec la même volonté farouche. Après la première flambée de résistance, il était devenu l'élève modèle de l'école de culture physique pour un seul homme d'Ashe. Ça avait été pareil chez Muldoon, maintenant qu'il y repensait. Il se rappelait qu'il était revenu de White Plains, tout en espérant ne jamais y remettre les pieds, indéniablement un homme neuf. Le professeur Muldoon n'avait pas l'habitude de laisser paresser ses patients, mais Mr. Peters, après le plongeon initial, n'avait eu besoin d'aucun stimulant. Il avait travaillé dur à sa cure, parce que c'était le boulot du moment. Il travaillait dur maintenant, sous la direction d'Ashe, parce qu'une fois commencée, la chose s'était mise à l'intéresser. Ashe, qui s'était attendu à des récriminations constantes, avait été étonné et ravi de la conduite du millionnaire. La Nature avait vraiment donné à Ashe l'âme d'un entraîneur. Il s'identifiait totalement à cet homme et se réjouissait de ses moindres progrès.

Dans le cas de Mr. Peters, il y avait déjà de réels progrès. Les miracles n'arrivent plus de nos jours, et on ne pouvait pas espérer que quelqu'un qui avait tellement maltraité son corps pendant de si nombreuses années se remît en un jour, mais pour un optimiste comme Ashe, les signes ne manquaient pas qui indiquaient que, au bout d'un moment, Mr. Peters se relèverait de son lit de douleurs et, quoiqu'il fût probable qu'il ne mangerait plus jamais de homard au curry, il pourrait au moins s'attaquer avec succès aux côtelettes de mouton.

— Vous êtes extraordinaire, dit Mr. Peters. Vous êtes effronté et vous n'avez aucun respect pour vos aînés, mais vous savez y faire. C'est l'important. Je commence à me sentir en grande forme. Vous savez, j'ai senti un nouveau muscle, dans le bas du dos, ce matin. Il en sort de partout, c'est comme une éruption.

— Ce sont les Exercices de Larsen. Ils développent tout le corps.

— Eh bien, vous êtes une publicité vivante. Que faisiez-vous avant que je vous engage ? Athlète professionnel ?

— C'est la question que tout le monde me pose depuis que je suis arrivé ici. Je crois que le majordome a pensé que j'étais une sorte d'escroc parce que je ne lui ai pas répondu. J'écrivais des histoires. Des histoires de détective.

— Ce que vous devriez faire, c'est ouvrir en Angleterre une clinique comme Muldoon en a une chez nous. Mais vous pourrez écrire une histoire en vous inspirant de vos aventures ici. Quand allez-vous faire un nouvel essai pour récupérer mon scarabée ?

— Cette nuit.

— Cette nuit ? Et Baxter ?

— Je dois prendre le risque de Baxter.

Mr. Peters hésita. Il n'avait pas eu, ces dernières années, l'habitude d'être magnanime, car la dyspepsie ne laisse pas place à la grandeur d'âme à ceux qu'elle tient dans ses griffes.

— Écoutez, fit-il timidement. J'ai repensé à tout ça. À quoi bon ? C'est drôle, si quelqu'un m'avait annoncé, il y a une semaine, que je dirais ça, je ne l'aurais pas cru, mais je commence à bien vous aimer. Je ne veux pas que vous ayez des ennuis. Laissons tomber ce vieux scarabée. Qu'est-ce qu'un scarabée, d'ailleurs ? Oubliez-le et restez avec moi, comme mon Muldoon privé. Si c'est l'argent qui vous ennuie, oubliez ça aussi. Vous ne perdrez pas au change.

Ashe était sidéré. Il ne pouvait pas croire que c'était son employeur acariâtre qui lui parlait ainsi. Ashe avait une nature aimable et il ne pouvait pas vivre auprès de quelqu'un sans essayer d'établir des relations amicales, mais il s'était résigné, dans le cas présent, à un état de guerre perpétuelle. Il était touché et, s'il avait à abandonner l'aventure, cela l'aurait plutôt incité à poursuivre. La soudaine révélation de l'être humain en Mr. Peters le bouleversait.

— Il n'en est pas question, dit-il. C'est très gentil à vous de suggérer cela, mais je sais combien vous avez envie de ce truc et je vais vous le rapporter, même si je dois passer sur le corps de Baxter. Mais Baxter doit avoir abandonné. Il est sûrement découragé, s'il a veillé tout ce temps. Nous lui avons donné dix nuits pour se refroidir. Il doit être au lit en ce moment. Je lui souhaite de jolis rêves. J'attends encore dix minutes et je descends.

Il ramassa le livre de cuisine.

— Allongez-vous confortablement et je vais vous lire un autre petit plat.

— Vous êtes un brave garçon, dit Mr. Peters, à moitié endormi.

— Vous êtes prêt ? « Tendrons de porc lardé. Une demi-livre de lard gras. »

Un faible sourire courut sur les lèvres de Mr. Peters. Ses yeux se fermaient et il respirait doucement. Ashe poursuivit à voix basse :

— « Quatre tendrons de porc, une tasse de chapelure, une tasse d'eau bouillante, deux cuillers à soupe de beurre, une cuiller à café de sel, une demi-cuiller à café de poivre, une cuiller à café d'assaisonnement pour volaille. »

Un léger soupir sortit du lit.

— « Préparation : Essuyez les tendrons avec un torchon humide. Avec un couteau pointu, pratiquez une ouverture sur la longueur de chaque tendron. Coupez votre lard en fines lamelles et, avec une aiguille, lardez chaque tendron. Mélangez le beurre et l'eau, ajoutez l'assaisonnement et la chapelure, mélangez vigoureusement. Remplissez chaque tendron avec cette farce, placez les tendrons... »

Un ronflement résonna sur l'oreiller, ponctuant la recette comme un point d'exclamation. Ashe posa le livre et regarda, à la lueur de la lampe de chevet, son employeur qui dormait. Ashe éteignit la lumière et se glissa vers la porte. Dans le couloir, il s'arrêta et écouta. Tout était silencieux. Il descendit l'escalier.

2

George Emerson, assis dans sa chambre, fumait une cigarette. Une lueur résolue brillait dans ses yeux. Il regarda la table, à côté de son lit, et ce qui était sur cette table, et la lueur résolue devint une flamme de détermination farouche. Ainsi devait briller le regard du chevalier médiéval à la veille d'aller porter secours à une damoiselle en détresse menacée par un dragon.

Il écrasa sa cigarette. Il jeta un coup d'œil à sa montre et la remit dans son gousset. Il alluma une autre cigarette. Il avait l'air de quelqu'un qui attend l'heure d'un rendez-vous. En fumant sa seconde cigarette, il reprit ses méditations. Elles portaient sur Aline Peters. George Emerson était inquiet pour Aline Peters. En la couvant de son œil amoureux, il voyait des choses qui le déprimaient. Sur la terrasse, ce matin, elle avait été brutale avec lui, ce que, chez une fille moins angélique, on eût pu appeler sèche. Oui, pour être juste, on pouvait dire qu'elle l'avait rabroué. Cela indiquait quelque chose. Cela avait la même signification que sa pâleur et ses yeux battus : la vie qu'elle menait ne lui faisait aucun bien.

George avait dîné onze soirs à Blandings et, ces onze soirs, il avait été affligé de voir Aline refuser tous les plats, ne se nourrir que des abominables végétaux qui étaient la seule chose que les médecins permissent à son père. Son cœur ne saignait pas pour Mr. Peters. Le régime de Mr. Peters était son affaire à lui. Mais qu'Aline se laissât mourir de faim dans le seul but d'apporter à son père son soutien moral, c'était une autre affaire. George était peut-être un rien matériel. Étant lui-même un robuste jeune homme qui avalait ce que nous appellerons des repas grand format, il accordait peut-être trop d'importance à la nourriture. En observant Aline, il prenait comme étalon ses propres besoins et, se disant que onze dîners de ce genre l'auraient tué, lui, il supposait que son aimée était sur le point d'expirer d'inanition. Aucun être humain, pensait-il, ne pouvait survivre à un régime aussi spartiate. Que Mr. Peters pût le faire ne lui semblait nullement contredire son raisonnement. Il regardait Mr. Peters comme une sorte de machine. Les hommes d'affaires qui réussissent donnent souvent cette impression aux jeunes. Si on avait dit à George que Mr. Peters se nourrissait de pétrole, comme une automobile, il n'en eût pas été tellement surpris. Mais qu'Aline, son Aline, se vît interdire le sain exercice de la mastication de ces viandes riches qui, avec le don de la parole, élèvent l'homme au-dessus de la bête ! Voilà ce qui torturait George.

Il avait passé la journée à chercher une solution à ce problème. Aline avait le cœur si bon qu'il n'arriverait jamais à la convaincre de cesser d'apporter son soutien moral à son père et de se remettre à manger à sa faim et à regagner des forces. Il était nécessaire de trouver un autre plan. Et puis, ce qu'elle avait dit lui était revenu en mémoire. Elle avait dit — pauvre enfant ! — « J'ai un petit peu faim, quelquefois. Tard le soir, généralement ». Le problème était résolu. Il fallait lui apporter de la nourriture tard le soir.

Sur la table, à côté de son lit, reposait une feuille de papier d'emballage, sur laquelle s'étalait ce qui ressemblait à une de ces natures mortes que l'on voit sur les murs des salons de banlieue : une langue, du pain, un couteau, une fourchette, du sel, un tire-bouchon et une petite bouteille de vin blanc. C'est un plaisir, quand on a pu dépeindre la dévotion de George au travers de ses paroles, de produire ces denrées comme Preuve A pour montrer que son amour pour Aline n'était pas un amour commun. Car ce n'avait pas été une tâche facile que de les apporter là. Dans une maison de moindres dimensions, il eût, sans nulle honte, fait une razzia dans le garde-manger, mais au château de Blandings Dieu seul savait où était le garde-manger. Tout ce qu'il en savait, c'est qu'il se trouvait quelque part derrière la porte matelassée du hall, devant laquelle il passait quand il allait se coucher. Se glisser à sa recherche dans le labyrinthe des quartiers des domestiques était impossible. La seule chose à faire était d'aller à Market Blandings pour se procurer des vivres.

La Fortune, au début, l'avait aidé en permettant que l'Honorable Freddie s'en allât faire un petit tour à Market Blandings dans son cabriolet. Il avait acquiescé, mais avec un certain manque d'enthousiasme, à la suggestion que George pouvait occuper le second siège de son petit bolide. Il n'avait pas dit pourquoi il voulait aller faire un petit tour à Market Blandings et, dès l'arrivée, avait trahi un désir évident de se débarrasser de George à la première occasion. Comme cela convenait parfaitement à George, qui était également désireux de se débarrasser de l'Honorable Freddie à la première occasion, il n'avait posé aucune question et ils s'étaient séparés dès l'entrée de la ville sans confidence mutuelle. George s'était alors dirigé vers l'épicerie, puis vers l'une des auberges de Market Blandings, pas les *Armes d'Emsworth*, où il avait acheté le vin blanc. Il n'avait pas grande confiance dans ce vin blanc, car c'était un jeune homme au palais délicat qui ne se fiait pas aux caves des auberges de campagne, mais il supposait que, quelle que fût sa qualité, il ferait du bien à Aline, aux petites heures de la nuit. Il était revenu à pied, huit kilomètres, avec ses emplettes.

C'est alors qu'avaient commencé ses ennuis et que la qualité de son amour s'était révélée. La marche, pour un homme lourdement chargé, était déjà assez pénible, mais ce n'était rien, comparé à la terrible épreuve qui consistait à faire entrer en fraude son fardeau jusqu'à sa chambre. On ne peut guère convoyer à boire et à manger jusqu'à sa chambre dans une maison étrangère sans, si on se fait prendre, avoir l'air de dénigrer la table de l'hôte. Ce fut donc comme un espion transportant des dépêches à travers les lignes ennemies que George se cacha, sortit de sa cachette, rampa, plongea et courut.

Le moment où il s'était écroulé sur son lit, enfin en sécurité dans sa chambre, la porte verrouillée derrière lui, fut l'un des plus heureux de sa vie.

Au souvenir de cette épreuve, celle qui l'attendait semblait enfantine. Tout ce qu'il avait à faire, c'était d'aller jusqu'à la chambre d'Aline, frapper doucement à la porte et, quand il entendrait des signes d'éveil à l'intérieur, se glisser dans les ténèbres comme il en était sorti, puis retourner dans son lit. Il supposait à Aline assez d'intelligence pour être capable, quand elle trouverait une langue, du pain, un couteau, une fourchette, du sel, un tire-bouchon et une bouteille de vin blanc sur son paillasson, de savoir ce qu'il fallait en faire et, peut-être, de deviner quelle main amoureuse les avait déposés là.

Qu'elle le devinât était d'ailleurs sans importance car il se proposait de lui dire quelle main c'était dès le matin. D'autres pouvaient cacher leur lumière sous le boisseau, pas George Emerson.

Il ne lui restait plus qu'à attendre que l'heure soit suffisamment avancée pour assurer la sécurité de son expédition. Il regarda à nouveau sa montre. Il était près de deux heures. La maison devait être endormie. Il rassembla sa langue, son pain, son couteau, sa fourchette, son sel, son tire-bouchon et sa bouteille de vin blanc, et il quitta la chambre. Tout était tranquille. Il commença à descendre l'escalier.

3

Dans son fauteuil, sur la galerie qui encerclait le hall, enveloppé dans un manteau et chaussé de tennis à semelles de caoutchouc, l'Efficace Baxter scrutait l'obscurité. Il avait perdu cet enthousiasme qui l'avait, primitivement, aidé à supporter ses veilles et il ressentait une grande faiblesse. Il avait des difficultés à garder les yeux ouverts et, quand ils étaient ouverts, les ténèbres semblaient appuyer douloureusement dessus. Tout bien considéré, l'Efficace Baxter commençait à en avoir marre. Le temps passait. Tout était tranquille. Les pensées de Baxter se mirent à vagabonder. Il savait que ce serait fatal et s'employa à les arrêter. Il essaya de se concentrer sur une chose bien définie. Il choisit le scarabée en tant qu'objet convenant à cet effet, mais il lui échappa. Il venait à peine de se concentrer sur le scarabée que son esprit passait de l'ancienne Égypte à la dyspepsie de Mr. Peters et à une douzaine d'autres sujets variés. C'était la faute de ce gros homme de l'auberge. Si l'obèse ne lui avait pas imposé sa présence et sa conversation, il aurait pu faire une bonne sieste dans l'après-midi et serait arrivé frais et dispos à son devoir nocturne. Il se mit à penser à cet homme.

Et, par une curieuse coïncidence, qui vit-il immédiatement après ? Ce même homme. Cela arriva d'une manière plutôt singulière, bien que tout parût parfaitement normal et logique à Baxter. Il grimpait le long du mur extérieur de l'abbaye de Westminster en pyjama et haut-de-forme quand le gros homme, passant soudain la tête par une fenêtre que Baxter n'avait pas vue, dit : « Hello, Freddie ! » Baxter allait lui expliquer que son nom n'était pas Freddie quand il se retrouva en train de marcher dans Piccadilly avec Ashe Marson. Ashe lui dit : « Personne ne m'aime ! » et le pathétique de la chose poignarda l'âme de l'Efficace Baxter. Il était sur le point de répondre, mais Ashe disparut et Baxter découvrit qu'il n'était pas à Piccadilly, comme il le supposait, mais avec Mr. Peters, dans un aéroplane qui survolait le château. Mr. Peters avait une bombe à la main et la berçait amoureusement. Il expliqua à Baxter qu'il l'avait volée dans le musée du comte d'Emsworth. « J'ai fait ça avec une tranche de bœuf froid et un cornichon », précisa-t-il, et Baxter comprit que c'était, en effet, la seule méthode. « Maintenant, regardez, je vais la lâcher », dit Mr. Peters en fermant un œil pour viser le château. « Je dois faire ça, sur ordre du docteur. » Il ouvrit la main et, immédiatement, Baxter fut dans son lit, à regarder tomber la bombe. Il était terrifié mais l'idée de bouger ne l'effleura pas. La bombe tombait lentement, en tournoyant et en planant comme une plume. Elle était de plus en plus près. Puis elle explosa dans un hurlement et dans un jet de flamme...

Baxter s'éveilla au son d'un épouvantable tumulte. Pendant un moment, il oscilla entre rêve et éveil, puis le sommeil l'abandonna et il comprit qu'il se passait quelque chose d'étrange et de bruyant dans le hall, au-dessous.

4

Si on en revient aux causes premières, la seule raison qui peut permettre une collision est que deux corps défient les lois de la Nature qui veulent qu'à un moment donné un endroit donné ne peut être occupé que par un seul objet. Il y avait un certain endroit, près du pied du grand escalier, où Ashe, qui descendait, et Emerson, qui montait, devaient obligatoirement passer. George l'atteignit une minute et trois secondes après deux heures, dans un mouvement silencieux mais rapide, et Ashe, à pleine vitesse, y arriva à deux heures passées d'une minute et quatre secondes, moment où il cessa de courir pour s'envoler en compagnie de George Emerson, qui redescendait soudain. Ses bras étaient autour du cou de George et George le tenait par la taille. Ils atteignirent peu après le pied de l'escalier où ils rencontrèrent une petite table couverte de porcelaines et de photos encadrées.

C'était cela, en particulier les porcelaines, qu'avait entendu Baxter.

George pensa que c'était un cambrioleur. Ashe ne savait pas ce que c'était, mais il savait qu'il voulait s'en débarrasser, alors il insinua une main sous le menton de George et poussa vers le haut. George qui s'était, à ce moment, séparé de la langue, du pain, du couteau, de la fourchette, du sel, du tire-bouchon et de la bouteille de vin blanc, et qui avait donc les mains libres, maintint Ashe avec la gauche tandis que, de la droite, il lui cognait dans les côtes. Ashe, ôtant sa main gauche du cou de George, l'envoya en renfort de la droite et se servit des deux pour étrangler George. Ce qui conduisit George, maintenant complètement en dessous, à attraper fermement l'oreille d'Ashe et à la tordre vigoureusement, soulageant ainsi la pression sur sa gorge et amenant Ashe à émettre le premier son vocal de la soirée, si l'on excepte le « Ouf ! » qui leur avait échappé à tous deux au moment de l'impact. Ashe délogea la main de George de son oreille et lui donna un coup de coude dans les côtes. George donna à Ashe un coup de pied sur la cheville. Ashe retrouva la gorge de George et se mit à la serrer de plus belle, et ils s'amusaient comme deux petits fous quand l'Efficace Baxter, dévalant l'escalier, trébucha sur la jambe d'Ashe, perdit l'équilibre et carambola une autre table, également couverte de porcelaines et de photos encadrées. Le hall de Blandings était quelque chose comme un salon d'appoint où, quand elle ne soignait pas ses migraines dans sa chambre, Lady Ann Warblington servait le thé à ses hôtes. En conséquence, il était libéralement parsemé de petites tables. Il y en avait au moins cinq qui attendaient d'être renversées et brisées.

Mais renverser et briser des tables est une tâche qui demande du temps. Il faut en avoir le loisir, et ni George ni Ashe, maintenant qu'un tiers s'était immiscé dans leur petite affaire, n'avaient le désir de rester pour finir la chose proprement. Ashe était fortement opposé à l'idée d'être découvert et de devoir expliquer sa présence en ces lieux à cette heure, et George, conscient que la langue et les divers ustensiles étaient maintenant dispersés dans le hall, avait un préjugé semblable à l'égard des explications oiseuses qu'impliquerait une enquête. Comme par consentement mutuel, chacun relâcha sa prise. Ils restèrent un instant immobiles, haletants, puis ils filèrent, Ashe dans la direction où il pensait trouver la porte matelassée du quartier des domestiques, George vers l'escalier qui menait à sa chambre.

Ils avaient à peine disparu que Baxter, qui s'était dissocié des ornements de la table qu'il avait renversée, trouva son chemin jusqu'au commutateur, situé au pied du grand escalier. Il y alla à quatre pattes en pensant que ce moyen de locomotion était plus sûr, bien que plus lent, que celui qu'il avait employé auparavant. Des bruits se firent entendre aux étages supérieurs. Éveillés par le joyeux cliquetis de porcelaine brisée, les hôtes du château venaient enquêter. Des voix résonnaient, grognaient, questionnaient.

Baxter, pendant ce temps, rampait avec décision sur les mains et les genoux en direction du commutateur. Il était dans la même condition que Battling Joe, sur le ring, après qu'il eut mis son menton sur le chemin du poing d'un membre rival du Syndicat des chauffeurs de poids lourds. Il savait qu'il était encore vivant. Il n'aurait rien pu dire de plus. Les brumes du sommeil qui engourdissaient encore son cerveau et le choc que lui avait donné sa rencontre avec la table, dont il avait pris un coin sur le sommet de la tête, se combinaient pour produire un état rêveur.

Ainsi, l'Efficace Baxter rampait et, tandis qu'il rampait, sa main, avançant prudemment, toucha un Quelque Chose, un quelque chose qui n'était pas vivant, quelque chose d'humide et glacé, dont le contact l'emplit d'une horreur sans nom. Dire que le cœur de Baxter s'arrêta serait une erreur, médicalement parlant. Le cœur ne s'arrête pas. Quelles que soient les émotions de son propriétaire, il continue de battre. Il serait plus juste de dire que Baxter eut la même impression qu'un homme qui prend pour la première fois un ascenseur express, laisse quelques-uns de ses organes vitaux plusieurs étages plus bas et ne voit pas comment il pourrait les récupérer dans l'immédiat. Il sentit un grand froid là où auraient dû se trouver les parties les plus internes de son individu. Sa gorge était sèche et contractée. La peau de son dos se hérissa. Car il savait ce qu'il venait de toucher.

Si pénible et absorbante qu'eût été sa rencontre avec la table, Baxter n'avait jamais perdu de vue le fait que, près de lui, une furieuse bataille opposait des forces inconnues. Il avait entendu des coups et des gémissements et des halètements tandis qu'il retirait des morceaux de porcelaine plantés dans sa chair. Un tel combat, il le savait, ne pouvait manquer de provoquer des blessures à ceux qui y prenaient part. Il savait maintenant qu'il était arrivé pire que des blessures et qu'il était agenouillé en présence de la Mort.

Il était certain que l'homme était mort. L'inconscience ne pouvait produire ce froid glacé.

Il leva la tête dans l'obscurité et hurla. Il voulait crier « Au secours ! Au meurtre ! » mais la peur l'empêcha d'articuler clairement. Ce qu'il hurla fut : « Au ! Meuh ! »

Et alors, aux environs de l'escalier, quelqu'un se mit à tirer des coups de feu.

Le comte d'Emsworth dormait d'un sommeil paisible quand cet imbroglio avait commencé au rez-de-chaussée. Il s'assit et écouta. Oui, pas de doute. Des cambrioleurs. Il alluma la lumière et sauta du lit. Il prit un pistolet dans son tiroir et, ainsi armé, alla voir ce qui se passait. Ce pair rêveur n'était pas poltron.

Il faisait tout à fait noir quand il arriva sur la scène du conflit, en tête d'une bande de parents en pyjamas et robes de chambre. Il était à leur tête car, quand il les avait rencontrés dans le couloir, au-dessus, il leur avait dit : « Laissez-moi passer, j'ai un pistolet. » Et ils l'avaient laissé passer. Ils avaient d'ailleurs été très aimables, ne se bousculant pas pour arriver avant les autres ni rien, mais se conduisant d'une manière modeste et effacée qui faisait plaisir à voir. Quand Lord Emsworth avait dit : « Laissez-moi passer », le jeune Algernon Wooster, qui était sur le point de bondir, s'était écrié : « Oui, par Jupiter, bonne idée ! » et il avait filé vers l'arrière, tandis que l'évêque de Godalming approuvait : « Certainement, Clarence. Précédez-nous. »

Quand le sens du toucher lui indiqua qu'il avait atteint le pied de l'escalier, Lord Emsworth s'arrêta. Le hall était très sombre et les cambrioleurs semblaient avoir temporairement suspendu leurs activités. Et alors, l'un d'eux, un homme à la voix éraillée de ruffian, parla. Lord Emsworth ne comprit pas bien ce qu'il dit. Ça ressemblait à « Au ! Meuh ! ». Probablement un signal secret pour ses complices. Lord Emsworth leva son revolver et le vida dans la direction du son.

Très heureusement pour lui, l'Efficace Baxter n'avait pas changé de position. Cela sauva Lord Emsworth de l'ennui d'engager un autre secrétaire. Les balles passèrent au-dessus de la tête de Baxter, l'une après l'autre, six en tout, et trouvèrent d'autres cibles que sa personne. Elles arrivèrent comme suit. La première cassa une fenêtre et se perdit dans la nuit. La deuxième frappa le gong du dîner et fit un bruit exactement semblable à celui de la trompette du Jugement dernier. Les troisième, quatrième et cinquième se fichèrent dans le mur. La sixième et dernière heurta un portrait grandeur nature de la grand-mère maternelle de Sa Seigneurie et l'améliora jusqu'à la rendre méconnaissable. Qu'on ne pense pas de mal de la grand-mère maternelle de Lord Emsworth parce qu'elle ressemblait à George Robey[2] et avait quand même laissé faire son portrait, dans la lourde facture classique qui était à la mode il y a un siècle, sous les traits de Vénus (convenablement vêtue, bien entendu) sortant de l'onde ; mais il est indéniable que la balle de son petit-fils fit disparaître du château de Blandings l'une de ses horreurs les plus remarquables.

Ayant vidé son revolver, Lord Emsworth dit : « Qui est là ? Parlez ! » d'un ton plutôt mécontent, comme s'il considérait qu'il en avait assez fait pour briser la glace et qu'il attendait maintenant que l'intrus se présente poliment. L'Efficace Baxter ne répondit pas. Rien au monde n'eût pu le décider, en ce moment, à parler ou à faire le moindre bruit qui pût trahir sa position face à un fou dangereux qui pouvait recharger son

2. George Robey (Sir), comédien anglais, 1869-1954. (*N.d.T.*)

arme et reprendre sa fusillade. Les explications, selon lui, pouvaient être différées jusqu'à ce que quelqu'un ait la présence d'esprit d'allumer la lumière. Il s'aplatit sur le tapis en espérant des temps meilleurs. Sa joue touchait le cadavre à côté de lui mais, bien qu'il frémît et tremblât, il ne poussa pas un cri. Après ces six coups de feu, il en avait fini avec les cris.

Une voix au-dessus, la voix de l'évêque, dit :

— Je pense que vous l'avez tué, Clarence.

Une autre voix, celle du colonel Horace Mant, ajouta :

— Allumez ces fichues lampes, quelqu'un !

Et toute la compagnie se mit à demander de la lumière. Quand la lumière vint, ce fut de l'autre côté du hall. Six coups de revolver, tirés à deux heures un quart du matin, éveillent même les serviteurs endormis. Le quartier des domestiques bourdonnait comme une ruche. Des cris féminins aigus ponctuaient l'ensemble. Mr. Beach, le majordome, dans un pyjama de soie rose dont nul ne l'eût cru capable, menait un groupe de serviteurs mâles, moins parce qu'il voulait les mener que parce qu'ils le poussaient devant eux. Le couloir qui aboutissait à la porte de feutre vert commençait à être encombré et des cris demandèrent à Mr. Beach de l'ouvrir et de regarder pour voir ce qui se passait, mais Mr. Beach était plus malin que cela et réussit à reculer pour ne plus mener la procession.

Cela fait, il cria :

— Ouvrez la porte, vous là-bas ! Ouvrez la porte ! Voyez de quoi il s'agit.

Ashe ouvrit la porte. Depuis son évasion du hall, il était resté dans les environs de la porte matelassée et avait été emporté par la foule. Ayant pour la première fois une certaine liberté de mouvement, il poussa la porte et alluma les lumières. Elles illuminèrent une collection de silhouettes à demi vêtues, entassées sur l'escalier, un hall parsemé de débris de porcelaine et de verre, un gong défoncé, un portrait amélioré d'une ancienne comtesse d'Emsworth et l'Efficace Baxter, en manteau et chaussures à semelles de caoutchouc, couché à côté d'une langue froide.

À peu de distance gisaient un certain nombre d'autres objets : un couteau, une fourchette, du pain, du sel, un tire-bouchon et une bouteille de vin blanc. Le premier à user de la parole pour dire quelque chose de cohérent fut Lord Emsworth. Il considéra son secrétaire étendu et dit :

— Baxter ! Mon cher ami, que diable ?

La compagnie était extrêmement déçue. Ils étaient dégoûtés par ce dénouement. Un instant, en voyant que l'Efficace Baxter ne bougeait pas, l'espoir faillit renaître, mais aussitôt qu'on s'aperçut qu'il n'était même pas blessé, l'humeur redevint morose. Deux choses pouvaient les satisfaire : un cambrioleur ou un cadavre. On aurait préféré un cambrioleur, mort ou vivant, mais, pour que Baxter jouât convenablement son rôle, il fallait qu'il fût mort. Il les avait profondément déçus en se révélant être l'objet de leur quête. Qu'il n'eût même pas une égratignure, c'en était trop !

Il y eut un silence glacial quand il se releva lentement. Quand ses yeux tombèrent sur la langue, il sursauta et la regarda fixement. La surprise le paralysait. Lord Emsworth regardait aussi la langue, et il sauta à une conclusion assez raisonnable. Il parla, froid et hautain, car il était non seulement déçu, comme les autres, mais il était, de plus, offensé. Il savait qu'il n'était pas de ces hôtes énergiques qui se fatiguent à offrir des distractions à leurs invités, mais il y avait une chose dont, en tant qu'hôte, il s'enorgueillissait. Sur le plan matériel, il traitait bien ses invités. Il avait une table admirable.

— Mon cher Baxter, dit-il du ton qu'il utilisait habituellement pour fustiger son fils Freddie, si votre faim est si forte que vous soyez incapable d'attendre le breakfast, et que vous deviez faire un raid dans le garde-manger au milieu de la nuit, j'aimerais que vous ne fassiez pas tant de bruit. Je ne vous mesure pas la nourriture. Servez-vous autant que vous le voulez. Mais rappelez-vous qu'il y a des gens qui n'ont pas le même appétit que vous et qui aiment dormir la nuit. Il vaudrait bien mieux, mon cher ami, vous faire apporter des sandwiches, ou des petits pains, si vous préférez, dans votre chambre.

Même les balles n'avaient pas ébranlé les facultés de Baxter autant que cette monstrueuse accusation. Les explications se bousculèrent dans son cerveau bouillonnant, mais il ne parvint pas à les énoncer. De tous côtés, il rencontrait des regards pleins de graves reproches. George Emerson le considérait d'un air de dégoût peiné. Le visage d'Ashe était celui de quelqu'un qui en croyait à peine ses yeux. La curiosité de l'apprenti valet de pied était à peine supportable.

Il tituba. Ses lèvres s'ouvrirent pour laisser échapper des mots inintelligibles. La réprobation glacée de Lord Emsworth ne diminuait pas.

— Ne vous excusez pas, s'il vous plaît, Baxter. Le désir de nourriture est humain. C'est votre façon bruyante de vous en procurer que je réprouve. Retournons au lit.

— Mais, Lord Emsworth...

— Au lit ! répéta fermement Sa Seigneurie.

La compagnie commença à remonter tristement l'escalier. On éteignit les lumières. L'Efficace Baxter se retira. Dans l'ombre, de la direction de la porte des domestiques, on entendit une voix méprisante qui disait : « Sale goinfre ! » Elle ressemblait à la voix de l'apprenti valet de pied, mais Baxter était trop brisé pour enquêter. Il poursuivit sa retraite sans ralentir.

— S'remplir à c't'heure ! ajouta la voix.

Il y eut un murmure d'approbation parmi la foule des domestiques invisibles.

CHAPITRE IX

1

Lorsque nous vieillissons et voyons plus clairement les limites du bonheur humain, nous comprenons que la seule vraie joie, dans la vie, c'est de rendre les autres heureux. On peut supposer que l'Efficace Baxter n'avait pas encore atteint cet âge de sagesse parce que le fait qu'il avait donné bien du plaisir à plusieurs douzaines de ses semblables ne lui mit aucun baume au cœur. Il n'y avait pas de doute quant au plaisir qu'il avait donné. Dès qu'ils se furent remis de leur déception en découvrant que ce n'était pas un cambrioleur mort, les membres de la maisonnée se réjouirent de cette interruption dans la monotonie de la vie au château de Blandings. Des parents qui ne s'étaient pas parlé depuis des années oublièrent leurs querelles pour se promener dans le parc en parfaite harmonie, en se moquant de Baxter. Le verdict général était qu'il était fou.

— Ne me dites pas que ce jeune type a toute sa tête, disait le colonel Horace Mant. Avez-vous remarqué ses yeux ? Furtifs ! Sournois ! Ils ont une lueur mauvaise. D'ailleurs, avez-vous vu dans quel état était le hall, cette nuit ? Des ruines, mon cher monsieur, rien que de fichues ruines. Il était positivement couvert de porcelaine et de tables brisées. Sens dessus dessous. Ne me dites pas que ce n'était qu'une collision accidentelle due à l'obscurité. Mon cher monsieur, cet homme est un fou furieux. Fou furieux, absolument. Il devait se débattre comme un fichu saumon au bout d'un fichu hameçon. Il a dû avoir une sorte de paroxysme. Une espèce d'attaque. Un docteur pourrait vous donner un nom pour ça, c'est une forme de folie bien connue. Paranoïa, je crois que c'est le mot. Le sang monte brusquement à la tête, puis on se met à divaguer. Il y a un mot indien, pour ça. Les indigènes en souffrent souvent. Ne savent plus ce qu'ils font, chargent dans les rues en frappant les gens avec de fichus grands couteaux. Pareil pour ce jeune homme, dans une forme modifiée, sans doute. Il devrait être dans un asile. Une de ces nuits, si ça empire, il va massacrer Emsworth dans son lit.

— Mon cher Horace !

La voix de l'évêque de Godalming était correctement horrifiée, mais elle contenait aussi une dose de délectation onctueuse.

— Croyez-moi. Cependant, ils vont plutôt bien ensemble. Tout le monde sait qu'Emsworth est cinglé depuis sa naissance.

— Mon cher Horace ! Votre beau-père ! Le chef de famille !

— Un fichu cinglé, mon cher monsieur, chef de famille ou pas. Un homme aussi distrait que lui ne peut pas se dire sain d'esprit.

L'Efficace Baxter, qui venait juste de quitter le comte, avait la même opinion à son égard. Après une nuit sans sommeil, il avait commencé, à la première heure de la matinée, à essayer de coincer son employeur pour lui expliquer la vérité sur les événements de la nuit. Il avait fini par le trouver dans le musée, occupé à peindre une vitrine pleine d'œufs d'oiseaux. Assis sur un petit tabouret, un gros pot de peinture rouge à côté de lui, Lord Emsworth, qui aspergeait la vitrine avec un pinceau dégoulinant, ne fit aucun effort pour suivre les explications de son secrétaire. Pendant dix minutes, Baxter lui fit une vivante description de sa garde et de la façon dont elle avait été interrompue.

— Exactement, exactement, mon cher ami, dit le comte quand il eut fini. J'ai très bien compris. Comme je vous le disais, si vous avez besoin de nourriture supplémentaire au milieu de la nuit, demandez à un domestique de vous en apporter dans votre chambre, avant l'heure du coucher. Ainsi, il n'y aura pas de dérangement à craindre. Je ne vois aucune objection à ce que vous fassiez cent repas par jour, mon bon Baxter, à condition que vous n'éveilliez pas toute la maison pour ça. Certains de nous aiment dormir la nuit.

— Mais, Lord Emsworth ! Je viens de vous expliquer... Ce n'était pas... Ce n'était pas ce que...

— Peu importe, mon cher ami, peu importe. Pourquoi en faire une telle histoire ? Beaucoup de gens aiment un petit en-cas avant de se coucher. Les docteurs, je crois, le recommandent parfois. Dites-moi, Baxter, que pensez-vous du musée, maintenant ? Un peu plus coloré ? Les teintes sont mieux assorties, hein ? Je le pense aussi. Les musées sont généralement des endroits si sombres !

— Lord Emsworth, puis-je vous expliquer, une fois encore ?

Le comte eut l'air ennuyé.

— Mon cher Baxter, je vous ai dit qu'il n'y avait rien à expliquer. Vous commencez à devenir un peu fastidieux... Quel rouge riche et profond ! Comme cette peinture fraîche sent bon ! Vous savez, Baxter, j'ai toujours aimé faire de la peinture. Je me rappelle que mon père me donnait des coups de canne. C'était avant votre temps, bien sûr. Au fait, si vous voyez

Freddie, pouvez-vous l'avertir que je veux lui parler ? Il est probablement dans le fumoir. Envoyez-le-moi ici.

Ce fut un Baxter désespéré qui transmit le message à l'Honorable Freddie qui, comme annoncé, se trouvait dans le fumoir, affalé dans un fauteuil. Il y a des moments où la vie est dure pour un homme, et elle était dure pour Baxter en cet instant. Le Destin lui avait joué un sale tour. Il était obligé de choisir entre deux options, aussi désagréables l'une que l'autre. Il devait ou bien risquer un autre fiasco comme celui de la nuit précédente, ou bien abandonner son poste et cesser de monter la garde sur son trésor menacé. Son imagination reculait à l'idée d'une répétition des horreurs de la nuit. Il avait été fort secoué par sa rencontre avec la table et encore plus par les événements qui avaient suivi. Les coups de revolver résonnaient encore à ses oreilles. Ce fut probablement le souvenir de ces coups de feu qui emporta sa décision. Il était peu probable qu'il rencontre de nouveau un homme portant une langue et les autres choses (il avait abandonné l'espoir de résoudre le mystère de la langue) mais il n'était pas impossible que, s'il passait une autre nuit dans la galerie surplombant le hall, il servît à nouveau de cible au feu de l'irresponsable Lord Emsworth. Rien, en fait, n'était plus probable, car dans l'état d'esprit où était la maisonnée, le moindre son après la tombée de la nuit déclencherait des fusillades. Il avait même entendu le jeune Algernon Wooster dire à Lord Stockheath qu'il avait sacrément envie de s'asseoir sur l'escalier cette nuit avec un fusil, parce qu'il avait dans l'idée qu'il y en avait sacrément plus dans l'affaire que ce qu'on croyait et que tout ça venait d'un sacré gang et que ce type, machin, Baxter, devait être complice.

Avec ces choses sur le cœur, Baxter décida de rester cette nuit-là en sécurité dans sa chambre. Il avait perdu tout courage. Il ne prit cette décision qu'à contrecœur, car la pensée de laisser la voie libre aux maraudeurs était des plus amères.

S'il avait entendu la conversation entre Joan Valentine et Ashe Marson, il eût probablement préféré risquer le revolver de Lord Emsworth et le fusil de l'Honorable Algernon Wooster. Ashe, quand il rencontra Joan et lui fit le récit des événements de la nuit, car Joan, qui était une bonne dormeuse, n'y avait pas assisté, avait tendance à se reprocher cet échec.

Joan, cependant, n'était pas de son avis.

— Vous avez fait merveille, dit-elle. Vous m'avez déblayé le chemin. C'est comme ça que je vois un vrai travail d'équipe. Je suis si contente, maintenant, que nous soyons partenaires ! Ç'aurait été trop moche que je tire avantage de votre travail et que je vous prive de la récompense. Comme ça, je pourrai finir l'affaire cette nuit avec la conscience tranquille.

— Vous n'avez pas l'intention d'aller au musée cette nuit ?

— Bien sûr que si.

— Mais c'est de la folie !

— Au contraire, cette nuit, entre toutes les nuits, le risque sera nul.

— Après ce qui est arrivé ?

— Justement à cause de ce qui est arrivé. Pensez-vous que Mr. Baxter osera sortir de son lit, après ça ? S'il y a une chance d'en finir avec cette affaire, c'est bien cette nuit.

— Vous avez raison. Je n'y avais pas pensé. Baxter ne voudra pas risquer un second désastre. J'y arriverai certainement, cette fois.

Joan leva les sourcils.

— Je ne vous comprends pas, Mr. Marson. Vous proposez-vous d'essayer de voler le scarabée cette nuit ?

— Bien sûr. Ce sera aussi facile que...

— Oubliez-vous que, d'après les termes de notre arrangement, c'est mon tour ?

— Vous n'avez certainement pas l'intention de prendre ça au sérieux ?

— Bien sûr que si.

— Mais bon sang ! Considérez ma position ! Vous pensez vraiment que je resterai tranquillement dans mon lit pendant que vous ferez tout le travail et que je prendrai, ensuite, la moitié de la récompense ?

— Exactement.

— C'est ridicule !

— Ce n'est pas plus ridicule que si j'en faisais autant. Mr. Marson, il est inutile de revenir là-dessus. Nous nous sommes mis d'accord depuis longtemps.

Et elle refusa d'en discuter plus longtemps, laissant Ashe dans un état d'anxiété misérable qu'on ne peut comparer qu'à celle qui, à la tombée de la nuit, vint étreindre le cœur de l'Efficace Baxter.

2

Le breakfast, au château de Blandings, était un repas sans protocole. Ceux qui étaient assez courageux pour se lever le trouvaient servi dans la longue salle à manger, mais la majorité des résidants prenaient leur petit déjeuner au lit. Lord Emsworth, que rien au monde n'eût pu décider à commencer sa journée en compagnie de la foule de ses parents que, pour la plupart, il détestait, était le premier à montrer l'exemple. Quand, donc, Baxter, après être resté éveillé jusqu'à l'aube, sombra enfin dans un sommeil réparateur, personne ne s'occupa de lui. Comme il n'avait pas sonné, on ne vint pas le déranger et il dormit jusqu'à onze heures et demie, heure à laquelle, comme on était dimanche et que la maisonnée comprenait un évêque et plusieurs membres inférieurs du clergé, la plupart des occupants des lieux étaient partis pour l'église.

Baxter se rasa et s'habilla à la hâte car il était plein d'une appréhension nerveuse. Alors que chaque minute où il était hors du musée pouvait signifier la perte du scarabée, il avait passé plusieurs heures dans un sommeil sans rêves. Il s'était réveillé avec un pressentiment. Quelque chose lui disait que le scarabée avait été volé dans la nuit et il regrettait maintenant de n'avoir pas pris le risque de monter la garde.

La maison était très calme tandis qu'il se dirigeait rapidement vers le hall. En passant devant une fenêtre, il vit Lord Emsworth, dans un costume de tweed indigne d'un dimanche, penché sur un parterre de fleurs, armé d'une bêche qui eût chagriné l'évêque ; mais c'était le seul occupant des jardins et à l'intérieur on ressentait le même sentiment de vide. Le hall avait son air du dimanche matin, comme s'il voulait être laissé seul et désapprouvait l'entrée de tout être humain avant l'heure du lunch, ce que seuls ressentent les hôtes d'une grande demeure qui restent à la maison tandis que tout le monde est allé à l'église.

Les portraits sur le mur, spécialement celui de l'ancienne comtesse d'Emsworth en Vénus sortant de l'onde, regardèrent entrer Baxter avec un froid reproche. Même les fauteuils avaient l'air distant et inamical. Mais Baxter ne se souciait pas de leur attitude. Sa conscience dormait. Son esprit était occupé, à l'exclusion de toute autre chose, par le scarabée et son probable destin. Comme il avait eu tort de ne pas monter la garde cette nuit-là ! Longtemps avant d'ouvrir la porte du musée, il était certain, d'une certitude absolue, que le pire était arrivé.

Sa prémonition était correcte. Le musée était toujours là, la carte annonçant qu'il y avait un scarabée du règne de Kheops de la IVe dynastie, offert par Mr. J. Preston Peters, était toujours là, les momies, les œufs d'oiseaux, les tapisseries, les missels et tous les autres trésors de Lord Emsworth étaient toujours là.

Mais le scarabée avait disparu.

3

Bien que ce fût exactement ce à quoi il s'attendait, il fallut un moment à l'Efficace Baxter pour se remettre de ce coup. Il resta, hypnotisé, à contempler la place vide. Il écarquillait encore les yeux quand le comte d'Emsworth entra en trottinant. Le comte d'Emsworth était l'un des meilleurs trottineurs du monde et le dimanche matin était son moment favori pour trottiner. Depuis le déjeuner, il avait trottiné dans le jardin, trottiné autour des écuries et trottiné vers la bibliothèque. Il venait maintenant trottiner dans le musée.

— Lord Emsworth !

Avant que Baxter ne le vît et ne prît la parole, le comte avait trottiné jusqu'à un mètre de l'endroit où se trouvait son secrétaire. Un soupir l'eût atteint, mais telle était l'émotion de l'Efficace Baxter qu'il émit ces mots dans un rugissement qui évoquait un capitaine échangeant des remarques avec un de ses hommes travaillant dans le nid-de-pie. Lord Emsworth fit un bond de deux mètres et, après être sorti de la vieille tapisserie où il s'était emmêlé, posa une main sur son oreille, la massa tendrement et considéra son jeune assistant.

— Pourquoi aboyez-vous comme ça, Baxter ? Vraiment, vous dépassez les bornes. Vous devenez insupportable.

— Lord Emsworth, il est parti. Le scarabée est parti.

— Vous m'avez déchiré le tympan.

— Quelqu'un a volé le scarabée que Mr. Peters vous a donné, Lord Emsworth.

Le destin probable de son tympan cessa d'être l'unique préoccupation du comte. Il suivit d'un regard étonné le doigt tendu de son secrétaire et examina l'endroit où la tragédie était arrivée.

— Dieu me bénisse. Vous avez parfaitement raison, mon cher ami. Quelqu'un a volé le scarabée. C'est extrêmement ennuyeux. Mr. Peters risquerait de s'en offenser. Il me déplairait intensément de blesser les sentiments de Mr. Peters. Il pourrait penser que nous n'en avons pas pris soin. Mais qui diable a pu voler ce scarabée ?

Baxter allait répondre quand, venant du hall, légèrement assourdi par la porte, retentit un son qui ressemblait à la livraison d'une tonne de charbon. Un corps lourd dégringolait l'escalier et une voix, qu'ils reconnurent tous deux pour celle de l'Honorable Freddie Threepwood, poussa un juron qui se perdit dans un craquement musical ultime dans lequel Baxter n'eut aucune peine à diagnostiquer un bris de porcelaine. Ni Lord Emsworth ni Baxter n'eurent la moindre difficulté à comprendre ce qui s'était passé.

L'Honorable Freddie était tombé dans l'escalier.

Avec un peu d'ingéniosité, ce passage de l'histoire du scarabée de Mr. Peters pourrait devenir un conte moralisateur montrant le péril qu'il y a à manquer l'église le dimanche matin. Si l'Honorable Freddie était allé à l'église, il n'aurait pas descendu en courant le grand escalier du château à cette heure et, s'il n'avait pas descendu en courant le grand escalier à cette heure, il n'aurait pas rencontré Muriel.

Muriel était une chatte persane appartenant à Lady Ann Warblington. Lady Ann avait pris son petit déjeuner dans sa chambre et était restée tard au lit car elle sentait poindre une de ses migraines. Muriel avait quitté la chambre à la suite du plateau du breakfast, anxieuse qu'elle était d'être présente aux obsèques d'une sole frite qui avait formé le frugal repas de Lady Ann. Elle avait donc suivi la bonne, qui porta la dépouille jusqu'au hall. Arrivée là, la bonne, qui détestait Muriel, s'arrêta et fit un bruit de bouteille de bière qui explose en avançant en direction de Muriel pour tendre vers elle un pied menaçant. Muriel, blessée et effrayée, revint sur ses pas et remonta l'escalier au galop au moment exact où l'Honorable Freddie qui, pour une raison inconnue, était extrêmement pressé, descendait en courant avec légèreté.

Freddie aurait sans doute pu se sauver en plantant son quarante-quatre sur l'échine de Muriel mais, même en cet instant de crise, il pensa qu'il n'était pas en assez bons termes avec les autorités pour risquer de se voir reprocher le massacre de la chatte favorite de sa tante, et il exécuta un rapide crochet. La chatte effrayée poursuivit son chemin vers le haut, tandis que Freddie, touchant les marches par intervalles, continuait une descente accélérée.

Ayant atteint le rez-de-chaussée, il s'assit parmi la porcelaine brisée comme Marius au milieu des ruines de Carthage, et tenta d'évaluer la gravité de ses blessures. Il avait la certitude qu'il s'était fait une douzaine de fractures. Quand son père et l'Efficace Baxter arrivèrent, ils trouvèrent Ashe Marson qui l'aidait à se remettre sur pied. Ashe était tout près quand le secrétaire avait découvert que le musée avait été cambriolé. En fait, il avait devancé la découverte de Baxter de quelques minutes.

Il avait attendu un moment derrière la porte de feutre vert, espérant avoir l'occasion d'apprendre si Joan avait mis à exécution sa menace de voler le scarabée, et il avait réussi à entrer et à ressortir du musée pendant que le hall était vide. Ce ne fut que lorsqu'il entendit la voix de Baxter hurler son angoisse qu'il réalisa combien il avait été près d'être découvert.

Il était resté dans sa cachette pendant la conversation entre Baxter et Lord Emsworth puis, comme eux, il avait été attiré vers l'escalier par le bruit de la chute de Freddie.

Il souleva la victime, mais Freddie retomba avec un hurlement. Il était toujours assis quand les autres arrivèrent. Il les regarda avec une douleur muette.

— C'est le fichu chat de Tante Ann, gouverneur. Il s'est mis dans mes jambes dans l'escalier. Je crois que je me suis cassé la cheville.

— Pas seulement la cheville, dit son père sans sympathie. Entre toi et Baxter, je me demande comment il reste encore des meubles intacts dans cette maison.

— Merci bien, mon vieux, dit Freddie, reconnaissant, à Ashe qui le remettait encore sur ses pieds. J'aimerais que vous m'aidiez à aller jusqu'à ma chambre.

— Et, Baxter, mon cher ami, fit Lord Emsworth, vous devriez téléphoner au Dr Bird, à Market Blandings, et lui demander d'être assez aimable pour venir. Je suis désolé, Freddie, ajouta-t-il, que tu aies eu cet accident, mais tout est si troublant, ces derniers temps, que je me sens... troublé.

Ashe et Freddie traversèrent le hall, Freddie en sautillant, Ashe avançant dans une sorte de pas de polka. Baxter les regardait, pensif. La vue d'Ashe, après la découverte du vol du scarabée, lui faisait clairement comprendre qu'il avait été joué. Il avait l'intime conviction qu'Ashe était le voleur et l'impossibilité de le prouver le rendait amer.

On entendit dehors un bruit de roues, et le gros de la troupe, revenant de l'église, entra dans la maison.

— On peut raconter que Freddie s'est foulé la cheville en tombant dans l'escalier, dit le colonel Mant, discutant de l'affaire avec l'évêque de Godalming, mais on ne m'ôtera pas de l'idée que ce Baxter a fait juste ce que j'annonçais. Il est devenu zinzin et a horriblement blessé le jeune Freddie. Quand je suis entré dans la maison, on ramenait Freddie à sa chambre, tandis que Baxter le suivait d'un regard diabolique. Toute cette affaire est vraiment louche et mystérieuse. Plus vite j'emmènerai Mildred en sécurité loin de cet endroit, mieux ce sera. Ce type a vraiment perdu la boussole.

4

Quand Lord Emsworth, voyant Mr. Peters dans le groupe des fidèles, le prit à part pour lui annoncer que le scarabée de grande valeur dont il avait fait cadeau au musée avait été volé durant la nuit par une personne inconnue, il trouva qu'il prenait excessivement bien la nouvelle. Quoique l'objet volé ne lui appartînt plus, il n'était pas douteux que Mr. Peters continuait à y être attaché et on lui eût pardonné de montrer de l'ennui en apprenant que son cadeau avait été si mal gardé. Cependant, il fut extrêmement magnanime. Il n'adressa aucun reproche au comte d'Emsworth. Il comprenait parfaitement. Il n'était pas blessé le moins du monde. Personne ne pouvait prévoir une telle calamité. Ces choses arrivaient, il fallait les accepter. Il avait pour sa part souffert de même, récemment. La perle de sa collection avait été fauchée, presque sous son nez, de la façon la plus perfide. Donc, il soulagea beaucoup l'esprit de Lord Emsworth et, quand il eut fini de le consoler, il se retira rapidement et sonna Ashe.

Quand Ashe arriva, il bouillonnait d'enthousiasme. Il était lyrique dans ses louanges. Il alla même jusqu'à taper Ashe dans le dos. Mais quand ce dernier nia toute responsabilité dans ce qui était arrivé, le flot d'approbations se tarit.

— Ce n'est pas vous qui l'avez ? Qui est-ce, alors ?

— C'est la femme de chambre de Miss Peters. C'est une longue histoire, mais nous travaillions en partenariat. J'ai essayé et j'ai échoué, et elle a réussi.

Ce fut avec des sentiments mitigés qu'Ashe entendit Mr. Peters transférer ses compliments à Joan. Il admirait le courage de Joan, il était soulagé que cette aventure se soit heureusement finie sans désastre, et il savait qu'elle méritait tous les compliments que l'on pouvait lui faire ; mais, au début, et bien qu'il s'efforçât de s'en empêcher, il supportait difficilement de voir qu'une fille avait réussi là où il avait échoué, alors qu'il avait eu la chance de faire le premier essai. Les termes de son association avec Joan lui avaient déplu dès le début. Un homme peut sympathiser avec le mouvement moderne pour l'émancipation de la Femme, sans pour autant trouver normal qu'une fille se montre plus efficace voleur que lui. Les femmes envahissent la sphère masculine avec plus de succès chaque jour mais, s'il y a des domaines où l'Homme peut considérer qu'il a encore le monopole, le vol des scarabées à la faveur de la nuit est sûrement l'un d'eux. Joan, selon Ashe, aurait dû y jouer un rôle moins actif.

Ces pensées négatives ne durèrent pas longtemps. Malgré ses limites, Ashe était juste. Quand il alla trouver Joan, après que Mr. Peters eut fini de parler et l'eut envoyé dans les communs à cet effet, il s'était purgé de ses vains regrets et était prêt à la féliciter de bon cœur. Il était cependant résolu à refuser la moindre part de la récompense. Sur ce point, il resterait ferme comme un roc.

— Je quitte Mr. Peters à l'instant, commença-t-il. Tout va bien. Son chéquier est à côté de lui, sur la table, et il essaye de faire marcher son stylo assez longtemps pour écrire le chèque. Mais il y a une chose que je veux vous dire.

Elle l'interrompit. À sa grande surprise, elle le regardait froidement et avec réprobation.

— Et moi, il y a une chose que je veux vous dire d'abord, dit-elle. Si vous vous imaginez que je vais consentir à accepter un seul penny de la récompense...

— C'est exactement ce que j'allais dire. Bien sûr, je n'en veux pas.

— Je ne vous comprends pas. Vous allez tout garder. Je vous ai dit, quand nous avons passé notre accord, que je ne prendrais rien si je ne faisais pas ma part du travail. Maintenant que vous avez rompu cet accord, rien ne pourrait me faire accepter. Je sais que ça part chez vous d'un bon sentiment, Mr. Marson, mais je n'arrive pas à me sentir reconnaissante. Je vous ai dit que nous passions un contrat d'affaires et que je ne voulais pas de chevalerie. Et je pensais que, après ce que vous m'aviez promis...

— Un moment, interrompit Ashe, ébahi. Je ne comprends pas. Que voulez-vous dire ?

— Ce que je veux dire ? Que vous êtes allé au musée avant moi, cette nuit, et que vous avez pris le scarabée, alors que vous aviez promis de me laisser ma chance.

— Mais je n'ai rien fait de tel !

Ce fut au tour de Joan d'être ébahie.

— Mais vous avez le scarabée, Mr. Marson ?

— Enfin, c'est vous qui l'avez !

— Non.

— Mais... il a disparu !

— Je sais. Je suis allée au musée, cette nuit, comme prévu, et il n'y avait pas de scarabée. Parti !

Ils s'entre-regardèrent avec consternation. Ashe fut le premier à parler :

— Il était parti quand vous êtes allée au musée ?

— Il n'y en avait pas trace. J'ai supposé que vous y étiez venu avant moi. J'étais furieuse.

— Mais c'est ridicule ! Qui peut l'avoir pris ? Personne, à part nous, ne savait que Mr. Peters offrait une récompense. Qu'est-il exactement arrivé, la nuit dernière ?

— J'ai attendu jusqu'à une heure du matin. Alors, je me suis glissée en bas, je suis entrée dans le musée, j'ai craqué une allumette et j'ai cherché le scarabée. Il n'était pas là. Je n'y croyais pas, au début. J'ai craqué d'autres allumettes, beaucoup, en fait, mais ça n'a rien changé. Le scarabée avait disparu. Alors, je suis retournée me coucher et j'ai pensé du mal de vous. C'était idiot de ma part. J'aurais dû savoir que vous n'auriez pas manqué à votre parole. Mais je ne voyais pas d'autre explication à la disparition de la chose. Enfin, quelqu'un doit l'avoir pris, et la question est : qu'allons-nous faire ?

Elle rit.

— Il me semble qu'il était un peu prématuré de nous disputer à propos de la façon de diviser la récompense. On dirait qu'il n'y aura pas de récompense du tout.

— Et maintenant, dit Ashe, morose, il faut que j'annonce la nouvelle à Mr. Peters. Je pense que ça va lui briser le cœur.

CHAPITRE X

1

Le château de Blandings sommeillait dans le calme du dimanche après-midi. Tout n'était que paix. Freddie était au lit, et les ordres du médecin étaient qu'il y reste jusqu'à nouvel ordre. Lord Emsworth était retourné à son jardinage. Le reste de la maisonnée se promenait dans les jardins, ou s'y asseyait, car ce jour de fin de printemps suggérait déjà la chaleur du plein été.

Aline Peters était assise dans sa chambre, près de la fenêtre ouverte, qui avait une vue superbe sur les terrasses. Une pile de lettres reposait sur la table à côté d'elle. Le facteur passait tard au château, le dimanche, et elle n'avait pas eu le temps de les lire avant le lunch. Aline était perplexe. Elle ressentait une dépression à laquelle elle ne voyait nulle raison. D'habitude, il fallait que quelque chose aille très mal pour la déprimer, car elle n'était pas fille à méditer dans le vague sur les tristesses de la Vie. D'habitude, elle ne trouvait rien de mal à être vivante. Elle aimait être vivante.

Mais, cet après-midi-là, elle avait l'impression que tout n'allait pas pour le mieux dans le monde, ce qui était remarquable car, d'ordinaire, elle était très sensible aux conditions atmosphériques et elle aimait le soleil comme un chat. Et, bien que ce fût un jour presque aussi beau qu'un jour américain, elle n'y trouvait aucun soulagement. Elle regarda la terrasse et vit apparaître la silhouette de George Emerson, qui la traversait rapidement. À sa vue, quelque chose parut lui dire qu'elle avait trouvé la clé de son humeur morose.

Il y a beaucoup de façons de marcher. Celle de George Emerson était une marche inquiète. Ses mains étaient jointes derrière son dos, ses yeux regardaient droit devant lui sous des sourcils froncés et il avait un cigare éteint entre les dents. Nul homme ne tient un cigare éteint entre ses dents, sauf si une sombre méditation lui a fait oublier qu'il est là. Manifestement, tout n'allait pas pour le mieux chez George Emerson.

Aline s'en était aperçue au lunch et elle réalisa que c'était au lunch que sa dépression avait commencé. Cette découverte l'étonna un peu. Elle n'avait pas été consciente ou elle avait refusé d'admettre que les ennuis de George pussent assombrir ainsi son horizon. Elle s'était toujours dit qu'elle appréciait George, que George était un vieil ami, que George l'amusait et la stimulait ; mais elle ne pensait pas que voir George ennuyé pût lui gâcher une aussi belle journée. C'était non seulement étonnant mais choquant, car elle était assez honnête avec elle-même pour reconnaître que Freddie, son bien-aimé officiel, eût pu arpenter les jardins du château en mâchant un cigare éteint pendant des heures sans éveiller en elle la moindre émotion.

Et elle allait épouser Freddie le mois suivant. C'était certainement une pensée troublante. Elle se mit à y songer, tout en observant les déambulations de George. Aline n'était pas une nature profonde. Elle n'avait jamais prétendu aimer l'Honorable Freddie au sens que les livres donnent à ce mot. Elle l'aimait bien, et elle aimait l'idée d'entrer dans une famille noble, et son père aimait cette idée, et elle aimait son père, et la combinaison de tout cela lui avait fait répondre « Oui » quand, l'automne précédent, Freddie, se jetant à l'eau comme une grenouille embarrassée et bredouillante, avait prononcé ce discours mémorable, commençant par : « Ma parole, vous savez, c'est comme ça, n'est-ce pas ? » et finissant par : « Ce que je veux dire, c'est : voulez-vous m'épouser ? » Elle espérait être calmement heureuse en tant que l'Honorable Mrs. Frederick Threepwood. Et puis George Emerson avait reparu dans sa vie comme un élément dévastateur.

Jusqu'à aujourd'hui, elle aurait repoussé la suggestion qu'elle était amoureuse de George. Elle aimait être avec lui, en partie parce qu'il était si facile de lui parler, et en partie parce qu'il était excitant de résister continuellement à cette volonté puissante dont il ne faisait pas mystère. Mais aujourd'hui il y avait une différence. Elle s'en était doutée au lunch et elle le comprenait maintenant. En le regardant de derrière le rideau et en remarquant son air morose, elle ne pouvait plus se cacher la vérité. Elle se sentait maternelle, horriblement maternelle. George avait des ennuis et elle voulait le consoler.

Freddie aussi avait des ennuis. Mais avait-elle envie de consoler Freddie ? Non. Au contraire, elle regrettait déjà la promesse qu'elle avait faite si légèrement avant le lunch, d'aller lui rendre visite dans l'après-midi. Un fort agacement face à la bêtise de Freddie, qui était tombé dans l'escalier et s'était foulé la cheville, était son seul sentiment en ce qui concernait Freddie.

George Emerson continuait à déambuler et Aline continuait à le regarder. À la fin, elle ne put plus le supporter davantage. Elle rassembla ses lettres, les entassa sur un coin de sa coiffeuse et quitta la chambre. George avait atteint le bout de la terrasse et faisait demi-tour quand elle commença à descendre les marches du perron. Il pressa le pas en la voyant. Il s'arrêta devant elle et la considéra d'un air triste.

— Je vous cherchais, dit-il.

— Me voici. Haut les cœurs, George. Que se passe-t-il ? Je vous regardais de ma chambre et vous aviez l'air de rôder comme une âme en peine. Qu'est-ce qui ne va pas ?

— Rien ne va.

— Qu'est-ce que ça veut dire, rien ?

— Exactement ce que ça dit. Tout est fichu. Lisez ça.

Aline prit la feuille de papier jaune.

— Un câble, expliqua George. Je l'ai reçu ce matin, mon hôtel de Londres l'a fait suivre. Lisez-le.

— J'essaie, mais il n'a aucun sens.

George fit une grimace.

— Son sens est évident.

— Je ne vois pas comment vous pouvez dire ça. « Meredith Éléphant Kangourou... »

— Le code officiel. J'oubliais. « Éléphant » signifie « sérieusement malade et incapable de faire son service ». Meredith est l'homme qui me remplace pendant mes vacances.

— Oh, je suis désolée. Pensez-vous qu'il aille très mal ? Aimez-vous beaucoup Meredith ?

— Meredith est un brave type et je l'aime bien, mais s'il n'y avait que sa maladie, je m'en arrangerais facilement, je le crains. Malheureusement, « Kangourou » signifie « revenez sans faute par le prochain bateau ».

Aline le regarda, les yeux agrandis à mesure qu'elle saisissait les implications de la situation.

— Oh ! s'exclama-t-elle à la fin.

— Je l'ai exprimé plus crûment que ça, dit George.

— Mais... le prochain bateau... quand part-il ?

— Mercredi matin. Je devrai m'en aller d'ici demain.

Les yeux d'Aline étaient fixés sur les collines bleutées, au-delà de la vallée, mais elle ne les voyait pas. Une brume soudaine l'en empêchait. Elle se sentait seule, désolée, désespérée. C'était comme si George était déjà parti, la laissant solitaire en terre étrangère.

— Mais, George...

Elle ne trouva pas d'autre mot pour protester contre l'inévitable.

— Ce n'est pas de chance, dit calmement George. Mais je me demande si ce n'est pas la meilleure chose qui puisse m'arriver. Ça m'achève proprement, au lieu de me laisser continuer à nous rendre tous les deux malheureux. Si ce câble n'était pas arrivé, je suppose que je vous aurais embêtée jusqu'au jour de votre mariage. J'aurais imaginé, jusqu'au dernier moment, que j'avais encore une chance. Mais là, c'est fini. Je n'ai même plus le courage d'imaginer qu'il puisse arriver un miracle dans les quelques heures qui me séparent du départ de mon train, demain. Je dois me faire une raison. Si jamais nous nous rencontrons à nouveau, et je ne vois pas pourquoi ça arriverait, vous serez mariée. Mes capacités de suggestion ne marchent pas à distance. Je n'espère pas vous influencer par télépathie.

Il était penché sur la balustrade, à côté d'elle, et parlait d'une voix basse et monotone.

— Cette chose, poursuivit-il, est un choc complètement inattendu. Meredith est le dernier homme capable de tomber malade. Il a une santé de fer depuis que je le connais. Mais tout ça m'a fait réfléchir. Je pense que je me suis conduit comme l'imbécile le plus orgueilleux qui soit. Comment ai-je pu m'imaginer que j'étais irrésistible au point de vous faire rompre vos fiançailles et bouleverser l'univers simplement pour avoir l'insigne honneur de m'épouser, je me le demande. Je suppose qu'il me fallait un choc pour me rendre compte. Je ne peux pas vous apprécier plus que je ne le fais, mais si je le pouvais, ce serait pour la façon dont vous m'avez supporté quand je vous ennuyais, vous bousculais et que je jouais à Superman. Vous avez été merveilleuse.

Aline était incapable de parler. Elle avait l'impression que le monde était sens dessus dessous. C'était un nouveau George Emerson, un George dont il était impossible de se moquer, un George insidieusement attirant. Son cœur battait plus vite. Ses pensées n'étaient pas claires, mais elle réalisait obscurément qu'il venait d'abattre sa principale ligne de défense et qu'elle était plus vulnérable à l'attaque qu'elle ne l'avait jamais été. L'obstination, le désir automatique de s'opposer à la pression d'une volonté qui voulait s'imposer à la sienne lui avaient permis de résister. Elle avait pu s'arranger de Superman. Mais l'humilité, c'était autre chose.

La faiblesse d'Aline, c'était son bon cœur. Elle n'en avait jamais été clairement consciente, mais c'était un peu la pitié qui l'avait conduite à accepter Freddie. Il lui avait paru si malheureux, l'automne dernier, quand ils s'étaient connus. La Prudence lui dit que d'étranges choses pourraient arriver si elle se laissait aller à avoir pitié de George Emerson. Le silence s'éternisait. Aline ne trouvait rien à dire. Dans son humeur actuelle, il y avait danger à parler.

— Nous nous connaissons depuis si longtemps, reprit Emerson, et je vous ai dit tant de fois que je vous aime que nous en avons presque fait une plaisanterie, comme si c'était un jeu. Mais je vais vous le dire encore une fois, même si c'est devenu un cliché. Je vous aime. J'ai compris que c'est fini, que je suis hors course, et que vous allez épouser quelqu'un d'autre, mais cela ne m'empêchera pas de vous aimer. La question n'est pas de savoir si je serais plus heureux en vous oubliant. Je ne pourrais pas vous oublier. Quoi qu'il arrive, vous faites partie de moi, et vous en ferez toujours partie. Je pourrais aussi bien essayer de vivre sans respirer que de vivre sans vous aimer.

Il s'interrompit et se redressa.

— C'est tout. Je ne veux pas gâcher un après-midi parfait en vous ennuyant avec mes malheurs. Il fallait que je vous dise ça, mais c'est la dernière fois. Cela n'arrivera plus. Il n'y aura pas de tragédie quand je monterai dans le train, demain. Y a-t-il une chance que vous veniez me dire adieu ?

Aline hocha la tête.

— Vous viendrez ? Splendide ! Maintenant, je dois faire mes valises et prévenir notre hôte que je m'en vais. Je pense qu'il sera surpris d'apprendre que j'étais ici. Je me demande s'il me reconnaîtra.

Quand il l'eut quittée, Aline resta penchée sur la balustrade. Au bout d'un long moment, elle se souvint qu'elle avait promis à Freddie d'aller lui rendre visite sur son lit de douleur.

L'Honorable Freddie, enveloppé d'un pyjama pourpre et appuyé sur de nombreux oreillers, lisait « Gridley Quayle, détective ». L'entrée d'Aline le surprit à un moment particulièrement poignant de l'histoire et lui donna l'impression d'être ramené brutalement sur terre après un vol dans les nuages. Il n'est pas fréquent qu'un auteur ait le bonheur de tenir en haleine un lecteur comme l'auteur de « Gridley Quayle » tenait Freddie.

L'un des résultats de cette concentration fut qu'il accueillit Aline d'un regard encore plus vitreux qu'à l'accoutumée. Ses yeux étaient par nature un peu protubérants, et Aline, encore bouleversée par sa conversation avec George Emerson, leur trouva une ressemblance frappante avec ceux d'un escargot. Un homme est rarement à son avantage dans son lit, et Aline, qui le voyait ainsi pour la première fois, trouva l'Honorable Freddie parfaitement répugnant. Ce fut avec un sentiment de pure panique qu'elle se demanda s'il allait vouloir l'embrasser.

Freddie ne demanda rien de tel. Ce n'était pas un amoureux démonstratif. Il se contenta de rouler sur lui-même et de laisser tomber sa mâchoire inférieure.

— Hello, Aline.

Aline s'assit sur le bord du lit.

— Eh bien, Freddie.

Son fiancé améliora quelque peu son apparence en faisant remonter sa mâchoire inférieure. Comme s'il sentait que ce serait une mesure extrême, il ne ferma pas complètement la bouche, mais il diminua l'abysse. L'Honorable Freddie faisait partie de ces gens qui traversent la vie la bouche béante.

Aline avait l'impression que, cet après-midi, elle était atteinte d'un étrange mutisme. Elle avait été incapable de parler à George et, maintenant, elle ne voyait rien à dire à Freddie. Elle le regarda, et il la regarda. On entendait tictaquer la pendule.

— C'est le fichu chat de Tante Ann, dit Freddie à la fin, pour essayer d'entretenir la conversation. Il s'est fourré dans mes jambes et j'ai pris une bûche terrible. Je déteste les chats. Détestez-vous les chats ? Je connais un type, à Londres, qui ne peut pas supporter les chats.

Aline commençait à se demander si elle avait encore des cordes vocales. Il eût été si simple de développer le thème des chats, mais elle s'en trouvait incapable. Son esprit était concentré, à l'exception de tout autre sujet, sur l'horrible vision de son bien-aimé en pyjama.

Freddie reprit la parole :

— Je lisais un livre passionnant. Avez-vous jamais lu ça ? Ça sort tous les mois. Le type qui écrit ça doit être super. Je me demande où il va chercher tout ça. C'est sur un détective, un type nommé Gridley Quayle. Terriblement passionnant.

Un remède évident à son mutisme vint à l'esprit d'Aline.

— Voulez-vous que je vous fasse la lecture, Freddie ?

— Oh oui ! Excellente idée. J'en suis en haut de cette page.

Aline prit le livre.

— « Sept pistolets le menaçaient avec une précision mortelle. » Vous en étiez là ?

— Oui, juste après. C'est un peu dur, vous ne trouvez pas ? Ce type, Quayle, a été attiré dans une maison déserte, pensant y trouver un copain en détresse, et, à la place du copain, une bande de voyous masqués débarque. Je ne vois pas comment il va s'en sortir, mais il s'en sortira. Il est super !

Si quelqu'un avait pu plaindre Aline plus qu'elle ne se plaignait elle-même, tandis qu'elle lisait les aventures de Mr. Quayle, c'eût été Ashe Marson. Il avait frémi en écrivant ces lignes et elle frémissait en les lisant. L'Honorable Freddie frémissait aussi, mais de ravissement.

— Que se passe-t-il ? Ne vous arrêtez pas ! cria-t-il quand Aline se tut.

— Je commence à m'enrouer, Freddie.

Freddie hésita. Le désir de rester sur les traces de Gridley Quayle luttait avec la politesse la plus élémentaire.

— Et si... Vous ne voyez pas d'inconvénient à ce que je jette un coup d'œil à la suite ? Nous bavarderons après, n'est-ce pas ? Ce ne sera pas long.

— Bien sûr. Lisez autant que vous voulez. Vous aimez vraiment ce genre de chose, Freddie ?

— Moi ? Plutôt ! Pourquoi ? Pas vous ?

— Je ne sais pas... Ça me semble un peu... Je ne sais pas.

Freddie était à nouveau absorbé dans son histoire. Aline n'essaya pas d'analyser plus avant ses sentiments envers Mr. Quayle. Elle retomba dans le silence. C'était un silence plein de pensées. Pour la première fois, elle essayait de visualiser la signification de ce mariage. Elle réalisait qu'en fait elle avait si peu vu Freddie qu'elle n'avait jamais eu l'occasion de l'examiner. Parmi la foule, il lui avait semblé assez tolérable. Mais aujourd'hui, c'était différent. Tout était différent, aujourd'hui.

Elle avait là un exemple de ce qui l'attendait après son mariage. Le mariage, si on en venait à l'essentiel, signifiait que deux personnes étaient souvent et longtemps seules ensemble, dépendant l'une de l'autre pour se distraire mutuellement. À quoi ça ressemblerait, d'être souvent seule avec Freddie ? Eh bien, pensa-t-elle, ce serait comme ça.

— Tout va bien, dit Freddie sans lever les yeux. Il s'en est sorti. Il avait une bombe sur lui et il a menacé de la lancer et de tout faire sauter si les voyous ne le laissaient pas partir. Alors, ils l'ont relâché. Je savais bien qu'il avait quelque chose dans sa manche.

Comme ça... Aline inspira à fond. Ce serait comme ça, pour toujours et toujours et toujours. Jusqu'à ce qu'elle meure. Elle se pencha vers lui et le regarda.

— Freddie, demanda-t-elle, est-ce que vous m'aimez ?

Il n'y eut pas de réponse.

— Freddie, est-ce que vous m'aimez ? Suis-je une partie de vous ? Si vous ne m'aviez pas, est-ce que ce serait comme essayer de vivre sans respirer ?

L'Honorable Freddie leva un visage rouge et la contempla d'un œil absent.

— Hein ? Quoi ? dit-il. Est-ce que... Oh oui, plutôt. Ma parole, l'un de ces voyous vient de lâcher un serpent à sonnette dans la chambre de Gridley Quayle, en le faisant passer par l'imposte.

Aline se leva sans bruit et quitta la chambre. Sans s'émouvoir, l'Honorable Freddie continua sa lecture.

2

Dans son estimation de l'effet qu'aurait sur Mr. Peters l'annonce que son scarabée avait été volé par des mains étrangères et était désormais plus hors de sa portée que jamais, Ashe n'avait pas été loin de la vérité. L'un des inconvénients à avoir trop de succès dans la vie est que l'échec, quand il arrive, prend une importance exagérée. Le succès avait fait, sous certains aspects, de Mr. Peters un enfant gâté. Au moment où Ashe lui apporta la nouvelle, il se fût séparé de la moitié de sa fortune pour récupérer son scarabée. Cette récupération devenait une question d'honneur. Il la voyait comme le prix d'un concours entre sa propre volonté et celle des pouvoirs malins, quels qu'ils fussent, ligués contre lui pour lui montrer ses limites. Il avait les mêmes sentiments que jadis, à Wall Street, quand des concurrents essayaient de lui ravir un chemin de fer ou des marchandises qu'il convoitait. Il souffrait de cette forme de paranoïa qui fait les millionnaires. Aucune personne normale ne serait assez folle pour vouloir devenir millionnaire.

Il trouva quelque soulagement en doublant la récompense, et Ashe partit à la recherche de Joan, espérant que ce nouveau stimulus, agissant sur leurs deux cerveaux, allait leur donner de l'inspiration.

— Avez-vous trouvé une idée originale ? lui demanda-t-il. Moi, je suis à sec.

Joan secoua la tête.

— N'abandonnez pas, l'encouragea-t-elle. Repensez-y. Essayez de comprendre ce que ça veut dire, Mr. Marson. À nous deux, nous avons perdu dix mille dollars en une seule nuit. Je ne peux pas me le permettre. C'est comme perdre un héritage. Je refuse absolument de me laisser abattre et de retourner écrire des histoires de ducs et de comtes pour *Les Potins.*

— L'idée de me remettre à « Gridley Quayle »...

— C'est vrai, j'oubliais que vous écriviez des histoires policières. Vous devriez être capable de résoudre le mystère qui nous occupe. Demandez-vous ce que ferait Gridley Quayle.

— Je peux répondre à ça. Gridley Quayle attendrait bien tranquillement qu'une coïncidence vienne à son secours.

— Il n'a donc pas de méthode ?

— Il a des tas de méthodes. Mais elles ne le mènent jamais nulle part sans coïncidence. Nous pouvons quand même essayer de comprendre. À quelle heure êtes-vous allée au musée ?

— Une heure du matin.

— Et le scarabée avait disparu. Qu'est-ce que ça vous suggère ?

— Rien. Et vous, qu'est-ce que ça vous suggère ?

— Absolument rien. Essayons encore. Celui qui a pris le scarabée devait savoir que Mr. Peters offrait une récompense.

— Alors, pourquoi n'est-il pas allé le voir pour la réclamer ?

— C'est vrai. On dirait qu'il y a un os dans mon raisonnement. Celui qui l'a pris doit avoir un besoin d'argent urgent et immédiat.

— Et comment trouverons-nous qui a un besoin d'argent urgent et immédiat ?

— Exactement. Comment ?

Il y eut une pause.

— Je me demande si votre Mr. Quayle est d'un grand secours pour ses clients, dit Joan.

— Le raisonnement inductif, je le crains, ne nous mène pas bien loin, dit Ashe. Nous n'avons plus qu'à attendre la coïncidence. J'ai dans l'idée qu'elle va arriver.

Il s'interrompit.

— J'ai toujours eu beaucoup de chance, avec les coïncidences.

— Vraiment ?

Ashe regarda autour de lui et fut soulagé de voir qu'ils semblaient être hors de portée d'oreille de leurs semblables. Ce n'était pas chose facile au château, quand vous étiez domestique. L'espace dévolu aux ladies et aux gentlemen des invités était limité, et vous pouviez rarement vous promener sans vous cogner à une femme de chambre, un valet ou un laquais. Mais ils paraissaient être seuls. L'allée menant à l'arrière du château était vide. Aussi loin qu'il puisse voir, nulle trace de serviteur, de haute ou basse classe. Néanmoins, Ashe baissa la voix.

— N'est-ce pas une étrange coïncidence que vous soyez entrée dans ma vie ?

— Pas tellement, dit Joan, prosaïque. Il était probable que nous nous rencontrions tôt ou tard, puisque nous vivions dans deux étages de la même maison.

— C'est une coïncidence que vous ayez pris cette chambre.

— Pourquoi ?

L'enthousiasme d'Ashe se refroidit. Logiquement, sans doute, elle avait raison, mais elle aurait quand même pu l'aider un peu, dans cette situation difficile. Sûrement, son intuition féminine aurait dû lui dire qu'un homme habitué à parler haut et fort ne se met pas à murmurer sans raison. Sa tâche lui parut insurmontable. Depuis le soir, à la gare de Market Blandings, où il avait compris qu'il l'aimait, il essayait de trouver l'occasion de le lui dire, mais chaque fois qu'ils s'étaient rencontrés, la conversation avait porté sur des sujets pratiques et non sentimentaux. Et à présent, alors qu'il s'efforçait de lui faire comprendre qu'ils étaient deux âmes sœurs qu'avait rapprochées un destin contre lequel il serait vain de vouloir lutter, quand il voulait lui démontrer qu'ils étaient faits l'un pour l'autre, elle disait : « Pourquoi ? » C'était dur ! Il allait approfondir la question quand il vit approcher, venant du château, le valet de l'Honorable Freddie, Mr. Judson. L'objectif de cet abominable jeune homme était, évidemment, de lui voler la seule chance de faire apprécier à Joan les mystères de la Providence qui les affectaient tous deux. On ne pouvait se tromper sur le désir de lier conversation du valet. Il avait l'air de quelqu'un qui brûle de parler. Il avait mis son indolence naturelle de côté et il s'approchait en courant. Il parlait déjà avant de les atteindre :

— Miss Simpson, Mr. Marson, c'est vrai. Ce que j'ai dit l'autre soir, c'est un fait.

Ashe regarda l'intrus d'un œil malveillant. Il n'avait jamais aimé Mr. Judson, mais il le trouvait maintenant carrément haïssable. Il ne lui avait pas été facile de se décider à discuter avec Joan des voies mystérieuses de la Providence, car il y avait en elle quelque chose qui rendait difficile l'aveu de ses sentiments. Cet indéfinissable quelque chose en Joan Valentine qui la rendait capable de faire des raids nocturnes dans les musées d'autrui, en faisait aussi une personne avec qui il était ardu de parler d'âmes sœurs et de destin. Les qualités qu'Ashe aimait en elle, sa force, ses capacités, son indépendance, étaient justement les qualités qui semblaient l'empêcher de lui dire qu'il l'aimait.

Mr. Judson babillait toujours :

— C'est vrai. Il n'y a plus le moindre doute. C'est comme je vous l'ai dit l'autre soir.

— Qu'est-ce que vous avez dit ? Quel soir ? demanda Ashe.

— Au dîner, le soir de votre arrivée. Vous ne vous rappelez pas que je vous ai parlé de Freddie et de la fille à laquelle il écrivait des lettres, à Londres, la fille qui vous ressemblait tellement, Miss Simpson ? Quel était son nom, déjà ? Joan Valentine. C'est ça. La fille du théâtre où Freddie m'envoyait porter des lettres presque chaque soir. Eh bien, c'est exactement comme je l'avais prédit. Elle fait chanter le jeune Freddie avec ces lettres, juste comme il aurait dû savoir qu'elle ferait s'il n'avait pas été aussi sot. Ces filles sont toutes pareilles.

Mr. Judson s'interrompit, observa attentivement les alentours, et poursuivit :

— J'ai pris un complet de Freddie pour le brosser et, par hasard — Mr. Judson toussa légèrement —, par hasard, j'ai jeté un coup d'œil au contenu de ses poches. J'ai trouvé une lettre. Je l'ai ouverte avant de la ranger, et elle venait d'un type nommé Jones, et elle disait que cette fille Valentine faisait chanter le jeune Freddie avec les lettres qu'il lui avait écrites, et qu'elle s'en servirait s'il ne lui donnait pas encore mille livres. D'après ce que j'ai compris, Freddie lui en a déjà donné cinq cents. Où il a bien pu les trouver, voilà ce que je ne comprends pas, mais c'est ce que dit la lettre. Ce Jones dit qu'il les lui a données en mains propres, mais que ça ne lui suffit pas et que, si elle n'en a pas encore mille, elle le poursuivra pour rupture de promesse. Et maintenant, Freddie m'a donné un mot à porter à ce Jones, qui est à Market Blandings.

Joan avait écouté ce remarquable discours avec un ébahissement absolu. À ce moment, elle fit son premier commentaire :

— Mais ça ne peut pas être vrai.

— J'ai vu la lettre de mes propres yeux, Miss.

— Mais...

Elle regarda Ashe avec désespoir. Leurs yeux se rencontrèrent, ceux de Joan pleins de perplexité, ceux d'Ashe brillant d'une lueur de compréhension.

— Voilà, prononça lentement Ashe, quelqu'un qui avait un besoin urgent et immédiat d'argent.

— Vous parlez ! dit Mr. Judson avec délectation. J'ai bien l'impression que le jeune Freddie est à bout de ressources, cette fois. Ça va être quelque chose, si elle le poursuit pour rupture de promesse. Il faut que j'aille le dire à Mr. Beach et aux autres. Ils vont sauter au plafond.

Son visage s'assombrit.

— Mon Dieu, j'oubliais cette lettre. Il m'a dit de la porter tout de suite.

— Je la porterai pour vous, proposa Ashe. Je n'ai rien à faire.

La gratitude de Mr. Judson fut démonstrative.

— Vous êtes un brave type, Marson, dit-il. Je vous rendrai la pareille une autre fois. Je ne pourrais pas supporter de ne pas pouvoir annoncer tout de suite une telle nouvelle. J'en brûlerais sûrement.

Et Mr. Judson, le visage rubicond, fila vers les communs.

— Je n'y comprends rien, dit enfin Joan. La tête me tourne.

— Vous ne comprenez pas ? C'est pourtant parfaitement clair. C'est la coïncidence que j'attendais, en tant que Gridley Quayle. Je peux maintenant reprendre mon raisonnement inductif. Avec cette preuve, que trouvons-nous ? Que le jeune Freddie est le coupable. C'est lui qui a le scarabée.

— Mais c'est un tel embrouillamini ! Je n'ai pas ces lettres.

— Pour les plans de Jones, vous les avez. Étudions un peu ce Jones. Que savez-vous de lui ?

— C'est un homme extrêmement obèse qui est venu me voir un soir et qui m'a dit qu'il était envoyé pour reprendre les lettres. Je lui ai répondu que je les avais détruites, et il est parti.

— Bon. C'est clair, alors. Il joue avec Freddie un jeu très simple mais ingénieux. Ça ne marcherait pas avec n'importe qui, bien sûr, mais, d'après ce que j'ai entendu dire de lui, Freddie n'est pas trop gâté côté intellect. Il semble avoir avalé l'histoire sans un murmure. Qu'est-ce qu'il fait ? Il donne immédiatement cinq cents livres, mais ces cinq cents livres ont épuisé son crédit. Alors, il a l'idée de voler le scarabée.

— Mais pourquoi ? Pourquoi aurait-il pensé au scarabée ? Voilà ce que je ne comprends pas. Il ne peut pas avoir l'intention de le donner à Mr. Peters contre la récompense. Il ne peut pas savoir que Mr. Peters a offert une récompense. Il ne peut pas savoir que Lord Emsworth n'a pas acheté le scarabée. Il ne peut pas savoir... Il ne peut rien savoir.

L'enthousiasme d'Ashe se refroidit.

— Il y a quelque chose là-dedans. Mais... J'ai trouvé ! Jones doit savoir, pour le scarabée, et il le lui a dit.

— Et lui, comment l'aurait-il su ?

— Oui. Il y a quelque chose là-dedans aussi. Comment Jones pouvait-il le savoir ?

— Il ne pouvait pas. Il était parti quand Aline est arrivée, ce soir-là.

— Je ne comprends pas bien. Quel soir ?

— C'est le soir du jour où nous nous sommes rencontrés. Je me demandais s'il aurait pu entendre Aline me parler du scarabée et de la récompense qu'offrait Mr. Peters.

— Entendre ! Ce mot chante à mon oreille ! Quatre-vingt-dix pour cent des triomphes de Gridley Quayle sont dus au fait qu'il a entendu quelque chose. Je pense que nous sommes sur la bonne voie.

— Pas moi. Comment pourrait-il nous avoir entendues ? La porte était fermée, et il était dans la rue, à ce moment-là.

— Comment savez-vous qu'il était dans la rue ? Vous l'avez raccompagné ?

— Non, mais il était parti.

— Il aurait pu attendre dans l'escalier, vous vous rappelez comme il y fait sombre, au numéro 7a, et écouter.

— Pourquoi ?

Ashe réfléchit.

— Pourquoi ? Pourquoi ? Quel mot idiot ! L'empêcheur de détecter en rond ! Je pensais avoir compris jusqu'à ce que vous disiez... Bon sang ! Je vais vous expliquer pourquoi. Je vois tout. C'est évident. S'il est venu vous voir pour les lettres, c'était parce que Freddie voulait les récupérer avant son mariage avec Miss Peters, non ?

— Si.

— Vous lui dites que vous les avez détruites. Il s'en va. C'est ça ?

— Oui.

— Avant qu'il ne sorte de la maison, Miss Peters donne son nom à la porte. Mettez-vous à la place de Jones. Que pense-t-il ? Il a des soupçons. Il pense qu'il y a anguille sous roche. Il se glisse dans l'escalier, attend que Miss Peters soit entrée dans votre chambre, puis il écoute à la porte. Qu'en pensez-vous ?

— Je crois que vous avez raison. Il pourrait facilement avoir fait ça.

— C'est exactement ce qu'il a fait. Je le sais comme si j'y avais été. En fait, il est hautement probable que j'y aie été. Vous dites que c'est arrivé le soir de notre première rencontre ? Je me rappelle être descendu, ce soir-là, j'allais au music-hall, et avoir entendu des voix dans votre chambre. Je m'en souviens parfaitement. Selon toute probabilité, j'ai failli tomber sur Jones.

— On dirait que vous avez raison.

— L'affaire est claire. Elle est limpide. La seule question, est si, sur ce seul indice, je peux aller trouver le jeune Freddie et lui arracher le scarabée. Je pense que je ferais mieux de porter cette lettre à Jones, comme je l'ai promis à Judson, et voir si je peux tirer quelque chose de lui. Oui, c'est la meilleure chose à faire. J'y vais tout de suite.

3

Le plus difficile à supporter, quand on est invalide, c'est sans doute que les gens viennent vous voir pour vous remonter le moral. L'Honorable Freddie Threepwood en souffrait énormément. Il n'était pas de nature grégaire et faire la conversation à ses nombreux visiteurs fatiguait ses facultés mentales limitées. Tout ce qu'il demandait, c'était qu'on le laissât seul, à lire tranquillement les « Aventures de Gridley Quayle », et, quand il était fatigué de lire, à s'allonger sur le dos et regarder le plafond sans penser à rien. Ce sont les gens dynamiques, les Bâtisseurs de Mondes, qui renâclent à rester couchés avec une cheville foulée. L'Honorable Freddie en raffolait. Depuis l'enfance, il aimait rester au lit. Et maintenant que le destin le lui permettait sans qu'il encourût de reproches, il n'appréciait pas de voir ses rêveries troublées par des parents empressés. Il passait ses rares instants de solitude à essayer de décider lequel de ses cousins, oncles et tantes, était, toutes choses considérées, le plus ennuyeux. Parfois, il donnait la palme au colonel Horace Mant qui y allait de sa note militaire (« Je me rappelle, lors d'une campagne durant l'hiver 1893, m'être donné une entorse terrible à la cheville »), bien que l'attitude spirituelle de l'évêque de Godalming fût peut-être encore plus insupportable. Quelquefois, il mettait en tête de liste son cousin Percy, Lord Stockheath, qui refusait de parler de quoi que ce soit d'autre que de son histoire de rupture de promesse de mariage et de l'effet que le verdict avait eu sur son vieux gouverneur. Freddie n'était pas d'humeur à sympathiser avec d'autres à ce sujet.

Alors qu'il lisait au lit, ce lundi matin, la seule ombre à son bonheur, dans sa solitude inaccoutumée, était l'idée que la porte allait certainement s'ouvrir devant un visiteur bien intentionné. Son appréhension se trouvait fondée. Il venait d'entrer dans les détails d'un complot ingénieux mené par une société secrète dans le but d'éliminer Gridley Quayle, en soudoyant son cuisinier pour qu'il mette du crin de cheval haché dans sa fricassée de poulet, quand la poignée de la porte tourna. Ashe Marson entra.

Freddie n'était pas le seul à trouver irritant l'afflux de visiteurs dans sa chambre de malade. Le fait que l'invalide ne semblât pas être laissé seul un instant ennuyait considérablement Ashe. Depuis quelque temps il attendait dans le couloir où était située la chambre de Freddie, plein d'esprit d'entreprise, mais empêché d'agir par la foule de sympathisants. Ce qu'il avait à dire à l'affligé ne pouvait être dit en présence d'un tiers.

En le voyant, Freddie ressentit une sorte de soulagement. Il avait craint que ce ne fût l'évêque. Il reconnut Ashe comme le sympathique valet qui l'avait relevé lors de l'accident. Peut-être venait-il, respectueusement, s'enquérir de sa santé, mais il ne resterait pas longtemps. Il le salua d'un signe de tête et poursuivit sa lecture.

Et puis, en levant les yeux, il vit Ashe, debout à côté du lit, qui le fixait d'un regard perçant. L'Honorable Freddie détestait les regards perçants. L'une des raisons qui lui faisaient fuir la présence de son futur beau-père, Mr. Preston Peters, était que la nature avait doté celui-ci d'une paire d'yeux pénétrants, et que le stress de la vie new-yorkaise lui avait donné la déplorable habitude de s'en servir pour forer des trous dans les gens. Un jeune homme devait avoir plus de courage et une conscience plus tranquille que l'Honorable Freddie pour apprécier un tête-à-tête avec Mr. Peters.

Mais, alors qu'il acceptait le père d'Aline comme un mal nécessaire et reconnaissait que sa position l'autorisait à regarder les gens d'un regard aussi pénétrant qu'il le voulait, quels que soient leurs sentiments, qu'il soit pendu s'il étendait ce privilège au valet de Mr. Peters. L'homme qui se tenait à côté de son lit dardait sur lui un regard qui, pour sa sensible imagination, semblait sortir d'une arme à feu ; et cela ennuyait et exaspérait Freddie.

— Que voulez-vous ? fit-il avec colère. Pourquoi me regardez-vous comme ça ?

Ashe s'assit, posa ses coudes sur le lit et renouvela son regard, en augmentant la dose.

— Ah ! dit-il.

Quels que fussent les défauts d'Ashe quant au côté raisonnement inductif du personnage de Gridley Quayle, il y avait, dans chaque histoire, une scène qu'il ne ratait jamais. C'était celle du dernier chapitre où Quayle, face à sa proie, la démasquait. Quayle pouvait avoir erré durant la moitié de l'histoire mais, dans sa grande scène, il était toujours parfait. Il était sec, vif, irrésistible et sans merci. Ashe, en répétant cette entrevue dans le couloir avant d'entrer, avait compris qu'il ne pouvait pas faire mieux que d'imiter ce modèle. Il fut donc sec, vif, irrésistible et sans merci avec Freddie. Après quelques phrases, le jeune homme étouffait.

— Je vais vous expliquer, dit-il. Si vous pouvez m'accorder un peu de votre précieux temps, je vais vous présenter les faits. Oui, sonnez si vous voulez. Je dirai tout devant témoins. Lord Emsworth sera sans doute ravi d'apprendre que le fils en qui il a toute confiance est... un voleur.

La main de Freddie retomba mollement. Il ne toucha pas la sonnette. Sa bouche s'ouvrit de toute sa largeur. Au milieu de sa panique, il avait l'impression d'avoir déjà lu ou entendu cette phrase. Puis il se souvint. C'était dans « Gridley Quayle, détective », *L'Aventure du rubis bleu.*

— Que... que voulez-vous dire ? balbutia-t-il.

— Vous allez comprendre. Dans la nuit de samedi à dimanche, un scarabée de grande valeur a été volé dans le musée privé de Lord Emsworth. On a mis l'affaire entre mes mains.

— Grand Dieu ! Vous êtes détective ?

— Ah ! dit Ashe.

La vie, comme l'a fait remarquer un grand écrivain, est pleine d'ironie. Freddie pensa qu'il en avait là un suprême exemple. Toutes ces années, il avait eu envie de rencontrer un détective, et son vœu était exaucé quand un détective le détectivait, lui.

— L'affaire, continua sévèrement Ashe, a été mise entre mes mains. J'ai enquêté. J'ai découvert que vous aviez un besoin d'argent urgent et immédiat.

— Comment diable avez-vous su ça ?

— Ah ! J'ai en outre découvert que vous étiez en rapport avec un nommé Jones.

— Bon Dieu ! Comment ?

Ashe sourit calmement.

— Hier, j'ai bavardé avec ce Jones, qui est à Market Blandings. Pourquoi est-il à Market Blandings ? Parce qu'il a une raison de rester en contact avec vous. Parce que vous êtes sur le point de mettre sous sa garde quelque chose que vous avez pu vous approprier mais que vous ne pouvez pas monnayer. Le scarabée.

L'Honorable Freddie avait perdu l'usage de la parole. Il ne fit aucun commentaire sur cette affirmation. Ashe continua :

— J'ai interrogé ce Jones. Je lui ai dit : « Je suis dans la confidence de l'Honorable Frederick Threepwood. Je sais tout. Avez-vous des instructions pour moi ? » Il a répliqué : « Que savez-vous ? » J'ai répondu : « Je sais que l'Honorable Frederick Threepwood a quelque chose qu'il veut vous remettre, ce qu'il n'a pas pu faire, un malheureux accident l'ayant obligé à garder la chambre. » Alors, il m'a demandé de vous dire de lui faire porter le scarabée par un messager.

Freddie se remit avec effort. Il était mal parti, mais il avait encore une chance. Ses recherches en histoires policières lui avaient appris que les détectives relâchent parfois leur sévérité quand ils ont affaire à des cas méritants. Même Gridley Quayle se laissait quelquefois attendrir par un récit pathétique. Freddie se rappelait une douzaine de cas où le criminel démasqué avait été épargné parce qu'il avait agi pour de bons motifs. Il décida de se mettre à la merci d'Ashe.

— Ma parole, vous savez, dit-il d'une voix doucereuse, je suis sacrément impressionné que vous ayez déduit tout ça.

— Eh bien ?

— Mais je crois que vous comprendriez si vous entendiez mon point de vue sur cette histoire.

— Je connais votre histoire. Vous pensez qu'une Miss Valentine vous fait chanter à cause des lettres que vous lui avez écrites. Ce n'est pas le cas. Miss Valentine a détruit ces lettres. Elle l'a dit à ce Jones quand il est venu la voir à Londres. Il a gardé vos cinq cents livres et il essaie de vous en soutirer mille autres sous de faux prétextes.

— Quoi ? Ça ne peut pas être vrai !

— Je dis toujours la vérité.

— Vous devez vous tromper !

— Je ne me trompe jamais.

— Mais comment le savez-vous ?

— J'ai mes sources d'information.

— Elle ne va pas me poursuivre pour rupture de promesse ?

— Elle n'en a nullement l'intention.

L'Honorable Freddie se laissa tomber sur ses oreillers.

— Bon sang ! dit-il avec ferveur.

Il rayonnait de joie.

— Ça alors ! observa-t-il, c'est vraiment chouette !

— Peu importe. Donnez-moi le scarabée. Où est-il ?

— Qu'est-ce que vous allez en faire ?

— Le restituer à son légitime propriétaire.

— Vous allez me dénoncer au gouverneur ?

— Aucunement.

— Je vois, dit Freddie avec reconnaissance, que vous êtes sacrément bon. Vous me semblez absolument super. Il est sous le matelas. Je l'avais sur moi quand je suis tombé dans l'escalier, et je l'ai fourré là.

Ashe le sortit. Il le regarda longuement. Il avait peine à croire que sa quête était achevée et qu'il avait une petite fortune dans la paume de sa main.

Freddie le considérait avec admiration.

— Vous savez, dit-il, j'ai toujours eu envie de rencontrer un détective. Je ne comprends pas comment vous trouvez des choses.

— Nous avons nos méthodes.

— Je vous crois. Vous êtes merveilleux ! Qu'est-ce qui vous a mis sur ma trace ?

— Ceci, dit Ashe, serait trop long à expliquer. Bien entendu, j'ai fait quelques raisonnements inductifs. Mais je ne veux pas vous retracer chaque maillon de la chaîne. Ce serait oiseux.

— Pas pour moi.

— Une autre fois.

— Ma parole, je me demande si vous avez déjà lu ça, les histoires de Gridley Quayle. Je les connais par cœur.

Maintenant que le scarabée était en sûreté dans sa poche, Ashe put contempler sans répulsion le volume brillamment illustré que l'autre lui tendait. Il commençait déjà à ressentir une sorte de tendresse pour Quayle, comme pour quelqu'un qui avait naguère fait partie de sa vie.

— Vous lisez ces choses ?

— Sûr !

— Moi, je les écris.

Certains moments suprêmes ne peuvent être adéquatement décrits. Freddie exprima l'avis qu'un tel moment était arrivé dans sa vie en poussant un cri étranglé et en agitant convulsivement les membres. Il se redressa et fixa Ashe, bouche bée.

— Vous les écrivez ? Vous voulez dire que vous les écrivez ?

— Oui.

— Seigneur !

Il allait sans doute poursuivre mais, à ce moment, des voix retentirent dans le couloir. On entendit des bruits de pas. La porte s'ouvrit et une petite procession entra. Elle était menée par le comte d'Emsworth. Derrière lui venait Mr. Peters. Et dans le sillage du millionnaire arrivaient le colonel Horace Mant et l'Efficace Baxter. Ils entrèrent dans la chambre en file indienne et s'approchèrent du lit. Ashe saisit cette occasion pour se retirer.

Freddie considéra la députation sans le moindre intérêt. Son esprit était ailleurs. Il supposait qu'ils étaient venus prendre des nouvelles de sa cheville, et il leur était quelque peu reconnaissant d'être venus en troupe plutôt qu'un par un. La députation prit place à côté du lit en traînant les pieds. L'atmosphère semblait tendue.

— Euh, Frederick, dit Lord Emsworth. Freddie, mon enfant.

Mr. Peters triturait maladroitement le couvre-lit. Le colonel Mant s'éclaircissait la gorge. L'Efficace Baxter se renfrognait.

— Euh, Freddie, mon cher garçon, j'ai un bien pénible... euh... devoir à accomplir.

Ces mots frappèrent la conscience coupable de l'Honorable Freddie. L'avaient-ils aussi percé à jour et allait-on encore l'accuser d'avoir volé cet infernal scarabée ? Une vague de soulagement le submergea à la pensée qu'il s'était débarrassé de la chose. Un brave type comme ce détective ne le dénoncerait pas. Tout ce qu'il avait à faire, c'était garder son calme et nier fermement. Voilà le plan. Ferme dénégation.

— Je ne sais pas de quoi tu parles, dit-il, sur la défensive.

— Bien sûr que tu ne le sais pas ! intervint le colonel Mant. Nous venons te l'apprendre. Et je tiens à dire que, bien que ce soit ma faute, je ne vois pas ce que j'aurais pu faire...

— Horace !

— Oh, très bien. J'essayais seulement d'expliquer.

Lord Emsworth ajusta son pince-nez et chercha l'inspiration dans les motifs du papier peint.

— Freddie, mon enfant, commença-t-il, nous avons une quelque peu désagréable... une quelque peu, ah, dérangeante... Nous devons t'annoncer... Nous sommes extrêmement peinés et abasourdis et...

L'Efficace Baxter prit la parole. Il était évident qu'il était de mauvaise humeur.

— Miss Peters, coupa-t-il, s'est enfuie avec votre ami Emerson.

Lord Emsworth poussa un soupir de soulagement.

— Exactement, Baxter. Précisément. Vous avez narré la chose en deux mots. Vraiment, mon cher ami, vous êtes inestimable.

Tous les yeux cherchèrent, sur le visage de Freddie, des signes d'émotion incontrôlable. La députation attendait anxieusement son premier cri de désespoir.

— Hein ? Quoi ? dit Freddie.

— C'est malheureusement vrai, Freddie, mon cher enfant. Elle est partie pour Londres avec lui par le dix heures cinquante.

— Et si on ne m'avait pas retenu de force, ajouta Baxter avec acidité en lançant un regard vindicatif au colonel Mant, j'aurais pu empêcher ça.

Le colonel Mant se racla à nouveau la gorge et porta la main à sa moustache.

— Je crains que ce ne soit vrai, Freddie. Ce fut un quiproquo des plus regrettables. Je vais te dire ce qui s'est passé. J'étais par hasard devant le kiosque à journaux de la gare quand le train est arrivé. Mr. Baxter était aussi dans la gare. Le train s'est arrêté et ce jeune Emerson y est monté. Il nous a dit au revoir, tu vois, et il s'est embarqué. Juste au moment où le train allait partir, Miss Peters, en criant « George chéri, zut, je viens avec vous ! » ou quelque chose comme ça, s'est accrochée à la porte du compartiment d'Emerson. Là-dessus...

— Là-dessus, interrompit Baxter, je fis un bond en avant pour essayer de l'attraper. En dehors de toute autre considération, le train s'ébranlait, et Miss Peters courait le risque de se blesser. J'avais à peine fait un pas quand je reçus un violent coup à la cheville et je tombai par terre. Quand je me fus remis de ce choc, ce qui prit un certain temps, je découvris...

— Le fait est, Freddie, mon garçon, que j'ai agi sous l'emprise d'un malentendu. Personne ne peut être plus désolé que moi de mon erreur, mais certains événements récents dans cette maison m'avaient laissé l'impression que Mr. Baxter, ici présent, n'était pas tout à fait responsable de ses actes. Le surmenage, peut-être, me disais-je. J'ai vu ça arriver si souvent, en Inde, tu sais, où des types deviennent cinglés et se mettent à faire n'importe quelle idiotie. Je dois admettre que je surveillais de près Mr. Baxter depuis un moment, en redoutant quelque chose de ce genre. Bien entendu, je réalise maintenant mon erreur et je dois m'excuser, faire de fichues humbles excuses. Mais, à cet instant, j'avais la très nette impression que notre ami ici présent avait une sorte d'attaque et s'apprêtait à agresser Miss Peters. Si je n'ai pas vu arriver ça cent fois, en Inde, je ne l'ai pas vu une fois ! Je me rappelle, en cet été caniculaire de 1892, ou était-ce 1893 ? oui, 1893, je pense, l'un de mes porteurs indigènes... Bref, j'ai bondi et j'ai crocheté la cheville de Mr. Baxter avec ma canne, ce qui l'a fait tomber. Le temps que tout s'explique, il était trop tard. Le train était parti, et Miss Peters était dedans.

— Et un télégramme vient d'arriver, poursuivit Lord Emsworth, pour dire qu'ils se sont mariés cet après-midi dans un bureau de l'état civil. Ces événements sont très troublants.

— Supporte-les comme un homme, mon garçon ! exhorta le colonel Mant.

Selon toute apparence, Freddie les supportait magnifiquement. Pas un cri, ni de douleur, ni de malédiction, ne lui avait échappé. On pouvait penser que le choc l'avait assommé ou qu'il n'avait rien entendu, car son visage n'exprimait nulle émotion. Le fait est que cette histoire avait eu très peu d'effet sur l'Honorable Freddie. Le soulagement qu'il avait ressenti en entendant Ashe lui dire qu'il n'avait rien à craindre de Joan Valentine, le bonheur extrême de rencontrer, en chair et en os, l'auteur des « Aventures de Gridley Quayle », le sentiment général que tout allait pour le mieux dans le meilleur des mondes, toutes ces choses l'empêchaient de se sentir déprimé.

Et puis, il y avait ce sentiment de soulagement, de vrai soulagement, à l'idée qu'il n'avait plus besoin de se marier. Il aimait bien Aline mais, même s'il n'y avait jamais vraiment réfléchi, la pensée de l'épouser l'inquiétait plutôt. Un type a l'air si bête, de se marier... Il lui sembla cependant qu'on attendait de lui un commentaire verbal sur cette affaire. Il fouilla son intellect à la recherche d'une formule adéquate.

— Vous voulez dire qu'Aline a levé le pied avec Emerson ?

La députation hocha des têtes peinées. Freddie chercha autre chose à dire. La députation retint son souffle.

— Eh bien, ça alors, conclut Freddie, les bras m'en tombent !

4

Mr. Peters entra dans sa chambre d'un pas lourd. Ashe Marson l'y attendait. Il regarda Ashe d'un œil morne.

— Faites les valises, dit-il.

— Les valises ?

— Les valises. Nous partons par le train de cet après-midi.

— Il est arrivé quelque chose ?

— Ma fille s'est fait enlever par Emerson.

— Quoi ?

— Ne restez pas là à dire « Quoi ? ». Faites les valises !

Ashe mit la main à sa poche.

— Dans laquelle faut-il ranger ça ? demanda-t-il.

Pendant un moment, Mr. Peters regarda sans comprendre ce qu'il lui tendait, puis sa conduite changea brusquement. Il poussa un hurlement de pur ravissement.

— Vous l'avez retrouvé !

— Je l'ai retrouvé.

— Où était-il ? Qui l'avait pris ? Comment le leur avez-vous arraché ? Comment l'avez-vous trouvé ? Qui l'avait ?

— Je ne sais pas si je peux vous le révéler. Je ne veux pas provoquer de crise. Vous ne le direz à personne ?

— Le dire à quelqu'un ? Pour qui me prenez-vous ? Vous imaginez que je vais faire de la publicité à cette histoire ? Si je peux filer sans que ce Baxter me saute sur le dos, je serai content. Croyez-moi, il n'y aura pas de révélation sensationnelle si je peux l'empêcher. Qui l'avait ?

— Le jeune Threepwood.

— Threepwood ? Qu'est-ce qu'il voulait en faire ?

— Il avait besoin d'argent, et il comptait là-dessus pour en obtenir.

Mr. Peters explosa.

— Et j'étais furieux parce que Aline ne l'épousait pas et était partie avec un brave type comme ce jeune Emerson ! C'est un bon garçon, ce jeune Emerson. Il se fera un nom un de ces jours. Il y a du fonceur, chez lui. Et je voulais le descendre parce qu'il avait pris Aline à ce gars aux yeux protubérants, dans son lit, là-bas ! Eh bien, si elle avait épousé Threepwood, j'aurais eu des petits-enfants qui m'auraient volé ma montre quand je les aurais fait sauter sur mes genoux. Il y a une tare dans cette famille. Papa fauche mon Kheops, et Fiston le fauche à son père. Quelle bande ! Et c'est le meilleur sang d'Angleterre ? Si c'est l'idée anglaise du sang bleu, je retourne à Kalamazoo ! C'est sûr, j'ai été idiot de venir dans un pays pareil. Ils ne respectent pas la propriété, par ici. Je rentre en Amérique par le prochain bateau. Où est mon chéquier ? Je vais vous faire votre chèque tout de suite. Vous l'avez bien gagné. Écoutez, jeune homme, je ne sais pas quels sont vos projets, mais si vous n'êtes pas enchaîné à ce pays, je ferais en sorte que vous y trouviez votre compte, si vous veniez avec moi. On dit que personne n'est indispensable, mais vous n'en êtes pas loin. Si je vous avais avec moi pendant quelques années, je me rétablirais. Je me sens aujourd'hui bien mieux que je ne me suis senti depuis longtemps, alors que vous venez seulement de commencer votre traitement. Qu'en pensez-vous ? Vous vous appellerez comme vous voudrez, secrétaire, ou entraîneur, ou ce qui vous conviendra le mieux. Voulez-vous être celui qui me fera faire de l'exercice, qui m'empêchera de fumer, qui veillera sur moi, en un mot ? Qu'en pensez-vous ?

C'était une proposition qui parlait aux instincts à la fois commerciaux et missionnaires d'Ashe. Son seul regret, en retrouvant le scarabée, avait été que cela signifiait que Mr. Peters et lui allaient se séparer. Il n'aimait pas l'idée de renvoyer le millionnaire dans le monde à demi guéri. Il le regardait déjà comme une œuvre d'art qu'il aurait à peine ébauchée.

Mais la pensée de Joan le fit réfléchir. Si cela l'obligeait à se séparer de Joan, il ne voulait même pas y songer.

— Laissez-moi le temps d'y penser, dit-il.

— Alors, pensez vite, répondit Mr. Peters.

5

Les gens qui ont survécu à des incendies, des tremblements de terre, des naufrages disent qu'en ces temps de catastrophe les barrières sociales tombent, et qu'on peut alors voir des personnes de la meilleure société parler librement à des individus auxquels elles n'ont pas été présentées et qui ne sont peut-être même pas de leur monde. La nouvelle de la fuite d'Aline Peters avec George Emerson, portée au-delà de la porte de feutre vert par Slingsby, le chauffeur, eut un peu les mêmes conséquences dans le quartier des domestiques du château de Blandings.

Non seulement Slingsby eut la permission de pénétrer dans la salle de la gouvernante pour y raconter son histoire aux autorités supérieures, ce qui était sans précédent, mais, et c'est ce qui fut réellement extraordinaire, les humbles laquais purent discuter de la situation avec les ladies et gentlemen personnels des invités du château, et on leur permit de le faire sans les repousser. James, le valet de pied, cet ambitieux, réussit à entrer dans la salle, et des témoins l'entendirent affirmer, en s'adressant à nul autre que Mr. Beach, que c'était un peu fort. Et on se souvient même qu'Alfred, son confrère valet de pied, rencontrant le premier valet de chambre dans le couloir, lui frappa sur le ventre, cligna de l'œil, et dit : « Quelle journée ! » Il faut remonter aux pires excès de la Révolution française pour retrouver de semblables outrages.

Mr. Beach et Mrs. Twemlow soutiennent encore que le tissu social du château ne s'est jamais totalement remis de ce bouleversement. Ils voient peut-être un peu les choses en noir, mais on ne peut nier que certaines choses ont changé. La promotion de Slingsby en est un exemple type. Jusqu'alors, le standing du chauffeur n'avait jamais été clairement défini. Mr. Beach et Mrs. Twemlow menaient le parti qui considérait qu'il n'était qu'une espèce de cocher, mais il y avait un autre groupe qui, envoûté par sa personnalité, déclarait qu'il n'était pas juste qu'il dût prendre ses repas à l'office avec des plébéiens tels que le laquais de la salle de service et l'homme à tout faire. La fuite Aline-George en décida une fois pour toutes. Slingsby avait porté la valise de George dans le train. Slingsby s'était tenu à quelques mètres de l'endroit où Aline avait pris sa course vers la portière. Slingsby était à même d'exhiber la demi-couronne que George lui avait donnée comme pourboire, juste cinq minutes avant le grand événement. Renvoyer une telle célébrité à l'office était impossible. Par un consentement tacite, le chauffeur dîna ce soir-là dans la salle de service, d'où on ne put jamais le déloger.

Seul Mr. Judson se tenait à l'écart de la foule qui se pressait autour du chauffeur. Il souffrait de l'amertume de se voir supplanter. Peu de temps auparavant, il avait été la figure centrale avec l'histoire de la lettre qu'il avait trouvée dans la poche de l'Honorable Freddie. Maintenant, son histoire avait été engloutie dans le raz de marée de cet événement inouï, et Mr. Judson apprenait, à ses dépens, que la popularité n'est bâtie que sur du sable.

Joan semblait n'être nulle part. On ne la trouvait pas aux endroits où on aurait dû la trouver. Ashe avait presque abandonné ses recherches quand, allant jeter un dernier coup d'œil à la porte de derrière, il la vit qui marchait lentement sur l'allée de gravier. Elle l'accueillit d'un sourire, mais il était évident que quelque chose l'ennuyait. Elle ne dit rien, et ils marchèrent un moment côte à côte.

— Qu'y a-t-il ? demanda enfin Ashe. Qu'est-ce qui ne va pas ?

Elle le regarda gravement.

— Le cafard, dit-elle. L'abattement, Mr. Marson. Une sorte de sentiment de vide. J'ai horreur des choses qui arrivent.

— Je ne comprends pas.

— Prenez l'histoire d'Aline, par exemple. C'est tellement énorme. On a l'impression que le monde entier en est altéré. Je voudrais que rien n'arrive, jamais. Que la vie continue juste comme elle est. Ce n'est pas l'évangile que je vous ai prêché à Arundell Street, n'est-ce pas ? Je pensais que j'étais un apôtre de l'Action. Mais j'ai dû changer. Je crois que je ne me fais pas bien comprendre. J'ai simplement l'impression d'avoir vieilli, tout d'un coup. Ces choses sont comme des bornes sur la route. Je commence déjà à penser à autrefois, avant qu'Aline ne se conduise d'une manière si sensationnelle. Demain, ce sera pire, et après-demain, pire encore. Je crois que vous ne comprenez pas du tout ce que je veux dire.

— Mais si ! Enfin, je pense. Ce qui vous arrive, c'est que quelqu'un que vous aimiez est sorti de votre vie. C'est ça ?

Joan hocha la tête.

— Oui. Enfin, c'est en partie ça. Je ne connaissais pas Aline particulièrement bien, j'avais seulement été à l'école avec elle, mais vous avez raison. Ce qui importe, ce n'est pas tellement ce qui est arrivé que ce que ça représente pour moi. Cette fuite marque la fin d'une période de ma vie. Je crois que j'ai compris, maintenant. Ma vie est une série de bonds. Et maintenant, il faut que je rebondisse à nouveau. Et je crois que j'en ai assez de bondir. Je veux quelque chose de plat et de continu. Je suis comme un de ces vieux chevaux d'omnibus qui pourraient continuer à jamais si personne n'était là pour leur dire de s'arrêter. Ils ont l'habitude de faire avancer l'omnibus. Cette petite section de ma vie, qui a commencé quand nous sommes arrivés ici, vient de finir, et elle est finie pour de bon. Il faut que je fasse redémarrer l'omnibus sur une nouvelle route et avec de nouveaux passagers. Je me demande si les vieux chevaux sont désolés de voir descendre leurs passagers pour en prendre de nouveaux.

Une sécheresse soudaine envahit la gorge d'Ashe. Il essaya de parler mais ne trouva pas ses mots. Joan poursuivit :

— Avez-vous déjà eu l'impression que la vie n'avait aucun sens ? C'est comme une histoire mal construite, avec des personnages qui s'y promènent sans avoir rien à voir avec l'intrigue. Et, quand vous croyez que quelqu'un a quelque chose à voir avec l'intrigue, il disparaît. Au bout d'un moment, vous vous demandez de quoi parle cette histoire, et vous vous apercevez qu'elle ne raconte rien. C'est juste la pagaille.

— Il y a quelque chose qui lui donne un sens, dit Ashe.

— Qu'est-ce que c'est ?

— L'amour.

Leurs yeux se rencontrèrent, et soudain Ashe eut confiance. Il se sentait bien, sûr de lui, comme jadis quand il courait en compétition et que, après l'attente énervante, il entendait le coup de feu du starter. Il savait, inconsciemment, qu'il avait toujours eu un peu peur de Joan, mais plus maintenant.

— Joan, voulez-vous m'épouser ?

Elle détourna les yeux. Il attendit.

— Je ne sais pas, dit-elle. Vous croyez que c'est la solution ?

— Oui.

— Comment le savez-vous ? lança-t-elle. Vous me connaissez à peine. Je ne serai pas toujours de cette humeur. Je vais me remettre à avoir la bougeotte. Je peux m'apercevoir que j'aime vraiment faire des bonds.

— Certainement pas.

— Vous êtes bien sûr de vous.

— Tout à fait.

— « Elle voyage plus vite, celle qui voyage seule », cita (de travers) Joan.

— À quoi bon, demanda Ashe, voyager vite quand on tourne en rond ? Je sais ce que vous ressentez. Je l'ai ressenti moi-même. Vous êtes une individualiste. Vous pensez qu'il y a quelque chose de passionnant juste après le coin de la rue, et que vous allez le trouver si vous essayez vraiment. Mais il n'y a rien. Ou, s'il y a quelque chose, ça n'en vaut pas la peine. La vie n'est qu'une association d'entraide mutuelle. Je vais aider le vieux Peters, vous allez m'aider, et je vais vous aider.

— M'aider à quoi ?

— À rendre votre vie cohérente, au lieu d'en faire une pagaille.

— Mr. Marson...

— Ne m'appelez pas Mr. Marson.

— Ashe, vous ne savez pas ce que vous faites. Vous ne me connaissez pas. Je me bats depuis cinq ans, et je suis dure. Je vous rendrais malheureux.

— Vous n'êtes pas dure du tout, et vous le savez. Écoutez-moi, Joan. Où est votre sens de l'équité ? Vous déboulez dans ma vie, vous la mettez sens dessus dessous, vous me sortez de ma vieille ornière, vous révolutionnez mon existence, et maintenant vous voulez me laisser tomber et ne plus vous occuper de moi ? Est-ce juste ?

— Mais nous resterons toujours bons amis.

— Sûrement, mais nous nous marierons avant.

— Vous êtes décidé ?

— Absolument.

Joan eut un rire heureux.

— C'est splendide ! J'étais terrifiée à l'idée que vous puissiez changer d'avis. Je devais vous dire tout ça pour avoir la conscience tranquille après vous avoir fait des avances. Bien sûr que je vous ai fait des avances ! Les hommes ne comprennent jamais, même quand on leur parle clairement. Vous croyiez vraiment que j'étais triste parce que j'avais perdu Aline ? Je croyais que j'allais vous perdre, et c'est ce qui me rendait malheureuse. Vous ne pouviez pas espérer que j'allais vous le dire comme ça, mais je croyais que vous aviez compris. Je vous l'ai pratiquement dit. Ashe ! Que faites-vous ?

Ashe s'interrompit un moment pour répondre.

— Je vous embrasse, dit-il.

— Mais il ne faut pas ! Il y a une fille de cuisine qui regarde par la fenêtre. Elle va nous voir !

Ashe l'attira à lui.

— Les filles de cuisine ont peu de plaisirs, dit-il. Leur vie est monotone. Qu'elle regarde !

CHAPITRE XI

Le comte d'Emsworth, assis près du lit de douleur de l'Honorable Freddie, regardait son fils presque tendrement.

— Oh, quoi ? Oui, plutôt. Un sacré choc, gouverneur.

— J'ai réfléchi, mon garçon, et je pense que j'ai peut-être été un peu dur avec toi. Quand ta cheville ira mieux, j'ai décidé de te rendre ta pension. Et tu pourras retourner à Londres, puisque tu ne sembles pas aimer la campagne. Bien que tout être raisonnable préférerait...

L'Honorable Freddie, les yeux exorbités, fit un bond qui l'amena en position assise.

— Ma parole ! Vraiment ?

Son père hocha la tête.

— Oui. Mais, Freddie, mon enfant, ajouta-t-il, non sans emphase, j'aimerais bien que, cette fois, tu tâches de ne pas faire l'imbécile.

Il posa sur son rejeton un regard mélancolique.

— Je vais sacrément y travailler, gouverneur ! promit l'Honorable Freddie.

Cet ouvrage a été imprimé en France par

CPI
BUSSIÈRE

à Saint-Amand-Montrond (Cher)
en juin 2011

Dépôt légal : juillet 2004.
N° d'édition : 3616. — N° d'impression : 111890/4.
X 03956/02